A1
1
Kitzbühel
Hahnenkamm Rennen
Tirol
KOMPERDELL
RC4
FREQUENCY TUNING

Armin Assinger
Claus Schönhofer

40 Jahre
SKI-WELTCUP

Stars · Triumphe
Sensationen

UEBERREUTER

Armin Assinger
Geboren 1964 in Graz. Von 1982 bis 1996 Gendarmeriebeamter, von 1984 bis 1995 diverse Funktionen im ÖSV-Kader, seit 1995/96 Kokommentator im ORF bei zahlreichen Sportveranstaltungen. Seit 2002 moderiert er auch die „Millionenshow".

Claus Schönhofer
Geboren 1958 in Wien, Journalist, Werbetexter und Kreativdirektor, Autor von diversen Kabarettprogrammen und ORF-Shows, wie „Hoppala", „Top Spot". Der Autor lebt mit seiner Frau und seinen beiden Kindern in Wien.

ISBN 978-3-8000-7292-7

Covergestaltung: Kurt Hamtil, Wien
Coverfotos: Armin Assinger: APA-Picturedesk, Wien,
Weltcup Kristallkugel: Spiehs Foto, Tirol,
alle anderen Fotos: Internationale Pressebildagentur Votava, Wien

Druck: Druckerei Theiss, A-9431 St. Stefan i. L.
7 6 5 4 3 2 1

Ueberreuter im Internet: www.ueberreuter.at

Inhalt

SWISS
Telekom
Café de

LEKI
LEKI
GS Racing

Hervis
UNSER
LAGERHAUS
ORF
SPORT
FIS
ORF ORF

Vorwort Armin Assinger

... an die ersten Jahre des Weltcups kann sich Claus, mein Koautor mit einem Altersvorsprung von 6 Jahren viel besser erinnern als ich. Er hat schon in der Schranz-Hocke vor dem Fernseher mitgefiebert, da hab ich mich noch gefragt, wie die Skifahrer da durch den Stangenwald ins Ziel finden, wo sie doch die Torstangen nicht unterscheiden konnten – es gab ja schließlich nur Schwarz-Weiß!

Er war schon in die Fabienne Serrat verliebt, da glaubte ich noch, dass die Geierschnäbel des Erwin Stricker wirklich zu einer vom Aussterben bedrohten Raubvogelart gehörten.

Und viele von uns können sich mit Sicherheit noch an Zeiten erinnern, als eine Tageszeitung als besonderen Service für ihre Leser eine Tabelle abdruckte, in die man Namen, Zwischenzeit und Endzeit der Läufer selbst eintragen konnte. Das waren Zeiten, nicht wahr?

Wir haben nach bestem Wissen und Gewissen recherchiert, da können Sie sicher sein. Aber genauso, wie auch die weltbesten Skirennfahrer nicht vor Fehlern gefeit sind, kann sich natürlich auch bei uns ein kleiner Innenski-Fehler eingeschlichen haben. Der Fehlerteufel ist eben nicht gänzlich auszuschalten. Manchmal lassen einen die verlässlichsten Quellen im Stich, manchmal wird das prüfende Auge beim Korrekturlesen schwach. Wir bitten um Nachsicht und wünschen einfach viel Spaß und schöne Stunden beim Schmökern.

Claus Schönhofer, Jahrgang 1958, geboren in Wien, wohnt ebendort. Verheiratet mit Susi, eine Tochter Nikki, einen Sohn Flo. Journalist, Werbetexter, Fernsehautor.

„Das sind die Ski, mit denen ich 1975 in der siebten Klasse Gymnasium beim Schulskikurs-Abschlussrennen den zweiten Platz im Slalom belegt habe.“ (Irgendwann räume ich den Keller aus. Versprochen.)

In der Schranz-Hocke vor dem Fernseher

Weltcupabfahrt in Kitzbühel 1968 oder 1969. Sonntag kurz vor Mittag. Ich war zehn oder elf und die Mutter beim Schnitzelklopfen in der Küche. Der Vater hatte Papier und Bleistift plus Radiergummi zum Notieren der Zwischenzeiten und Platzierungen der Läufer vorbereitet. Ich hatte gerade meine Ski aus dem Keller geholt. Blaue Hagan mit geschraubter Kante und gelber Lauffläche. Die Latten legte ich auf den Perserteppich vor dem Schwarz-Weiß-Fernsehapparat. Nervös wie ein Rennpferd schnallte ich meine Kastinger-Lederskischuhe zu, stieg in die Bindung (Tyrolia Clix Hinterbacken – für die, die sich auskennen) und bereitete mich auf den Start vor. Mein Pyjama war mein Rennanzug und meine blaue Mütze mit dem rot-weiß-roten Mittelstreifen war mein Helm. Ich musste ein paar Läufer abwarten, denn ich war erst dran, wenn sich Gottvater Karl Schranz aus dem Starthaus in Richtung Mausefalle katapultierte. Vor dem Steilhang hatte ich irren Schiss, aber gleich beim Ausgang in das Schussstück klemmte ich die Stöcke (Komperdell mit Ledergriffen und -schlaufen) unter die Arme und ging in eine tiefe Hocke, auf die der Karl stolz gewesen wäre. Ich war so windschlüpfrig, dass ich überhaupt keinen Fahrtwind verspürte. Ich duckte mich tiefer, als der Karl sich duckte. Nach rund einer Fahrtminute begannen meine Oberschenkel zu brennen, wie die vom Karl brennen mussten. Aber ich blieb unten, denn es ging um wertvolle Zehntelsekunden. Die Schrägfahrt nach der Hausbergkante war dann irgendwie eine Erleichterung, denn ich konnte endlich aus der Hocke, ohne dass es den Karl Zeit kosten würde. Im Zielschuss nahm ich noch einmal alle Kräfte zusammen und machte mich klein, um mich dann mit einem Schwung in Rückenlage zu werfen und in perfekter Schranz-Hocke durchs Ziel zu gehen. Ich weiß jetzt gar nicht mehr, Wievielter wir geworden sind, der Karl und ich, aber es war ein Superrennen. So wie eigentlich alle Rennen super waren, die der Karl und ich fuhren. Ich bin dann noch ein paar Mal mit dem jungen Franz Klammer „synchron gefahren", aber sein wilder Stil hinterließ sichtbare Spuren an den Möbeln in unserem Wohnzimmer. Deshalb musste ich meine Rennfahrerkarriere vor dem Fernseher vorzeitig beenden.

Heuer haben sich meine Kinder (13 und 15) auf dem Trainingscamp ihres Skiclubs die Autogramme von Niki Hosp und Co. auf ihre Rennanzüge schreiben lassen, als sie eine Gruppe von Weltcupstars beim Training auf der Reiteralm trafen. Dazwischen liegen rund 40 Jahre, und es ist viel passiert. 226 Männer und 193 Frauen haben ein oder mehrere Weltcuprennen gewonnen. 43 LäuferInnen konnten die begehrteste Trophäe einer Saison gewinnen. 114 Athleten und Athletinnen haben zumindest eine kleine Kristallkugel für den Spezialweltcup zu Hause stehen. Ihnen allen ist in ihrer Zeit im Weltcupzirkus vieles widerfahren. Gutes wie Schlechtes. Trauriges wie Lustiges. In jedem Fall Unvergessliches. Armin Assinger und ich haben mit vielen der Stars aus lang und kurz vergangener Zeit gesprochen und sie nach ihrem ganz persönlichen Highlight gefragt. Nach einem Erlebnis, einem Vorfall, der ihnen für immer unvergessen bleiben wird. Und viele haben uns ihre Geschichte erzählt. Über den schönsten Sieg, die schlimmste Niederlage, den wildesten Sturz, den dümmsten Streich. Eines ist allen Erzählungen gleich: Sie sind alle voll Emotionen, voll tief empfundener Gefühle.
Weil die Zeilen so ehrlich und aufrichtig geschrieben sind, haben wir beschlossen, sie möglichst im Originalwortlaut zu veröffentlichen. Wenn also ein Text zwischen Anführungszeichen steht, dann lesen Sie echtes Herzblut.

Ich wünsche Ihnen viel Spaß beim Lesen
Claus Schönhofer

PS: Ich weiß, wir sind nicht beim „Oscar", aber ich möchte dennoch meiner Frau danken, die mir bei der Recherche der Steckbriefe für die 419 (!) Rennläufer, die jemals ein oder mehrere Weltcuprennen gewonnen haben, geholfen hat. Und Wolfgang Herzog, der mich überhaupt auf die Idee eines Buches über 40 Jahre Ski-Weltcup gebracht hat. Danke Wolfgang, ich hoffe, das Abendessen und der Wein haben gemundet!

PPS: Natürlich wollen wir uns bei allen Rennläufern, Managern, Fanclubs, ÖSV- und FIS-Mitarbeitern bedanken, die uns mit Storys versorgt und bei den Recherchen unterstützt haben.

Weltcup-Erfinder Serge Lang

Geburt des Weltcups

Geburt des Weltcups 1

Es gibt zwei Wahrheiten über die Entstehung des Weltcups. Das ist die eine:

Geboren im Juni 1966, Portillo, Chile

„Wörldcup? Jo mei, wos isn des?" Als die Berchtesgadener am 5. Jänner 1967 einen Slalom für die damalige Skielite ausrichteten, wussten sie gar nicht, dass ihr Rennen das allererste Weltcuprennen der Geschichte war. Man hatte schlichtweg vergessen, sie darüber zu informieren.

Unverständlich, möchte man heute den Kopf schütteln. Unverzeihlich, nach heutigen PR- und Marketingmaßstäben. Aber vor etwas mehr als 40 Jahren tickten die Uhren noch anders. Nicht, dass das professionelle Denken gefehlt hätte. Es ging einfach alles so schnell.
Drehen wir die Zeit zurück auf Juni 1966. Allerdings nicht auf den europäischen Sommer, sondern auf den chilenischen Winter. Auf der südlichen Halbkugel wurde gerade die alpine Ski-WM abgehalten. Das Wetter war schlecht, Läufer, Funktionäre und Journalisten langweilten sich zwischen den Rennverschiebungen. Während sich die Sportler die Zeit etwa mit Tortenschlachten und ähnlichen sinnbefreiten Aktivitäten vertrieben, saßen vier Männer tage- und nächtelang beisammen und brüteten über einer Idee. „Wie findet man den besten Skirennläufer und sein weibliches Pendant?" Großereignisse wie Weltmeisterschaften und Olympische Spiele produzierten schon damals allzu oft Zufallssieger. Läufer und Läuferinnen, die ihren Höhenflug der Gunst der Stunde, wechselnden Pisten- oder Wetterverhältnissen verdankten, ihn aber nie mehr wiederholen konnten. Irgendwie unfair jenen Athleten gegenüber, die ihre Spitzenleistungen beständig die ganze Saison über erbrachten, aber keinen gebührenden Niederschlag in den Medien und den Herzen der Fans erlangten.
Der französische Journalist Serge Lang wollte dieser Ungerechtigkeit ein Ende bereiten. Die komplettesten Skisportler sollten zu ihren verdienten Ehren kommen. Zwar war „L'Equipe", die Zeitung, für die Lang arbeitete, schon halb auf dem richtigen Weg. Ein kleiner, mit noch kleineren Brillanten verzierter Ski wurde den besten Skifahrern der Saison überreicht. Allerdings praktisch ohne nennenswertes Interesse seitens der Öffentlichkeit. Nicht einmal die Gewinner Marielle Goitschel und Karl Schranz konnten dieser Auszeichnung mehr als ein freundliches Lächeln abgewinnen. Es fehlte einfach an Bedeutung, an einem gerechten Bewertungsmodus, überhaupt an einem klar definierten Bewerb.
Daran arbeiteten also die vier Herren in Portillo auf 3000 Meter Höhe. Serge Lang, die französischen und amerikanischen Teamchefs Honoré Bonnet und Bob Beattie sowie der österreichische Sportwart Sepp Sulzberger. Trotz der dünnen Höhenluft war das Ergebnis ihres Brainstormings alles andere als ein Hirngespinst. „Weltcup" nannten sie ihr Kind, und sie hatten auch ein funktionierendes Konzept dafür entwickelt.
Das Grundkonzept, kurz umrissen (im Laufe der Zeit viele Male verändert, verbessert, zurückgebessert etc.): Bei jedem Weltcuprennen werden Punkte entsprechend den Platzierungen vergeben. Wer in den ursprünglich drei Disziplinen Abfahrt, Riesentorlauf und Slalom die meisten Punkte sammelt, wird mit der großen Kristallkugel für den Gesamtweltcup belohnt. Spezialisten hatten die Chance, sich mit durchgehend starken Leistungen in ihrer Paradedisziplin mit einer kleinen Kristallkugel zu krönen.

Nun konnte das „Baby" noch nicht einmal laufen und hatte schon die erste Hürde zu nehmen. Die Ski-Oberhoheit musste von der Geburt in Kenntnis gesetzt und um ihren Segen gebeten werden. Ohne das Okay der FIS würde gar nichts gehen und „Klein-Weltcup" im Waisenhaus landen. Serge Lang wählte den direkten Weg und weihte FIS-Präsident Marc Hodler ein. Der fackelte nicht lange und entschied schnell und unbürokratisch zugunsten der neuen welt- und saisonumspannenden Rennserie. Welches Argument schlagend war oder ob ihm die Patenschaft angeboten wurde, ist nicht überliefert. Auf jeden Fall verkündete Marc Hodler bereits am 11. August 1966 der überraschten Presse: „Gentlemen, we have a World Cup!"
Gestern wie heute werden nur wenige Entscheidungen so schnell aus dem Bauch heraus getroffen und vor allem von allen nötigen Verantwortlichen auch befürwortet und mitgetragen wie damals im Sommer 1966. Daher verblüfft es nur wenig, dass die Journalisten noch zögerlich mit der Erwäh-

Dr. Sepp Sulzberger, Honoré Bonnet

nung des Weltcups in ihrer Berichterstattung umgingen. Vorsichtshalber setzten sie den „Weltcup“ erst mal unter Anführungszeichen, falls sich die neue Rennserie als Rohrkrepierer herausstellen sollte. Lieber noch nicht so viel Wind drum machen. Da versteht man auch, wie es dazu kommen konnte, dass die Berchtesgadener nichts von der Bedeutung ihres Slaloms wussten.

Gewonnen hat das Premiererennen übrigens der Österreicher Heini Messner. Mit einem Rekordsprung vom zehnten Platz im ersten Lauf schaffte er es als erster Sieger eines Weltcuprennens in die Geschichtsbücher.
Die ersten Kristallkugeln durften am Saisonende die Kanadierin Nancy Greene und der französische Skigott Jean-Claude Killy für ihre beständigen Höchstleistungen entgegennehmen.

Diese erste Saison war eigentlich nur eine halbe und genau genommen gar nicht die erste Saison. Denn bei allem Wohlwollen konnte die FIS nicht über ihren eigenen „behördlichen“ Schatten springen und gab ihren offiziellen Sanctus erst im Juni 1967 beim Kongress in Beirut. Folglich müsste die Saison 1967/68 die zweite erste und erste echte Weltcupsaison gewesen sein.

Und es funktioniert trotzdem

Ob Serge Lang und seine Mitdenker wirklich glaubten, dass ihr Konzept tatsächlich den Anspruch auf Endgültigkeit erheben konnte, weiß man heute nicht mehr zu sagen. Sie waren sicher von der Richtigkeit des Modus überzeugt und haben geglaubt, alle Eventualitäten nach bestem Wissen und Gewissen berücksichtigt zu haben. Dass eventuell eine Skination nach einer Änderung der Punktevergabe rufen könnte, um die Chancen ihrer Spezialisten gegenüber den Allroundern der gegnerischen Teams zu verbessern, war so nicht vorherzusehen. Dass eventuell eine andere Skimacht eine weitere Änderung des Punktemodus fordern könnte, um die Konkurrenzfähigkeit ihrer Allrounder gegen ausländische Spezialisten zu wahren, war eine weitere Unabwägbarkeit. Die Machtkämpfe der wichtigsten Skinationen Frankreich, Österreich und Schweiz sorgten für ein nur halblustiges Reglementänderungs-Pingpong. Mal wurden nur die besten drei Plätze in einer Disziplin für die Wertung herangezogen. Dann gab es Rennen mit „halben“ Punkten, Streichresultate, Verdoppelungen und eine Reihe weiterer Verwirrungen. Weltcup-Mitbegründer Honoré Bonnet erkannte sehr bald: „Den idealen Modus werden wir nie finden. Auch in zehn oder zwanzig Jahren wird es darüber Diskussionen geben.“ Er sollte recht behalten.

Worüber es aber von Anfang an keine Diskussion gab, war die sportliche Bedeutung des Weltcups. Jegliche noch bestehenden Bedenken über Sinnhaftigkeit oder Bedeutung des Weltcups wurden von Killy bei der Überreichung der Trophäe weggewischt, pulverisiert, atomisiert: „Der Weltcup ist für mich wichtiger als Weltmeisterschaften oder Olympische Spiele!“
40 Jahre später sagte Aksel Lund Svindal in einem Interview wenige Tage nach seinem Doppelsieg bei der WM 2007 in Aare: „Ich will heuer den Weltcup gewinnen. Das ist mir wichtiger als meine Medaillen.“

Geburt des Weltcups 2

Wie schon gesagt, es gibt zwei Wahrheiten über die Entstehung des Weltcups. Das ist die andere:

Geboren im Juni 1966, Portillo, Chile, anderes Zimmer

Wie schon eine Seite zuvor befinden wir uns im Juni 1966 in Portillo in den chilenischen Anden in dem Hotel. Allerdings in einem anderen Zimmer. Auf zehn Quadratmetern hocken vier stramme Burschen mehr über- als beieinander und diskutieren. Léo Lacroix (Olympia-Zweiter 1964), Guy Périllat (Weltmeister 1966), Jules Melquiond (Top-Slalomfahrer) und Jean Claude Killy reden darüber, worüber sie sich schon gut ein Jahr lang immer wieder ereifert haben.
Killy im O-Ton: „Wie viele unserer Rennläuferkollegen waren wir es leid, unsere größten Erfolge dem Glück zu überlassen, ob wir ausgerechnet an einem bestimmten Tag alle vier Jahre in Topform sein würden, dass das Material, der Schnee, die Startnummer, der Wind passen würden. Wir waren begeisterte Formel-1-Fans und fanden das System, jedes Jahr den Besten einer ganzen Saison zu küren, am fairsten. Deshalb haben wir Rennläufer von den Verantwortlichen eine Wertung wie die Formel-1-Weltmeisterschaft gefordert. Damals in Portillo hockten wir in einem winzigen Raum wie die Sardinen zusammengepresst und redeten über nichts anderes als über die Idee eines Weltcups. Wir haben Serge Lang damit konfrontiert. Er hat uns verstanden. Der Rest ist Geschichte.“

Zwei Wahrheiten, die gar nicht enger beieinanderliegen könnten. Die kleine Abweichung mag für manche nebensächlich, für andere aber von essenzieller Bedeutung sein. Killy hat seine Version schon des Öfteren öffentlich erzählt. Ihm wurde nie widersprochen. Uns gefallen beide Versionen, die zweite sogar noch ein Alzerl besser, weil sie sehr glaubwürdig ist.

Der Ruhm wiegt zwölf Kilo

Die Kugel, um die sich die Skiwelt dreht, wiegt zwölf Kilogramm. Das entspricht der Durchschnittsmenge an Schokolade, die ein Schweizer pro Jahr verdrückt. Ein ordentlicher Brocken, wenn auch in unserem Fall aus edlem, fein geschliffenem und handgraviertem Bleikristall. Beim Stemmen dieser 46 Zentimeter hohen Trophäe schwillt nicht nur der Stolz des Athleten, sondern auch der Bizeps. Kein wirkliches Problem für einen austrainierten Mann. Allerdings ist die Kristallkugel für die Siegerin im Gesamtweltcup genauso schwer. Das ist deutlich mehr als ein Sechserträger Mineralwasser (à 1,5 Liter). Versuchen Sie, so was mal mit nur einer Hand in die Höhe zu stemmen. Respekt vor den Ski-Mädchen, die ihre Kraft ja vornehmlich in den Beinen haben. Aber im Glücksrausch lassen sich ungeahnte Kräfte mobilisieren.

Die Kristallkugel

Die Weltcupkugel hat aber nicht nur einen ideellen Wert für ihren glücksseligen Besitzer. Sie repräsentiert einen Materialwert von etwa 3000 Euro. Selbst die kleinere Ausführung für die Spezialwertungen kostet mit ihren acht Kilo immer noch mehr als 1500 Euro.
Also zwei gute Gründe, doppelt vorsichtig mit dem glänzenden Kunstwerk umzugehen. Bode Miller ist auf der Heimreise schon eine seiner vielen Kugeln zu Bruch gegangen. Trotz des finanziellen Schadens dürfte sein Ärger über den Verlust doch eher seelischen Ursprungs gewesen sein.

Die FIS, die unbekannte Macht

Sporthoheiten sind nicht immer sehr beliebt. Sportler und Teams fühlen sich durch Reglements und Entscheidungen oft benachteiligt, während ihre Konkurrenten gleichzeitig vermeintlich bevorzugt werden. Medien und Fans sehen sie als Spielverderber, als politischen Intrigantenstadel, als Geheimbund mit unbekannten Aufgaben und Zielen. Da geht es der FIS nicht besser als der FIA im Autorennsport, der FIFA im Fußball oder jeder anderen obersten Sportbehörde. Wir wollen jetzt nicht gleich eine Lanze für Bürokratismus brechen, aber man muss fair bleiben. Im Spitzensport geht es um viel Geld. Um unermesslich viel Geld. Da liegt die Versuchung zu tricksen und zu täuschen sehr nahe. Dieser einen Riegel vorzuschieben, ist Aufgabe der Sportbehörden. Mit strengen Regeln soll sichergestellt werden, dass nur gewinnt, wer verdient gewinnt. Irrtümer und Fehlentscheidungen sind leider nicht ausgeschlossen. Aber wo sind die das schon?

FIS

Ein kleines FIS-Lexikon

Fédération Internationale de Ski (abgekürzt FIS) ist der internationale Skiverband. Der Sitz des Verbandes befindet sich in Oberhofen am Thunersee in der Schweiz.

Die Organisation entstand 1924 in Chamonix aus dem Zusammenschluss von 14 nationalen Skiverbänden. Heute sind 107 Mitgliedsverbände angeschlossen. Die FIS veranstaltet Weltcupwettbewerbe und Weltmeisterschaften in den Disziplinen Ski Alpin, Langlauf, Skispringen, Nordische Kombination, Snowboard, Freestyle, Speed Skiing, Grasski, Telemark und Rollerski. Der Biathlonweltcup wird nicht von der FIS ausgetragen.

Die FIS-Präsidenten

1924–1934	Ivar Holmquist, Schweden
1934–1951	Nicolai Ramm Østgård, Norwegen
1951–1998	Marc Hodler, Schweiz
1998–heute	Gian-Franco Kasper, Schweiz

Ein Auszug aus der Geschichte

Als im Jahr 1908 der norwegische Skiverband gegründet wird, taucht erstmals auch die Frage nach einem internationalen Verband auf. Im folgenden Jahr, während der internationalen Skiwettkämpfe in Morez (FRA), ergreift der norwegische Trainer Durban Hansen während der Preisverleihung das Wort und lädt die Anwesenden im Namen seines nationalen Verbandes zur Teilnahme an einem Skikongress in Christiania ein, auf dem die Gründung des internationalen Verbandes diskutiert werden soll. Die Offiziellen und Wettkämpfer aus Frankreich, Italien und der Schweiz begrüßen die Einladung mit begeistertem Applaus. Zwei Monate später erhalten die verantwortlichen Gremien in elf Ländern, in denen Skisport praktiziert wird, eine schriftliche Bestätigung. Der Text hat folgenden Wortlaut:
„In den letzten zehn Jahren haben wir in vielen Ländern ein reges Interesse an der Entwicklung des Skisports beobachtet. Wir glauben daher, dass es an der Zeit ist, einen internationalen Skiverband zu gründen, um anerkannte Regeln für den Sprunglauf zu etablieren und die Probleme der Amateure optimal zu lösen. Da wir überzeugt sind, dass die Delegierten aus den verschiedenen Ländern die Wettkämpfe am Holmenkollen verfolgen möchten, schlagen wir hiermit vor, den Skikongress im Rahmen dieser Veranstaltung zu organisieren ...“
Delegierte aus zehn Ländern sagen ihre Teilnahme am ersten FIS-Kongress zu und werden am 18. Februar 1910 in Christiania von Karl Roll begrüßt, dem Präsidenten des norwegischen Skiverbands, der bei den nachfolgenden Gesprächen auch den Vorsitz führt. Am Ende des Kongresses steht die Gründung einer Internationalen Skikommission (CIS), die gleich mit einer wichtigen Aufgabe betraut wird: der Ausarbeitung und Umsetzung eines Regelwerks für jede Art von Skiwettkämpfen. Karl Roll lehnt das Angebot, erster Vorsitzender dieser Kommission zu werden, aus privaten Gründen ab.

Nicht jeder FIS-Kongress brachte neue Erkenntnisse und Entscheidungen, die den alpinen Skirennsport wesentlich beeinflussten. Die Meilensteine:

XXVI. FIS-Kongress 16.–21. Mai 1967, Beirut (LIB)
74 Delegierte aus 31 Ländern

- Anerkennung des alpinen Weltcups, der ab 1968 von der FIS durchgeführt wird.
- Verteilung von Informationsmaterial und Regeln zur Fortbewegung auf Skiern.
- Geschlechtskontrollen werden eingeführt.
- Die Übertragungsrechte an Weltmeisterschaften werden exklusives Eigentum der FIS, die von nun an direkt mit den Fernsehgesellschaften verhandelt.
- Der Kongress erklärt, dass die FIS für jegliche Art von Skisport zuständig ist, bei dem man sich durch das Zusammenspiel von Muskel- und Schwerkraft fortbewegt und der auf dem Erdboden oder jeglicher anderer Art natürlicher oder künstlicher Oberfläche ausgeführt wird.

XXX. FIS-Kongress 25.–31. Mai 1975, San Francisco (USA)
82 Delegierte aus 33 Ländern

- Beschichtete Rennanzüge werden verboten.
- Der Austragungsmodus für den Parallelslalom wird zwar generell beibehalten, gewisse Regeln werden jedoch überarbeitet.
- Gian-Franco Kasper (SUI, 29 Jahre alt) wird die Verwaltung der FIS übertragen.
- Sicherheit und Skilauf. FIS-Präsident Marc Hodler erklärt dazu: „Die Genehmigung alpiner Skirennen sollte angesichts stetig steigender Geschwindigkeiten, die mittlerweile ein exzessives Maß erreicht haben und Sprünge unkontrollierbar machen, regelmäßig überprüft werden. Die vorhandenen Pisten verlaufen zu gerade und direkt und sollten daher in stärkerem Maße technisch ausgestaltet werden, um die Geschwindigkeiten zu verringern."

XXXI. FIS-Kongress 29./30. April 1977, Bariloche (ARG)
79 Delegierte aus 33 Ländern

- Alle Innovationen auf dem Ausrüstungssektor müssen vom Komitee für Wettkampfausrüstung genehmigt werden, um die Sicherheit zu erhöhen.
- Der Kalender für 1976/77 umfasst 868 alpine und 422 nordische Wettkämpfe.

XXXII. FIS-Kongress 18./19. Mai 1979, Nizza (FRA)
104 Delegierte aus 41 Ländern

- Anerkennung von Skiakrobatik und Grasskilauf.
- Die alpine Kombination wird bei Weltmeisterschaften zu einer separaten, aus Abfahrt und Slalom bestehenden Disziplin mit speziellen Regeln. Das bisherige Verfahren, nach dem der Kombinationsweltmeister auf Grundlage der in den drei Einzeldisziplinen erzielten Ergebnisse ermittelt wird, wird somit abgeschafft.

XXXV. FIS-Kongress 27. Mai–1. Juni 1985, Vancouver (CAN)
91 Delegierte aus 36 Ländern

- Ab der Saison 1987 wird Super-G vierte Disziplin im alpinen Weltcup.
- Athleten können nur dann am Ski-Weltcup teilnehmen, wenn sie mittels eines gültigen Personalausweises nachweisen, dass sie Bürger des Landes sind, durch dessen nationalen Skiverband sie gemeldet wurden.

XXXVI. FIS-Kongress 6.–11. Juni 1988, Istanbul (TUR)
113 Delegierte aus 46 Ländern

- Die Höchstsumme für den ersten Preis bei internationalen Skiwettkämpfen soll von CHF 1500 auf 3000 angehoben werden.

XXXVIII. FIS-Kongress 7.–12. Juni 1992, Budapest (HUN)
137 Delegierte aus 54 Ländern

- Der Verkauf der Fernsehübertragungsrechte soll Teil des FIS-Marketings werden.

XLI. FIS-Kongress 17.–24. Mai 1998, Prag (CZE)
149 Delegierte aus 63 Ländern

- Marc Hodler tritt zurück.
- Gian-Franco Kasper wird zum neuen FIS-Präsidenten gewählt.
- Ab dem Jahr 2000 finden Weltmeisterschaften im Rollerski statt.
- In der FIS sind jetzt 100 Nationen vertreten.

XLIII. FIS-Kongress 2.–8. Juni 2002, Portoroz (SLO)
143 Delegierte aus 67 Ländern

- Trinidad und Tobago und die Republik Moldawien werden als Teilmitglieder der FIS aufgenommen.

XLIV. FIS-Kongress 30. Mai–5. Juni 2004, Miami (USA)
141 Delegierte aus 58 Ländern

- Einstimmige Annahme des „Welt-Anti-Doping-Kodex".
- Bei den FIS alpinen Skiweltmeisterschaften wird der Nationen-Team-Event aufgenommen.
- Hongkong wird als Teilmitglied aufgenommen.

Geldmaschine Weltcup

Für den Sieg bei den ersten Weltcuprennen gab es einen Pokal und einen herzlichen Händedruck. 40 Jahre später erhält der Sieger einen Scheck, auf dem mehr Nullen draufstehen, als ein Durchschnittsverdiener in einem ganzen Jahr sammeln kann. Wie viel ein Weltcupgesamtsieg wert ist, lässt sich schwer in eine Zahl fassen. Die Folgen sind lukrative Werbeverträge, Beteiligungen an Fanartikeln bis hin zu Gesangs-, Schauspiel- und TV-Karrieren. Da kommt schon einiges zusammen. Auch wenn sich der Geldregen im Skisport im Vergleich zu den „Fantastillarden" der Golf-, Football- und Basketballprofis oder der Formel-1-Piloten als leichtes Nieseln ausnimmt, reden wir von einem lukrativen Business. Industrie und Wirtschaft zahlen Riesensummen. Und wir können davon ausgehen, dass das Geld auch wieder hereingebracht wird. Mit Gewinn, versteht sich. So lächeln die beliebtesten Skistars von Plakatwänden und aus dem Fernsehapparat, preisen schauspielerisch mehr oder weniger talentiert, aber zumindest sehr ambitioniert alle erdenklichen Produkte an. Offenbar wirkt die Werbung, und die Anstrengung der Rennläufer zahlt sich aus. (Die Anstrengungen des jahrelangen Trainings und Rennstresses sind da gemeint. Nicht die der Dreharbeiten für den Werbespot. Obwohl auch das ein harter Job ist.)

Das Skiteam als Wirtschaftsunternehmen

Prof. Peter Schröcksnadel ist Präsident des Österreichischen Skiverbandes (ÖSV) und Unternehmer in allen möglichen Bereichen rund um den Skisport – von intelligenten Kommunikations-, Orientierungs- und Informationssystemen für Skipisten und Tourismus über Liftanlagen bis ganze Skigebiete. Sein (nicht immer unumstrittenes) unternehmerisches Denken hat gewiss gehörig dazu beigetragen, dass sich das ÖSV-Team heute weltweit zur Nummer 1 entwickelt hat. Denn eine Skinationalmannschaft, die siegreich sein soll, muss auch wirtschaftlich erfolgreich sein. Damit ist sie vom unternehmerischen Blickwinkel einem Fußballclub sehr ähnlich. Daher vergleicht Peter Schröcksnadel gerne die Österreichische Ski-Nationalmannschaft mit Real Madrid im Fußball.

„Anfang der 70er-Jahre, kurz nach Start des Alpinen Ski-Weltcups, wurde ich gebeten, innerhalb des Österreichischen Skiverbandes das Referat für „Allgemeinen Skilauf" zu übernehmen. Zu diesem Zeitpunkt befand sich der Skirennsport in einer schwierigen Phase und verfügte über nur sehr geringe Einnahmemöglichkeiten. Mit der Gründung des Austria Ski Pool im Jahr 1971 wurde ein Meilenstein gesetzt, der einen Aufschwung des Austria Ski Teams in den 70er Jahren bewirkte. Dies war anfänglich sehr positiv zu sehen. Der Skisport entwickelte sich allmählich immer mehr zum Fernsehereignis mit immer größer werdenden Werbemöglichkeiten. Dadurch stieg aber auch die Einflussnahme der Ausrüsterfirmen, sodass der Austria Ski Pool Mitte der 80er-Jahre auch die Rolle einer Rennsportorganisation übernahm. Dieser Einfluss wirkte sich jedoch auf die sportlichen Leistungen aus. Ausländische Rennsportausrüstung wurde nicht zugelassen, und wenn ein Trainer einen Läufer mit der „falschen" Skimarke nominierte, wurde dieser abgesetzt. Ende der 80er-Jahre gelang es dem ÖSV, das Sagen im Rennsport zurückzugewinnen und im Laufe der folgenden Jahre das bisher sehr bescheidene Budget durch die Umstellung auf eine privatwirtschaftliche Linie beachtlich zu erhöhen. Diese Unabhängigkeit und die wesentlich größeren finanziellen Möglichkeiten für Materialentwicklung, -tests, Nachwuchsförderung und Training der Spitzenathleten waren die Basis für die neuerlichen großen Erfolge des Austria Ski Team."

Der daraus entstandene hohe Leistungsstandard schraubt natürlich auch die Erwartungen hoch hinauf. Wenn die Erfolge ausbleiben, herrscht Katerstimmung. In jedem Team. Jede Skination hat schon Durststrecken überstehen müssen. Und oft war ein Richtungswechsel notwendig, damit die Läufer eines Teams wieder auf die Siegerstraße zurückkehren konnten.

Groß und Klein

Die besten Skifahrer der Welt

Zwischen Killy und Svindal, zwischen Greene und Hosp liegen 40 Jahre. 40 Saisonen mit rund 2500 Rennen, in denen sich 23 Rennläuferinnen und 20 Rennläufer zu den Besten der Besten gekürt haben.

Sie haben unmenschliche Entbehrungen und fast übermenschliche Anstrengungen auf sich genommen. Sie haben ihre Körper und ihre Seelen geschunden, sie haben trainiert bis weit über die Schmerzgrenze. Sie haben niemals aufgegeben und sich aus verletzungsbedingten Tiefs mit unerbittlichem Kampfeswillen zurück an die Spitze gekämpft. Sie haben sich ihre Erfolge verdient und auch das nötige Quäntchen Glück für den absoluten Erfolg gehabt. Das Glück des Tüchtigen eben. Aber niemals hat eine Läuferin, niemals hat ein Läufer die große Kristallkugel nur durch puren Zufall gewonnen. Das war und ist es, das dem Urgedanken des Weltcups entspricht. Ganz im Sinne seiner Erfinder bekommt nur der kompletteste Rennläufer am Ende der Saison die große Kristallkugel.

Die Spezialisten

Wenn die Gesamtweltcupsieger die komplettesten Rennläufer sind, heißt das aber nicht unbedingt, dass sie Allrounder im klassischen Sinne sein müssen. Nur ganz wenige Ausnahmeerscheinungen schafften es, in ein und derselben Saison in allen Disziplinen konstant Spitzenplätze zu erringen. Vielmehr werden die besten Platzierungen vornehmlich entweder in den Speed- oder den technischen Bewerben herausgefahren. Daher gewinnt der Weltcupsieger meistens die kleine Kristallkugel für die Spezialwertung in seinen Paradedisziplinen dazu.

Ist ja klar, dass nicht jeder alles gleich gut können kann. Das fängt bei den körperlichen Voraussetzungen an, und das Training für Abfahrt und Slalom könnte unterschiedlicher kaum sein. Wo auf der einen Seite brutale Kraft und Ausdauer gebraucht werden, sind es auf der anderen Seite Wendigkeit und Spritzigkeit. Umso verwunderlicher ist, dass es – bei den Damen wie den Männern – immer wieder ordentliche Bröckerln sind, die am schnellsten durch die Slalomstangen flitzen, und andererseits auch wahre Leichtgewichte Abfahrtsrennen gewinnen. Da sieht man wieder einmal, dass angeborenes Talent und gezieltes Training den Naturgesetzen ein Schnippchen schlagen. Interessant ist es auch zu sehen, wie aus einem Spitzenabfahrer ein paar Saisonen später ein ebenso erfolgreicher Techniker wird und umgekehrt. Das bringt uns zu dem Schluss: Nix ist fix, sicher schon gar nichts und mit Logik schaut es sowieso ganz schlecht aus.

Die Highlights

Der Allererste

→ Heini Messner, AUT

Heini Messner wurde die einzigartige Ehre zuteil, das erste Weltcuprennen überhaupt zu gewinnen. Mit dem Sieg des Slaloms in Berchtesgaden 1967 schrieb er Geschichte. „Zum Glück funktioniert das Langzeitgedächtnis noch halbwegs, sodass ich mich nach 40 Jahren doch noch recht gut erinnern kann. Besonders an die Preisverleihung denke ich gern zurück – der Pokal wurde nämlich von Uschi Glas überreicht!“

In seiner aktiven Zeit als Rennläufer (elf Jahre Nationalmannschaft) konnte er viele schöne Erfolge feiern. Er wurde Lauberhorn-Sieger, Kandahar-Sieger, dreimal Sieger in Madonna di Campiglio, fünffacher österreichischer Meister in allen Disziplinen. Auch bevor der Weltcup eingeführt wurde und die Rennen noch FIS-A hießen, errang er zahlreiche Siege und Stockerlplätze. Die publikumswirksamsten Erfolge waren aber doch die Bronzemedaillen bei den Olympischen Spielen 1968 in Grenoble im Riesenslalom und in der Kombination (WM-Wertung) sowie bei den Olympischen Spielen 1972 in Sapporo in der Abfahrt. „Ich war damals in einer sehr guten Form und hätte durchaus auch gewinnen können. Doch leider hatte ich mich einige Tage vorher stark verkühlt und konnte nur durch Fitspritzen durch unseren Teamarzt Dr. Ernst Raas an den Start gehen. Am meisten war ich dann selber überrascht, als es noch Platz drei wurde. Bei den Herren war das damals überhaupt die einzige Medaille für Österreich.“

Heini war ein Bastler und Tüftler. Sein Hang, alles mögliche Neue auszuprobieren, verhalf ihm zum einen oder anderen Erfolg und wurde später zum Standard bei der Ausrüstung im Rennsport. „Schon 1968 habe ich als Erster in der Branche Schaumgummieinlagen in meinen Pullover genäht, um mich vor den harten Stangen im Slalom und Riesentorlauf ein wenig zu schützen. Damit hatte ich weniger Hemmungen, enger an die Tore heranzufahren, und konnte so wertvolle Sekundenbruchteile sparen. Ebenso war es meine Idee, die Skistöcke zu verbiegen, um sie aerodynamischer an den Körper anlegen zu können. Die Entwicklung zum heutigen Skischuh habe ich vorweggenommen, indem ich den Einfall hatte, Stützen als Verlängerung zur Wade hin in meine damals niederen Schuhe zu stecken.“ (Später bekannt geworden als „Jetstützen“.)

Inzwischen ist Heini in Pension, vierfacher Opa, begeisterter Golfer und arbeitet nach wie vor im familieneigenen Skiservice und -verleih in Steinach am Brenner. „Der Skisport interessiert mich auch heute noch sehr. Leider haben mir meine Knie die großen Anstrengungen und die vielen Verletzungen meiner aktiven Laufbahn nicht ganz verziehen. Daher bin ich im Skisport zurzeit mehr passiver Konsument und schaue mir jedes Rennen im Fernsehen an und freue mich riesig, wenn unsere Mädchen und Burschen so toll abschneiden.“

i

Geboren am 1. September 1939, Obernberg

1 Einzelsieg – 1x Slalom

Weitere Erfolge:
Olympia 1968 Grenoble Bronze RTL,
WM-Bronze Kombi
Olympia 1972 Sapporo Bronze Abfahrt

Le Premier

→ Jean-Claude Killy, FRA

Aksel Lund Svindal hat im Interview, als er die große Kristallkugel 2007 entgegennahm, genau dasselbe gesagt wie Killy 40 Jahre zuvor: „Der Sieg des Gesamtweltcups zählt für mich mehr als alle Medaillen." Was für große Worte. Wie aus einer Hollywoodinszenierung. Gut, um weltweit tausendfach zitiert zu werden.

„Das habe ich damals gesagt, aber ich würde es heute nicht mehr sagen." Wie bitte, Monsieur Killy? Sie haben doch damals den Weltcup gefordert und ...

„Ich hab das damals auch so gemeint. Aufrichtig und von ganzem Herzen. Aber es sind 40 Jahre vergangen und ich habe meine Meinung geändert." Wie jetzt, was jetzt?

„Ich wollte den Weltcup, weil ich es blöd fand, dass der einzige Sieg, der damals zählte, ein Olympiasieg war. Weil man nur alle vier Jahre an einem bestimmten Tag die Chance hat und alles passen muss – die Form, das Material, der Schnee, die Startnummer, der Wind. Heute würde ich sagen, dass der Sieg am meisten zählt, der am schwierigsten zu erreichen ist. Und das ist nun mal der Olympiasieg. Weil man nur alle vier Jahre an einem bestimmten Tag die Chance hat und alles passen muss – die Form, das Material, der Schnee, die Startnummer, der Wind. Fragen Sie Aksel in 40 Jahren, ob er auch seine Meinung geändert hat."

In einem Buch über die Highlights aus 40 Jahren Weltcup hätten wir diese Passage aus Jean-Claude Killys Beitrag gerne gestrichen. Das ist ja so, wie wenn jemand unsere schönen bunten Seifenblasen zum Platzen bringen möchte. Aber he, das ist seine Meinung. Und eine Persönlichkeit wie Killy hat das Recht, gehört zu werden. Und es wird einige Rennläufer geben, die ins selbe Horn stoßen. Jene nämlich, die bei Großveranstaltungen wie WM oder Olympia triumphieren konnten, aber im Weltcup weniger erfolgreich waren. Killy mit seiner Goldmedaillen- und Kristallkugelsammlung hat allerdings von allem den Zuckerguss genossen. Die Wahrheit liegt irgendwo dazwischen, soll sie doch jeder für sich selbst finden.

Anderes Thema. Weltcup früher und heute:

„Damals ging es wie heute nur darum, schneller den Berg runterzufahren als alle anderen. Wir hatten alle das gleiche Material, aus heutiger Sicht veraltet, damals state of the art. Wir fuhren alle auf relativ schlecht präparierten Pisten. Aber wir fuhren alle unter den gleichen Bedingungen, wie auch heute die modernen Gladiatoren unter den gleichen Voraussetzungen kämpfen. Daher war das Siegen damals genauso schwierig oder einfach wie heute. Allerdings war es wahrscheinlich damals noch gefährlicher, mangels Sturzräumen, Fangnetzen und Präzisions-Sicherheitsbindungen."

Zum Schluss noch ein tiefer Blick in die Seele eines Spitzensportlers:

„Mein schönster Sieg? Gewinnen war meine Obsession. Ich wollte, nein ich musste so viele Rennen wie nur möglich gewinnen. Ich konnte an gar nichts anderes denken. Nur ans Siegen. Alle denken bei Killy nur an dreimal Gold in Grenoble 1968. Was sind diese drei Siege im Vergleich zur Saison 1966/67, in der ich von insgesamt 36 Rennen (FIS-A und ab der zweiten Saisonhälfte auch Weltcup) 26 gewonnen habe."

1999 wurde Killy als „Sportler des Jahrhunderts" ausgezeichnet.

i

Geboren am 30. August 1943, Saint-Cloud
2x Gesamtweltcup 1967, 1968
1x Abfahrtsweltcup 1967
2x Riesentorlaufweltcup 1967, 1968
1x Slalomweltcup 1967

Erster Sieg am 9. Jänner 1967 beim Riesentorlauf in Adelboden
14 Einzelsiege – 5x Abfahrt, 6x RTL, 3x Slalom

Weitere Erfolge:
WM 1966 Portillo Gold Abfahrt, Gold Kombi
Olympia 1968 Grenoble Gold Abfahrt, Gold RTL, Gold Slalom, WM-Gold Kombi

„Als das kanadische Skiteam für die Jännerrennen 1967 nach Europa kam, stellten wir überrascht fest, dass bestimmte Rennen als ‚Weltcuprennen' bezeichnet wurden. ... Ich hatte mit dem kanadischen Herrenteam mittrainiert und fühlte mich stark genug, um zu gewinnen, egal, wie sich das Rennen nennt. Also gewann ich gleich einmal vier Weltcuprennen in Oberstaufen und

Die erste Gesamtweltcupsiegerin

→ Nancy Greene, CAN

Grindelwald und war damit auch noch die Führende im Weltcup. Ausgerechnet jetzt mussten wir für ein Sponsorrennen zurück nach Kanada. Diese Unterbrechung bedeutete, dass ich vier Weltcuprennen versäumte und mich die starken Französinnen punktemäßig überholen konnten.

... Beim Weltcupfinale in Jackson Hole hatte ich doch noch eine ganz kleine Chance auf den Gesamtsieg. ... Mit einem zweiten Platz im allerletzten Rennen würde mir ein Punkt zum großen Triumph fehlen. Kurz: Ich musste diesen Slalom gewinnen.

Das wussten auch die Französinnen. Nach dem ersten Durchgang lagen Florence Steurer vier Hundertstel vor und Marielle sieben Hundertstel hinter mir. Wie passend, dass dieses Rennen ‚The Wild West Classic' hieß. Später sprach man vom ‚Showdown at Jackson Hole'.

Der Kurs des zweiten Laufes bot eine interessante Herausforderung: Eine Torkombination, die von zwei Seiten angefahren werden konnte. Die eine Möglichkeit schien risikolos mit einem angenehmen Rhythmus. Die andere aber sah schneller aus, aber auch aus dem Rhythmus, mit der Gefahr einzufädeln. Die Entscheidung war einfach für mich – ich hatte nichts zu verlieren, nur alles zu gewinnen.

Ich beobachtete das Mädchen vor mir, die dieselbe riskante Route nahm, wie ich sie geplant hatte. Prompt fädelte sie ein und räumte unzählige Tore ab. Während die Torstangen wieder in ihre Positionen gesteckt wurden, versuchte der Platzsprecher das Publikum in die richtige Stimmung für dieses spannende Finale zu bringen. ‚Auf den Start wartet Nancy Greene! Sie muss dieses Rennen gewinnen, um den Weltcup zu gewinnen! Sie liegt vier Hundertstel zurück, wenn sie die nicht aufholt, verliert sie den Weltcup! Stellt euch vor, wie sie sich fühlen muss, ihr Mund trocken, das Herz klopft bis zum Hals ...' Er hatte erreicht, dass ich mich endlich genau so fühlte. ‚Das ist der wichtigste Moment in ihrem Leben ...' Plötzlich drifteten meine Gedanken ab. Ich sah die Situation, wie sie wirklich war: Ich stand am Start eines Rennens, am Ostersonntag, es schneite ganz leicht, der Anblick war bezaubernd. Ich war gerne hier, aber ich wusste auch, dass ich noch mein ganzes Leben vor mir hatte, ganz gleich, was hier passieren würde. Da überkam mich eine tiefe Ruhe.

‚Fertig für den Start!', rief der Startrichter. Marielle beugte sich zu mir: ‚Möge die Beste gewinnen.' Ich antwortete: ‚Danke ... viel Glück.' Fast hätte ich gesagt: ‚... das werde ich.'

Ich stieß mich ab und fuhr mit einem freien Geist, völlig entspannt und locker. Mit einem Vorsprung von sieben Hundertstel gewann ich das Rennen und die erste Kristallkugel. Nie mehr wieder sorgte ich mich darum, ein Rennen gewinnen zu müssen, und für den Rest meiner Karriere fuhr ich mit Freude im Herzen."

Nancy gewann mit dieser positiven Einstellung im Jahr darauf ihre zweite Kristallkugel und olympisches Gold.

i

Geboren am 11. Mai 1943, Ottawa
2x Gesamtweltcup 1967, 1968
2x Riesentorlaufweltcup 1967, 1968

Erster Sieg am 7. Jänner 1967 beim Slalom in Oberstaufen
14 Einzelsiege – 3x Abfahrt, 8x RTL, 3x Slalom

Weitere Erfolge:
Olympia 1968 Grenoble Gold RTL, Silber Slalom, WM-Gold Kombi

Die Frau Volksschullehrerin Olga

→ Olga Pall, AUT

An die Olga Pall kann sich der Armin ja gar nicht mehr erinnern. Aber ich war schon neun Jahre alt, als Olga Gold und Kristall für mich und Rest-Österreich holte. Ich fand Olga toll. Nicht nur wegen ihrer tollen Abfahrtshocke, sondern wegen ihrer noch viel tolleren Frisur. Meine Volksschullehrerin hatte auch so eine. Auftoupiert und mit ganz viel Haarspray haltbar für die Ewigkeit gemacht. Meine Lehrerin hatte mit dieser Frisur und dem engen grünen Kleid in meinen Augen ausgesehen wie ein Filmstar. Ich glaube, ich war ein bisschen in sie verknallt. Und die Olga Pall hat ihr irgendwie ähnlich gesehen. Aber wie hat sie diese Frisur unter den Helm gebracht? Ich hab das nie richtig verstanden.

i

Geboren am 3. Dezember 1949, Göstling
1x Abfahrtsweltcup 1968 (gemeinsam mit Isabelle Mir)

2 Einzelsiege – 2x Abfahrt

Weitere Erfolge:
Olympia 1968 Grenoble Gold Abfahrt

Der Wolf vom Arlberg war berüchtigt für seine taktischen Tricks, mit denen er sich immer wieder einen kleinen Vorteil im Kampf um Sekundenbruchteile verschaffen konnte. So zum Beispiel beim Training am Lauberhorn: „Mein Trainer, der Schöpf Egon, und ich haben uns eine ganz raffinierte psychologische List einfallen lassen. Ich war erst etwas später dran und wartete im Starthaus. Ich hatte mein Funkgerät dabei und die Lautstärke voll aufgedreht. So konnten alle den Funkverkehr zwischen Egon, der weiter unten an einer Schlüsselstelle stand, mithören. Nach jedem Läufer brüllte er ins Mikro: ‚... bei der Ausfahrt musst aufpassen! ... waaahnsinnig eisig! ... vor dem Schwung unbedingt Tempo wegnehmen!' und so weiter. Das stimmte zwar alles, aber er hat es halt ein bissl überdramatisiert, was ich selbstverständlich wusste – die anderen Läufer aber nicht. So haben sie alle wertvolle Zeit an der so gefährlichen Stelle liegen lassen. Und genau dort bin ich meinen Vorsprung herausgefahren."

Taktisch klug und genial einfach war auch das System, mit dem Trainer Schöpf dem Karl während eines Laufes anzeigte, wie gut er im Rennen lag. Ein, zwei oder drei Finger nach oben bedeuteten ebenso viele Sekunden als beruhigender Zeitpolster. Die Finger nach unten gestreckt hießen Rückstand und waren Anlass für volles Risiko.
„Egon stand wie immer an einer etwas langsameren Stelle am Pistenrand, damit ich gefahrlos nach seinem Zeichen sehen konnte. Ich hatte das Gefühl, gut unterwegs zu sein, also schenkte ich Egon nur einen kurzen Blick. Da durchzuckte es mich vor Schreck. Ich sah einen Finger nach unten gehalten! Das bedeutete rund eine Sekunde Rückstand. Ich nahm alle Kraft, allen Mut zusammen, ging gar nicht aus der Hocke und riskierte alles. Im Ziel hatte ich 4,9 Sekunden Vorsprung. Aber mit meinem Husarenritt hatte ich nur drei Sekunden gewonnen. Wieso? Ich lag schon bei der Zwischenzeit zwei Sekunden vorn. Das hatte Egon auch gedeutet. Aber mit der Linken. In der Rechten ließ er einen Kugelschreiber baumeln. Den hatte ich gesehen."

Der große Wolf

→ Karl Schranz, AUT

Karls Rivalen versuchten seine Trainingsmethoden zu kopieren, seinen Fahrstil und auch seine psychologischen Tricks: „Hahnenkamm 1972. Über Nacht hatte es gefroren. Die Piste war also fürchterlich eisig. Bernhard Russi sagte zu mir: ‚Du, bei dem Eis fahren wir aber nicht voll, odr?' Das wäre auch mir am liebsten gewesen. Aber ich hatte Startnummer eins. Was sollte ich tun? Einen Sicherheitslauf hinlegen und dann vom Ziel aus zusehen, wie sich die anderen dann doch voll runterlassen? Das schien mir noch riskanter, als Vollgas zu geben." Karl Schranz siegte überlegen. Und auch am nächsten Tag. Damit war er der Erste, der innerhalb von 24 Stunden zwei Abfahrten gewinnen konnte. Die Journalisten fragten Henri Duvillard, der sich beide Male mit den unteren Treppchen des Stockerls bescheiden musste, wie man den „Alten" denn schlagen könne. Duvillard antwortete mit finsterer Miene kurz und trocken: „Mit Gift."

i

Geboren am 18. November 1938, St. Anton
2x Gesamtweltcup 1969, 1970
2x Abfahrtsweltcup 1969, 1970 (gemeinsam mit Karl Cordin)
1x Riesentorlaufweltcup 1969

11 Einzelsiege – 8x Abfahrt, 3x RTL

Weitere Erfolge:
WM 1962 Chamonix Gold Abfahrt, Gold Kombi
WM 1966 Portillo Bronze RTL
WM 1970 Gröden Gold RTL
Olympia 1964 Innsbruck Silber RTL

Die Trost-Uhr

→ Karl Cordin, AUT

Karl Cordin gehört zu jenen großartigen Rennläufern, denen immer wieder Sekundenbruchteile die ganz großen Triumphe vermasselten.

„Die bitterste Niederlage hatte ich 1974 bei der WM in St. Moritz, als ich Favorit war. Bis zum Läufer mit der Nummer 25 lag ich an dritter Stelle (1. Zwilling, 2. Klammer), dann verwies mich Willi Frommelt mit nur einer Hundertstelsekunde Vorsprung auf den vierten Platz. Getröstet hat mich ein bisschen, dass ich von der Fürstin von Liechtenstein als ‚Der größte Pechvogel' eine wertvolle Uhr geschenkt bekam. Diese Uhr hab ich dann so gut versteckt, dass ich sie bis heute noch nicht gefunden habe!"

Schon bei der WM 1970 in Gröden musste er wegen ein paar lächerlicher Hundertstelsekunden Bernhard Russi die Goldene überlassen.
„... Trotzdem gibt es dazu eine recht lustige Geschichte: Der damalige österreichische Bundeskanzler Dr. Klaus war in Gröden im Zielraum. Ich wusste allerdings nicht, dass er auf einer Wahlreise durch Österreich war. Er hat mir vor laufender Kamera gratuliert und gemeint, er wäre auch auf einem Riesenslalom durch Österreich – welche Chancen ich ihm wohl geben würde? Meine Antwort kam ohne Nachdenken: ‚Ich hoffe, dass auch Sie unter die ersten Drei kommen!' Das entlockte ihm damals ein Schmunzeln ..." (Dr. Klaus konnte ja noch nicht ahnen, dass er bei der Wahl auch nur den guten zweiten Platz belegen würde.)

Dennoch gelangen Karl Cordin drei Abfahrtssiege und der Gewinn der Abfahrtskugel ex aequo mit Karl Schranz. Nach seiner Weltcupkarriere tauschte er die Ski gegen das Racket und wurde in den 90er-Jahren mehrfacher Ski-Tennis-Weltmeister seiner Altersklasse.

i

Geboren am 3. November 1948, Dornbirn
1x Abfahrtsweltcup 1970 (gemeinsam mit Karl Schranz)

Erster Sieg am 21. Februar 1970 bei der Abfahrt in Jackson Hole
3 Einzelsiege – 3x Abfahrt

Weitere Erfolge:
WM 1970 Gröden Silber Abfahrt

Die einzige Französin, die den Gesamtweltcup gewonnen hat

→ Michèle Jacot, FRA

Von Beginn des Weltcups an gewannen die Französinnen jede Menge Rennen und kleine Kristallkugeln, aber den Gesamtweltcup holten sich jedes Mal andere. Es bedurfte eines 18-jährigen Mädchens, um den angekratzten Stolz der Grande Nation wieder aufzupolieren. 1970 holte Michèle Jacot endlich auch die große Kugel für Frankreich. Sie blieb allerdings bis heute die Einzige. Michèle war eine Volksheldin und hätte eine große Karriere vor sich gehabt. Hätte, denn 1971 ging der Stern der Annemarie Pröll auf, neben dem die elegante Technikerin Jacot, die eben noch so dominiert hatte, langsam zu verblassen begann. Doch Michèle gab nicht so schnell auf und kämpfte verbissen weiter. Schließlich wurde sie 1974 mit WM-Silber für ihren Einsatz belohnt. Bald danach setzte sie sich mit erst 24 Jahren verdient zur Ruhe. Sie lebt als Skilehrerin in Chamonix, wo zwei „schwarze" und zwei „rote" Pisten nach ihr benannt sind: Michèle Jacot de la Met, MJ du Solert, MJ de la Berche und MJ du Saint Genix.

Geboren am 5. Jänner 1952, Le Pont-de-Beauvoisin
1x Gesamtweltcup 1970
1x Riesentorlaufweltcup 1970 (gemeinsam mit Françoise Macchi)

Erster Sieg am 9. Februar 1969 beim Riesentorlauf in Sterzing
10 Einzelsiege – 1x Abfahrt, 6x RTL, 3x Slalom

Weitere Erfolge:
WM 1970 Gröden Gold Kombi, Bronze Slalom
WM 1974 St. Moritz Silber Slalom

Bernhard Russi, der Mann mit der Frisur eines fünften Beatle und dem Lächeln aus der Zahnpastawerbung, machte sich sehr gut auf den Siegerfotos der 70er-Jahre. Zur Freude seiner zahlreichen Fans war der legitime Nachfolger von Prinz Eisenherz sehr oft dort zu sehen. Neun Abfahrtssiege und ein Super-G gingen auf sein Konto. Dazu kamen noch Olympiasieg und WM-Titel. Doch bevor die großen Erfolge zur Routine wurden, musste einmal der erste Weltcuppunkt verdient werden. Und das war eine nur halb lustige Angelegenheit, bei der es dem Strahlemann das Lächeln verschlug.

Strahler 70

→ Bernhard Russi, SUI

„Das Lauberhornrennen 1970 war von vielen Zwischenfällen unterbrochen. Schlechtes Wetter, weiche Piste waren die Ursache dazu. Mit Startnummer 78 hatte ich genügend Zeit, um mir die Erststartenden am Bildschirm auf der Wengener Alp anzuschauen. Das Gesehene war alles andere als hilfreich für mein fragiles Selbstbewusstsein. Probleme über Probleme bei den weltbesten Fahrern und einzelne, die sogar mittels Hubschrauber abtransportiert werden mussten. ‚Wie soll ich das denn schaffen, wenn die Besten schon in den Bäumen liegen?', schoss es mir immer wieder durch den Kopf.
Aus Respekt vor der Aufgabe wurde bald einmal Angst. Ich gebe es heute auch gerne zu: Todesangst. Immer wieder sah ich den fatalen Sturz vor meinem geistigen Auge. Schließlich gewann ich den Kampf gegen meinen inneren Schweinehund nur deshalb, weil ich wirklich ein Spitzenskirennfahrer werden wollte und weil ich mir immer wieder einredete, dass ich da einfach durch muss, so wie andere auch!
Am Start wäre ich am liebsten wieder rückwärts zum Starthaus hinausgegangen. Nur, da war kein Platz; die nächste Nummer war schon hinter mir! Mit dem Gedanken ‚Das Schicksal will es so' stürzte ich mich Richtung Hundschopf und spürte nichts mehr von Angst oder Respekt. Das Adrenalin beherrschte mich! Ich wurde Zehnter, und damit ergatterte ich meinen ersten Weltcuppunkt (damals Ränge eins bis zehn: 25 bis einen Punkt)."

„Als ich dem großen Karl Schranz, einem meiner Vorbilder, bei der Preisverleihung zum fünften Platz gratulierte, riet er mir: ‚Leg dir einen großen Wachhund zu, damit dir dieser Punkt nicht mehr gestohlen wird.' Vier Wochen später gratulierte er mir zum Weltmeistertitel und zugleich zu meinem ersten Weltcupsieg."
Später sollte eine schwierige Passage seinen Namen tragen: der „Russi-Sprung". So eine Ehre wird nicht vielen Menschen zu Lebzeiten zuteil. Und es blieb nicht bei dieser einen. Bernhard wurde Sportler des Jahres, bekam den Skieur d'Or und Etoile d'Or sowie den Skiing Legend Award verliehen. In Andermatt gibt es sogar einen Bernhard-Russi-Run.

Bernhard beendete 1978 seine aktive Karriere und setzte sie im Fernsehen fort. Mit einem gewissen, damals noch unbekannten, Günther Jauch moderierte er im deutschen TV die Sendung „Rätselflug". Als Kokommentator bringt er Weltcupstimmung in die Schweizer Wohnzimmer.
Russi gehört zu jenen Spitzensportlern, die auch etwas „Richtiges" gelernt haben. Bevor er den Beruf Skirennfahrer ergriff, absolvierte er die Ausbildung zum Hochbauzeichner. Eine kleine Portion technisches Verständnis kann ja nicht schaden, wenn man mal wie Russi Abfahrtspisten für Weltmeisterschaften und Olympische Spiele konzipiert.

Bernhard Russi ist mit Mari Bergström verheiratet, mit der er zwei Kinder hat, Ian (*1980) und Jennifer (*1992).

i

Geboren am 20. August 1948, Andermatt
2x Abfahrtsweltcup 1971, 1972

10 Einzelsiege – 9x Abfahrt, 1x RTL

Weitere Erfolge:
WM 1970 Gröden Gold Abfahrt
Olympia 1976 Innsbruck Silber Abfahrt

Stürze, Kracher und Kometen

Ken Read – Das Treffen mit dem Kaiser

Der waghalsige Fahrstil der Crazy Canucks war natürlich sehr sturzanfällig. Ken Read erinnert sich an seinen „Lieblings-Stern“: „1978 in Kitzbühel verkalkulierte ich mich total beim Ausgang der Mausefalle und fand mich Sekundenbruchteile später völlig hilflos im Fangzaun hängend. Ich war praktisch mit den Maschen verstrickt. Niemand anderer als Franz Klammer persönlich kam mir eilends zu Hilfe. Er war knapp eine Minute vor mir an derselben Stelle im Netz gelandet, nachdem er im ungünstigsten Moment einen Ski verloren hatte. Er arbeitete fieberhaft, um mich aus meiner misslichen Lage zu befreien, denn jeden Augenblick konnte der nächste Läufer kommen. Und keiner von uns hatte Lust auf einen verirrten Mann auf unserem Schoß. Endlich aus der Gefahrenzone, diskutierten wir unsere Fehler. Ich habe mir diese Unterrichtsstunde von Kaiser Franz zu Herzen genommen und zwei Jahre später bei meinem Sieg sicher davon profitiert.“

Dave Irwin – Der Jahrhundertsturz

Dave Irwin hat sich mit seinen kapitalen Stürzen den Spitznamen „Wandelnde Tragbahre“ erworben. Im Abfahrtslauf von Wengen 1980 verlor Irwin bei 110 km/h die Kontrolle über seine Ski und stürzte, sich mehrmals überschlagend, einige 100 Meter weit. Den Zuschauern blieb der Atem weg und niemand dachte, dass der Kanadier wieder aufstehen würde. Der war allerdings nach einem kurzen Check-up im Spital schon wieder putzmunter. Lediglich das Rennen am nächsten Tag musste er wegen einer Nackenzerrung auslassen. Mit dem Jahrhundertsturz hatte Irwin seinem siegreichen Teamkameraden Ken Read klar die Show gestohlen.

Vier Jahre vorher schon hatte Irwin auf sein Talent als Stuntman aufmerksam gemacht und wesentlich zum Ruf der Crazy Canucks als Sturzpiloten beigetragen. Dave stürzte fürchterlich, schoss auf den Pistenrand zu, schlitterte die Strohballen entlang, wurde auf die andere Seite der Piste geschleudert und prallte dort gegen einen Kameramann. Klares Knock-out. Serge Lang, der Weltcuperfinder, war in unmittelbarer Nähe gestanden und ging zu dem Kanadier, der eben wie ein Meteorit eingeschlagen war. Er beugte sich zu ihm hinunter, sah, dass Irwin unverletzt war, und schüttelte ungläubig den Kopf: „Crazy Canuck ... Crazy Canuck.“

Martina Ertl-Renz – Die Zunge

„Nach dem ersten Lauf der Sprintabfahrt in Aare 1999 lag ich an nur zwölfter Stelle. Daher wollte ich natürlich im zweiten Durchgang alles riskieren, um noch einige Plätze gutzumachen. Einfahrt Steilhang, nach etwa 25 Fahrsekunden, bin ich auf dem Innenski weggerutscht. Ich kämpfte mit aller Kraft gegen den unvermeidlich scheinenden Sturz an. Tatsächlich griff meine Außenkante und irgendwie schaffte ich es, weiterzufahren. Doch da spürte ich arge Schmerzen im Mund. Ich wusste in diesem Augenblick überhaupt nicht, was da so unglaublich wehtat. Bereits wieder in der aerodynamischen Abfahrtshocke, überlegte ich, ob ich abschwingen sollte, aber da kam schon der nächste Sprung und ich fuhr einfach weiter. Die immer stärker werdenden Schmerzen wurden nur durch den eiskalten Fahrtwind gelindert, wenn ich den Mund weit aufmachte. Die restliche Hälfte der Stecke lag noch vor mir. Ich hätte gerne die Zähne zusammengebissen, aber so raste ich mit weit aufgerissenem Maul ins Tal. Im Ziel sah ich sofort

das ganze Blut, das vom Mund auch auf die Startnummer und den Rennanzug tropfte. Alexandra Meissnitzer und Bibiana Perez stürzten sofort auf mich zu, nahmen mir die Ski ab und betreuten mich im Zielraum, bis die Ambulanz da war. Jetzt wurde mir erst bewusst, dass ich mir das Knie ans Kinn gerammt hatte, als mein Ski urplötzlich wieder Kantengriff bekam. Da ich in diesem Moment vor Schreck die Zunge rausgestreckt hatte, habe ich sie mir beinahe komplett durchgebissen. Zehn Stiche brauchten die Ärzte, um sie wieder anzunähen. Wegen der unvorstellbaren Schmerzen habe ich gar nicht bemerkt, dass ich zudem noch einen Meniskusriss im rechten Knie hatte. Trotz all dem wurde ich noch 20. oder so. Irgendwie war ich danach auch a bissl stolz, dass ich trotz allem das Rennen noch bis ins Ziel gefahren bin."

Uli Spieß – Das Radio

Uli Spieß hat sich mit seinem legendären Riesensatz als Erster über beide Kamelbuckel auf der Sasslong in Gröden einen Fixplatz bei „All-Time-Highlights" des Weltcups gesichert. Weniger bekannt ist diese Geschichte: „Kitzbühel 1978, raus aus dem Starthaus, voll ambitioniert und frech in die erste Linkskurve – ein Schlag, der rechte Ski weg! Keine Chance, sofort hinlegen, und ich rutsch' in den (damals noch) Staketenzaun direkt vor der Mausefalle. Durch den Anprall schlägt's einem Zuschauer das Transistorradio aus der Hand. Meine erste Reaktion – noch gar nicht realisiert, was passiert war – Radio aufheben und dem verdutzten Mann zurückgeben. Da hör ich die Stimme des Reporters aus dem Gerät: ‚Und als Nächsten erwarten wir Uli Spieß auf der Strecke!'"

Urs Räber – Die Flugeinlage

Ein Sturz ist Urs Räber unauslöschlich im Gedächtnis geblieben. Unglaublich, wie detailliert er sich daran erinnern kann: „... die Situation von Val d'Isère im Dezember '83, als es mir mit 1,2 Sekunden Vorsprung am Bosse à l'Emile die Skier zusammenschlug und ich mit Rücklage über den Sprung flog, auf dem Rücken landete und mich wieder hochziehen konnte, dann den linken Ski verschlug und ich einen kurzen Moment in Flugzeugstellung (auf rechtem Bein stehend, linkes nach hinten und Arme seitlich raus) weiterfuhr und Vierter wurde mit 13 Hundertstel Rückstand!"

Paul Accola – Der Schweizer Komet

„Am schlimmsten für mich war der Sturz im Jahr 2002 in Sölden, ein Tag vor dem Start einer verheißungsvollen Weltcupsaison. Ich war voll motiviert, gut trainiert, und innerhalb von wenigen Sekunden war alles aus.
Beim Einfahren (!) katapultierte es mich nach einem Fahrfehler derart in die Höhe, dass ich wie ein Komet mit voller Wucht auf der Piste einschlug. Ich stürzte so unglücklich auf den Rücken, dass ich mir einen Achillessehnenriss, eine Fraktur am Knöchel und mehrfache Wirbelkörperfrakturen zuzog. Gott sei Dank waren die Brüche in der Wirbelsäule nicht verschoben, sodass keine Gefahr einer Lähmung bestand. Doch die Saison war vorbei. Dafür konnte ich die Zeit mit meiner Tochter Carina (*2002) genießen, die mich auch bis im Jahr 2005 zusammen mit meiner Frau an die Skirennen begleitete. So hat alles auch sein Gutes."
Was Paul Accola in seiner Schilderung ausgelassen hat, erzählt der österreichische Teamarzt Dr. Andreas Janousek, der als Spezialist für Sportverletzungen zur Unfallstelle gerufen wurde: „Ich habe Paul gefragt, wie es ihm ginge. Er hat nur den Kopf geschüttelt und dabei geschnaubt wie ein Pferd. Ich wollte ihn untersuchen, aber er lehnte das strikt ab, sagte, dass alles in Ordnung sei, stand auf, schnallte die Ski an und fuhr ins Tal. ‚Typisch Schweizer!', habe ich mir gedacht. Als ich mich am nächsten Tag nach ihm erkundigte, erfuhr ich vom Grad seiner Verletzungen. Und so ist der noch mit den Ski abgefahren? Da konnte ich nur den Kopf schütteln und fassungslos schnauben wie ein Pferd."

Wenn wir schon bei Dr. Janousek sind, dann soll er gleich die Geschichte von Fritz Strobls Auge aus seiner Sicht erzählen.

Fritz Strobl – Das Auge

Lake Louise, 2003. Fritz Strobl war mit 130 km/h gestürzt. „Fritz saß am Pistenrand, das Auge komplett zugeschwollen. Ich spreizte mit meinen Fingern vorsichtig seine Lider und fragte, was er sehen könne. ‚Gar nichts!', war die alarmierende Antwort. Wir hatten einen Notfall und mussten davon ausgehen, dass jede Minute zählt. Und dann begann eine unglaubliche Odyssee. (Im Zeitraffer:) Der Rettungshubschrauber wurde vom verantwortlichen Rennarzt für den Transport nach Calgary nicht freigegeben. In Lake Louise war

kein anderer Hubschrauber aufzutreiben. Also mit dem Auto. Roberto Brunner bot sich als Chauffeur an. Drei Stunden später erreichten wir das Krankenhaus. Augenspezialist nicht anwesend, würde aber ‚schon' am nächsten Tag kommen! Über drei Ecken fand Roberto Brunner heraus, dass der Vater eines der Rennkomiteemitglieder der beste Augenspezialist Kanadas ist. Der wurde verständigt, wir gleich zu ihm in die Augenklinik – zum Glück auch in Calgary.
Fritz hatte eine schwere Verletzung im Inneren des Auges, die aber keine Operation nötig machte, sondern nur einen Verband und absolute Ruhe von etwa zwei Wochen.
Bei der Kontrolle am nächsten Tag konnte Fritz bereits ein bisschen sehen, tags darauf noch besser. Am vierten Tag verhandelte er bereits, ob er schon ganz leicht Ski fahren dürfte. Wir haben auf ihn eingeredet, dass er nichts Dummes machen sollte, immerhin war sein Auge in Gefahr. ‚Nur ganz leicht Ski fahren!', gab er nicht auf. Wir vereinbarten eine neuerliche Kontrolle beim Facharzt. Gemeinsam besprachen wir als Vorgangsweise wirklich nur ganz leichtes Skifahren ab dem sechsten Tag, jedoch Rennen erst wieder in Europa.
Der Weltcuptross übersiedelte in die USA nach Beaver Creek, wo ein anderer Arzt die Betreuung des ÖSV-Teams übernahm. Zurück in Österreich wollte ich meinen Augen nicht trauen, als ich las: ‚Fritz Strobl Bestzeit beim Training in Beaver!' Das also versteht ein Strobl unter ‚ganz leicht' Ski fahren."

Bernhard Russi – Der zu große Siegeswille

„Wenn du die Streif nicht gewonnen hast, bist du nur ein halber Abfahrer! Alles hatte ich auf meinem Konto, Olympiasieg, Weltmeister, Abfahrtsweltcupsieger! Aber ein Sieg am Hahnenkamm fehlte mir.
Vier Tage vor dem Rennen 1975 verabschiedete ich mich bei meinem Vater am Spitalsbett. Wir wussten beide, dass es ein Abschied für immer sein könnte. Bei all meinen größeren Erfolgen war er immer dabei gewesen. Zum Abschied versprach ich ihm: ‚Ich werde die Hahnenkamm-Abfahrt für dich gewinnen!'
Wie von zusätzlichen Kräften getragen, dominierte ich alle Trainings, fühlte mich auf dieser anspruchsvollen Piste so wohl wie noch nie. Als ich dann noch die letzte Nummer der ersten Gruppe, die 15, zugelost bekam, sah ich das als Zeichen des Glücks. Die 15 war meine WM-Nummer in Gröden 1970! Wir Schweizer hatten noch einen zusätzlichen Trumpf in der Hinterhand. Über Nacht erhielten wir plastifizierte Anzüge, mit denen am Tag zuvor einige unserer Damen überraschend in die Weltspitze gefahren waren.
Es lief alles so, wie ich es mir wünschte. Die Piste hart und schwer. René Berthod, mein Team- und Markenkollege, lag lediglich 58 Hundertstel hinter dem führenden, in dieser Zeit unschlagbaren Franz Klammer. Diese Chance musste ich packen.
Die Mausefalle ging weit, unendlich weit. Okay, ich wollte ja schneller sein als die anderen. Ich wollte den Sieg, mit letzter Konsequenz! Doch das Warnsignal verstand ich nicht. In tiefer Hocke auf die Linkskurve vor dem Steilhang zu. Wie im Training machte ich auf, erwartete eine Bremswirkung. Doch nichts geschah, der neue Anzug ließ keine Luft hinein. Stattdessen hob ich ab wie ein startender Jet und flog, ohne nochmals den Boden zu berühren, in den Staketenzaun. Verletzt war ich nicht, aber mein Herz war gebrochen. Ich brauchte fast eine Stunde, um am Rande der Piste hinunter gegen das Ziel zu rutschen. Und da und dort liegt sicher heute noch eine getrocknete Träne."

Andreas Wenzel – Der Köpfler in Kitz

Noch einmal Kitzbühel, vier Jahre später. 1979 „... am Hausberg, bei der letzten Trainingsfahrt bin ich nach der Hausbergkante zu weit nach rechts gesprungen und beinahe auf den Spitzen der bedrohlich dastehenden Staketenzäune gelandet.
Beim Versuch, aus der Gefahrenzone wieder wegzukommen, haben die messerscharfen Kanten meiner Skier ein bisschen zu stark gegriffen und ich geriet deshalb mit Rücklage in die Kompression.
Aus dieser Kompression bin ich wie aus einem Katapult mit gleichzeitig vernichtender Rotationsbewegung und einer relativ hohen Flugparabel geschossen und rückwärts Richtung Tal geflogen. Aus dieser Position habe ich alle Coaches am Hausberg stehen gesehen – gewunken hat allerdings niemand. Als dann noch meine Skispitzen ins Bild kamen, wusste ich: ‚Jetzt macht's ein ‚Riesen-Tschäpperer' (Jetzt kracht es gleich gewaltig). Dann wurde es schwarz und zirka fünf Minuten

später bin ich in den Strohballen liegend – der Heli bereits über mir kreisend – wieder zu Bewusstsein gekommen. Erst als ich realisierte, dass an meiner Crash-Stelle immer wieder Rennläufer ‚vorbeizauberten' (wegen solcher Lappalien wurde früher kein Training oder Rennen unterbrochen!), realisierte ich, dass ich in Kitzbühel war.
Alle rieten mir damals, das Rennen lieber ‚zu vergessen'. Ich konnte meinen Kopf weder nach vorne oder hinten, geschweige denn seitlich bewegen. Ich hatte keine Chance, in der Hocke nach vorn zu schauen.
Meine Mutter, die sich aufgrund ihrer Besorgnis um mich nie ein Rennen live im Fernsehen anschaute, war froh, dass ich nicht starten würde. So freute sie sich schon auf die Übertragung im TV.
Am nächsten Morgen konnte ich es nicht lassen, zumindest zu versuchen, ob ich es vielleicht doch schaffen würde zu starten. Ich brauchte ja unbedingt Weltcuppunkte – zumindest in der Kombination!
Am Start schmerzte mein Genick enorm. Unser lieber Physiotherapeut Kurt griff mit seinen Händen, hinter mir stehend, in meinen Helm und sagte: ‚Tüa dich entspannu' (entspann dich), und riss meinen Kopf in diesem Moment ruckartig nach hinten. Mit schmerzverzerrtem Gesicht blickte ich zur Decke des Starthauses. ‚Jetzt muasch probiera', und er hatte recht: In der Hocke konnte ich nun problemlos nach vorn schauen.
Vor der Live-Übertragung wurde mein Sturz noch einmal eingespielt und der Kommentator bestätigte, dass Wenzel aufgrund seiner Verletzungen heute nicht am Start sein würde. Dass ich dann plötzlich doch am Start stand, ließ meine Mutter vor dem Fernseher vor Schreck erstarren; sie schaute sich meine wohl größte ‚Dummheit', die gleichzeitig meine wohl größte ‚Heldentat' war, im Fernsehen live an.
Während dieser Fahrt habe ich beinahe Blut geschwitzt. Je mehr ich mich dem ‚Hausberg' näherte, desto größer wurde meine Angst, und ich war heilfroh, dass ich 30 Sekunden später gut unten ankam."

Katharina Gutensohn – Der Sturz, der keiner war

Ihre schwerste Niederlage musste ‚Kagu' nicht im Weltcup, sondern 1998 in Nagano bei der olympischen Abfahrt hinnehmen. „Ich hatte eine super Startnummer und zählte nach meinem zweiten und dritten Platz in den USA auch zu den Favoriten. Die Wetterbedingungen waren extrem unterschiedlich in Japan. Mal Schneefall und kalt, am nächsten Tag wieder warm. Total verrückt. Am Tag der Abfahrt war es sehr warm. Das Rennen begann normal abzulaufen. Genau zwei Nummern vor mir stürzten zuerst Götschl und dann auch noch Kostner. Das Rennen wurde für mehr als 20 Minuten unterbrochen. Dann durfte ich endlich starten! Der oberste Streckenabschnitt lief optimal, dann kam die Einfahrt ins Flachstück. Mit einem plötzlichen Ruck wurde ich regelrecht runtergebremst und das Wasser spritzte nur so auf unter meinen Skiern. Ich kam genau in eine Wasserlacke, die sich durch die Wärme gebildet hatte. Meine Geschwindigkeit wurde um mehr als 10 km/h runtergebremst. Ich kämpfte weiter und wollte mich nicht beeinflussen lassen. Im letzten Drittel des Rennens, welches steiler und schwerer war, lief es wieder super. Meine Hoffnung auf eine Medaille blieb bis zuletzt! Als ich dann aber auf die Anzeigetafel schaute, blieb mir das Herz stehen: erste Zwischenzeit Platz eins, zweite Zwischenzeit um Platz 50. Und dritte Zwischenzeit Platz eins. Ich hatte im Flachstück exakt jene Sekunde verloren, die ich am Ende hinten war. Oben und unten war ich mit der Olympiasiegerin Katja Seizinger zeitgleich. Ich habe wohl genauso viele Tränen vergossen, um eine Pfütze wie die im Flachstück zu füllen!"

Armin Assinger – Die Katastrophe von Wengen

„Wengen, 18. Jänner 1989: erster Trainingslauf, Startnummer eins. Damit bist du immer so etwas wie ein Testpilot: Wie weit gehen die Sprünge, wie eng fährt man diese Kurve und so weiter.
Von den fünf Vorläufern sind bereits vier hinausgeflogen. Alle sind sie an der sogenannten ‚Minsch'-Kante gescheitert, knapp unterhalb des Hundschopfes. Aber da ich das über Funk gemeldet bekommen hatte, nahm ich mir vor, an dieser Stelle besonders Obacht zu geben, alles andere schien ja voll zu gehen.
Ich stieß mich ab, fühlte mich in Topform! Alles bestens. Das Wetter war perfekt, keine Wolke trübte den Himmel, die Eigernordwand zum Greifen nah! Und plötzlich war da ein Sprung, der eigentlich gar nicht da sein sollte. Wir hatten ihn

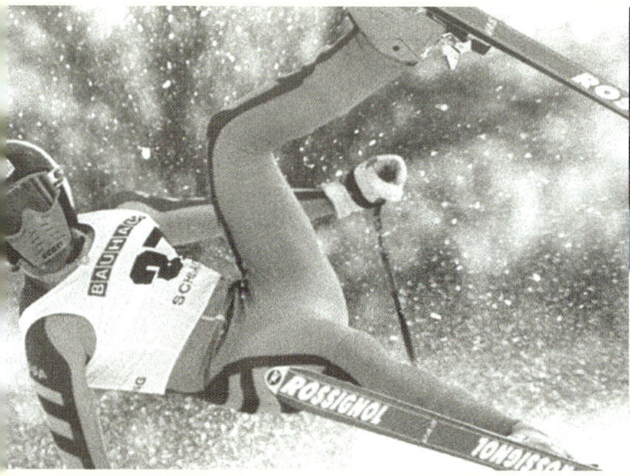

beim Besichtigen total unterschätzt. Nur Helmut Girardelli sagte mir Jahre später: ‚Mir ist da schon was aufgefallen. Ich hab mir gedacht, das könnte vielleicht gefährlich werden, und habe Marc gewarnt!‘ Leider nicht mich.
Und es war in der Tat gefährlich. Die Landezone betrug etwa 40 Meter, aber mit meiner hohen Geschwindigkeit flog ich an die 50 Meter weit und landete mitten im Flachen. Der Sturz war daher nicht zu vermeiden. Ich überschlug mich mehrmals und blieb benommen liegen. Als ich mich halbwegs erfangen hatte und aufstehen wollte, gaben meine beiden Knie nach, sie knickten regelrecht weg. Die Beine gehorchten mir nicht mehr. Ich befürchtete das Schlimmste.
Dann ging es ruck, zuck: mit dem Helikopter nach Interlaken zur Erstversorgung, am Abend mit dem Ambulanz-Jet nach Innsbruck. Dort dann die schreckliche Gewissheit: Knieluxation im rechten Knie, sämtliche Bänder gerissen (der operierende Arzt Dr. Karl Benedetto erklärte es mir später so: ‚Eigentlich waren es nur mehr Nerven und die Haut, die das Knie zusammengehalten haben.‘), im linken Knie Kreuzband- und Innenbandriss und zwei Bänderrisse im Knöchel.
‚Skifahren vielleicht‘, meinte er, ‚aber Rennfahren ist kein Thema mehr. Armin, sei einfach froh, wenn du überhaupt wieder gehen kannst.‘ Aber Karl wusste nicht, dass ich ein ‚Beißer‘ war ...
Im rechten Knie bekam ich einen Nagel durch die Kniescheibe bis ins Schienbein hinein, um das Bein zu stabilisieren, und dann den Gips. Auf beiden Beinen, vom Knöchel bis zum Oberschenkel, alles eingegipst, sechs Wochen lang.
Der Weg zurück war hart und schmerzvoll, aber meine Einstellung war klar: Das Skifahren muss und wird wieder gehen! Vielleicht habe ich die Tragweite des Unfalls nicht wahrhaben wollen, die Aussichten fürs Rennfahren jedenfalls waren gelinde gesagt scheiße! Aber aufgeben? Nein, das kam für mich nicht in Frage. Alles, was in meiner Macht stand, wollte ich tun, um das Comeback zu schaffen.
Mitte Mai 1989, vier Monate nach den Operationen, konnte ich bereits leicht joggen. Eigentlich nur schnell gehen, aber für mich war es ein unglaublicher Erfolg. Als ich im März die Gipse herunterbekam, fing ich so schnell es ging mit dem Radeln an. Zuerst nur links, denn rechts war ich ja weit mehr bedient und durfte das Bein lange nicht belasten. Der Nagel war ja auch noch drin, und dann ist's halt schwer, das Knie abzubiegen. Also nahm ich auf dem Heimtrainer Platz, stellte den linken Fuß aufs Pedal, das rechte Bein legte ich auf einen Hocker und band die Krücke rechts mit einer Bandage am Pedal fest. Das ersetzte den rechten Fuß ziemlich gut, und so konnte ich wenigstens den linken trainieren. Wenigstens hatte ich das Gefühl, etwas zu tun.
Ende Mai riss ich mir das operierte linke Innenband bei der Reha-Gymnastik. Wieder operieren – wieder ruhigstellen bis Ende Juni. Noch einmal ging die Therapie voll los.
Am 13. Oktober 1989, auf dem Pitztaler Gletscher, war es dann endlich so weit: Das Unglaubliche war geschafft! Ich durfte wieder Ski fahren. Zehn Monate nach diesem schicksalhaften Sturz hatte mich das Skifahrerleben wieder!
Der Anfang war unangenehm: Zwei ‚Knieorthesen‘, das sind aus Kohlefaser genau den Oberschenkeln und Kniegelenken angepasste Stützschienen, sollten mir beim Skifahren helfen und mir Sicherheit geben. Irgendwie war es mir peinlich, mit diesen Schienen vor den anderen zu stehen. Ich hab sie mir also heimlich auf dem WC angelegt, unter dem Skianzug, damit das keiner sieht.
Diesen Winter, 1989/90, war ich auch zum ersten Mal als ORF-Kokommentator unterwegs, also immer am Skigeschehen hautnah dabei, und konnte ständig die Weltcupluft inhalieren. Nebenbei trainierte ich mit den Kollegen, konnte ab Jänner Riesentorlauf fahren und im März 1990 fuhr ich mein erstes Rennen – dritter Platz beim FIS-Super-G in Radstadt, 13 Monate nach dem Horrorcrash.
Langsam, aber stetig kam die Form wieder zurück, 1990/91 wurde ich in Kitzbühl Elfter. Auf der schwersten Strecke der Welt, mit kaputten Knien, nicht nur für mich eine Bestätigung, sondern ein weiterer Schritt auf der Leiter nach oben, deren Spitze ich mit dem Sieg im heimatlichen Bad Kleinkirchheim erklimmen konnte. Drei weitere Siege sollten folgen.
1995 schien es – und jetzt schloss sich wieder der Kreis –, dass ich endlich Wengen, das Lauberhorn, erfolgreich bezwingen könnte. Ich fuhr im Training auf dem Berg, der mich so viel Kraft gekostet hatte, eine Bombenbestzeit, wurde aber in den beiden Rennen schließlich ‚nur‘ Dritter und Fünfter. Aber ich hatte es geschafft, Frieden zu schließen mit dem Lauberhorn. Keine Angst mehr vor der Strecke, die mein Schicksal war.“

Woran erinnern wir uns, wenn wir an Annemarie Moser-Pröll denken?
Also ich erinnere mich an diese zum Kult gewordene Fernsehwerbung, in der Annemarie die Vorzüge eines Waschmittels anpries: „Sogar der Marmelad'fleck is' weg!" Ich weiß, dass sechs Gesamtweltcupsiege und 62 Einzelsiege Rekorde sind, die für die ewige Erinnerung viel mehr taugen. Aber was soll ich machen.
Der Armin erinnert sich dafür an das Olympiajahr 1972:
„Ich weiß noch, wie ich im Wohnzimmer geschlafen habe, um die Annamirl in Sapporo um vier Uhr früh live zu sehen. Ich war so aufgeregt, dass ich kaum schlafen konnte, habe mich auf der unbequemen Ausziehcouch nur von links nach rechts gewälzt. Und als das Rennen endlich losging, bin ich eingeschlafen und habe nix mehr mitbekommen."

Alle anderen werden sich wahrscheinlich an insgesamt 16 große und kleine Kristallkugeln erinnern, an neun Medaillen und an die Saison 1972/73, in der sie alle acht Abfahrten gewann.
Und woran erinnert sich Annemarie?
„Am tollsten waren der erste und der letzte Gesamtweltcupsieg. Der erste, weil ich den gegen die Übermacht der Französinnen erkämpfen musste. Ich konnte keine Unterstützung aus dem eigenen Team erwarten. Da war niemand stark genug, um den Französinnen Punkte wegzunehmen. Ich war ganz auf mich allein gestellt." (Nach dieser Machtdemonstration nannten sie Annemarie ehrfürchtig „La Pröll".)
„Der letzte war so besonders, weil er so besonders spannend war. Die Entscheidung fiel erst im allerletzten Rennen, im zweiten Durchgang des Riesentorlaufs von Furano. Bis zu diesem Moment waren die Chancen von Hanni Wenzel und mir gleich gut. Meine sechste Kristallkugel gewann ich mit nur drei Punkten Vorsprung."

Angeblich hat der Dorfpfarrer das Talent der Annamirl erkannt und den ÖSV auf sie aufmerksam gemacht. Mit 14 fuhr sie ihr erstes Weltcuprennen (79. Platz) und war erst 16, als sie ihr erstes Weltcuprennen gewann.
Wie war das so, wenn man als junges Ding zur Seriensiegerin und damit zum Liebling der Nation wird? Wenn einem ein ganzes Land zu Füßen liegt?
„Ich bin geflüchtet. Mir war das unangenehm. Erst mit der Zeit gewöhnt man sich ein bisserl dran. Aber mögen tu ich es noch immer nicht."
Und wie war das, wenn man seine Jugend dem Leistungssport opfert?
„Die Entbehrungen empfindet man nicht als solche. Man ist da in diesem

Weltcuptross zu Hause. Allen geht es genauso. Da ist man genauso glücklich wie andere in ihrem Umfeld.“

Nachdem Annemarie das in ihrer Karriere bis dahin noch fehlende Olympia-Gold in Lake Placid geholt hatte, konnte sie zufrieden zurücktreten. Fiel der Abschied vom Weltcup schwer?
„Nein, überhaupt nicht. Es war ein wunderschöner Lebensabschnitt, in dem ich so vieles erlebt habe, wofür andere Mädchen nie die Gelegenheit hätten. Aber ich vermisse diese Zeit kein bisschen. Danach hat ein neues Kapitel begonnen. Da vergleiche ich nicht.“

Annemarie lebt mit Tochter Marion (*1982) und Ehemann Herbert in Kleinarl und führt ihr Café Annemarie.

Die Rekordhalterin

→ Annemarie Moser-Pröll, AUT

Geboren
am 27. März 1953, Kleinarl
6x Gesamtweltcup 1971, 1972, 1973, 1974, 1975, 1979
7x Abfahrtsweltcup 1971, 1972, 1973, 1974, 1975, 1978, 1979
3x Riesentorlaufweltcup 1971, 1972, 1975

Erstes Weltcuprennen als 14-Jährige
Erster Sieg am 17. Jänner 1970 beim Riesentorlauf in Maribor
62 Einzelsiege (Rekord!) – 36x Abfahrt, 16x RTL, 3x Slalom, 7x Kombi

Weitere Erfolge:
WM 1970 Gröden Bronze Abfahrt
WM 1974 St. Moritz Gold Abfahrt
WM 1978 Garmisch-Partenkirchen Gold Abfahrt, Gold Kombi, Bronze RTL
Olympia 1972 Sapporo Silber Abfahrt, Silber RTL, WM-Gold Kombi
Olympia 1980 Lake Placid Gold Abfahrt
Gewinnerin des World Sport Award – Sportlerin des Jahrhunderts

Marie-Therese Nadig stellt sich selber vor:
„Skifahren war und bleibt meine Passion. Schon als kleines Mädchen konnte mich nichts zurückhalten, selbst bei Sturm und schlechtestem Wetter war ich immer draußen. Skifahren faszinierte mich unheimlich. Aber mein kometenhafter Aufstieg, mit 17 Jahren den Weltbesten anzugehören und ein wichtiges Wort mitzureden, das war für mich einzigartig. Mit 162 Zentimeter und einer gewichtigen Körpermasse da mitten unter den Großen zu sein, das machte mich schon stolz."

Stolz durfte die kleine Schweizerin auch auf ihre Fremdsprachenkenntnisse und ihr diplomatisches Geschick sein.
„Sehr oft musste ich Dolmetscherin spielen, da die Österreicherinnen kein Französisch sprachen und umgekehrt die Französinnen kein Deutsch. Schwierig wurde es, wenn sie sich nicht nur auf der Piste bekämpften, sondern sehr oft auch mit kleinen ‚Nettigkeiten' auf sprachlicher Basis. Da war es nicht immer einfach, die Wahrheit zu übersetzen, und so brauchte ich auch manchmal Notlügen, um den Frieden zu wahren."
Nicht nur als Diplomatin, auch auf den Pisten war Nadig höchst erfolgreich. 24-mal gewann Maite ein Weltcuprennen. 24-mal wurde sie zum Siegerinterview gebeten. Dabei entwickelte sie sich zum Schrecken der Journalisten. Wurde sie gefragt, wie der Schnee war, kam die ausschweifende Antwort: „Weiß." Oder was der Ausschlag war, dass sie gewinnen konnte, beantwortete sie aufschlussreich mit: „Weil die andern langsamer waren."

Das zu tun, was andere von ihr erwarteten, war nicht so ganz ihr Ding. Diese spezielle Episode aus Maites Skifahrerleben ist daher typisch für sie:
„Ich bin in sehr einfachen Verhältnissen aufgewachsen und habe mir nicht viel leisten können, was mich aber auch nicht störte. 1972, nach meinen olympischen Medaillen, fand ein Empfang beim Bundespräsidenten in Bern statt. In so einem Falle hätte ich mit der olympischen Kleidung oder etwas Festlichem erscheinen sollen. Da ich keine sogenannten schönen Kleider besaß und das Olympia-Outfit mir nicht gefiel, wollte ich meine Jeans tragen. Die Vorstellung von mir in Jeans beim Präsidenten gefiel wiederum meiner Mutter nicht, und so kaufte sie mir eine Hose, die zu meinem olympischen Blazer passte. Was aber nochmals wiederum mir nicht gefiel. So reiste ich in Jeans mit dem Zug nach Bern und versprach meiner Mutter hoch und heilig, dass ich dann die schöne Hose anziehen würde. Als ich in Bern ankam, war es mir so bequem mit dieser Jeans und dem Blazer, weshalb ich die neue Hose in einem Schließfach am Bahnhof deponierte. Bei der Ehrung habe ich schon gemerkt, wie mich einige Leute kritisch gemustert haben, aber mir war das gleich. Bei meiner Ankunft zu Hause hat meine Schwester mich mit Schimpf und Schande empfangen. Ich war völlig perplex und wusste gar nicht, wie mir geschieht. Ich konnte ja nicht wissen, dass die Ehrung im Fernsehen übertragen worden war und sie zu Hause gesehen haben, wie ich mit meiner Jeans dem Präsidenten die Hand geschüttelt habe."

Der Schrecken der Journalisten

→ Marie-Therese Nadig, SUI

i

Geboren am 8. März 1954, Flums
1x Gesamtweltcup 1981
2x Abfahrtsweltcup 1980, 1981
1x Kombi-Weltcup 1981

Erster Sieg am 25. Jänner 1975 bei der Abfahrt in Innsbruck
24 Einzelsiege – 13x Abfahrt, 6x RTL, 5x Kombi

Weitere Erfolge:
Olympia 1972 Sapporo Gold Abfahrt, Gold RTL
Olympia 1980 Lake Placid Bronze Abfahrt

La Colombe

→ Roland Collombin, SUI

Collombin mit schicker Sonnenbrille und Tedd Brooker

La Colombe – die Taube. Ein sanftes Täubchen war Collombin sicher nie. Franz Klammer bezeichnete seinen 85 Kilo schweren Konkurrenten, Freund und Lehrmeister als „richtige Rennsau". Der Schweizer dominierte zwei Jahre lang mit jeweils vier Saisonsiegen die Abfahrtsszene. Die nächste Saison war für ihn zu Ende, noch ehe sie richtig begonnen hatte: Im Training zur Abfahrt in Val d'Isère brachte ihn ein fürchterlicher Sturz fast in den Rollstuhl. Es dauerte das ganze Jahr, bis seine schweren Wirbelverletzungen ausgeheilt waren. Im Olympiawinter 1976 wollte es „La Colombe" noch einmal fliegen lassen. Und er flog wieder in Val d'Isère, wieder über die Kante, die ihm im Jahr zuvor zum Verhängnis wurde, und landete wieder im Krankenhaus. Abermals hatte er unglaubliches Glück, dass seine erneuten Wirbelverletzungen keine Lähmung zur Folge hatten. Diesmal zog Roland die Konsequenz und zog sich vom Rennsport endgültig zurück.
Heute ist Collombin Weinbauer und hat ein Gut nahe Verbier.

i

Geboren am 17. Februar 1951, Versègeres
2x Abfahrtsweltcup 1973, 1974

8 Einzelsiege – 8x Abfahrt

Weitere Erfolge:
Olympia 1972 Sapporo Silber Abfahrt

Mit 17 Jahren war Piero Gros ein vielversprechendes Talent im italienischen B-Kader. Allerdings verletzte er sich bei einem Europacuprennen in Spanien am Handgelenk. Damit war die Saison gelaufen. Im Juni, zu Beginn der neuen Trainingseinheit, erhielt er eine neue Chance. Er durfte zu den Aufbaurennen nach Australien mitfliegen, um wichtige FIS-Punkte zu sammeln und seine Teilnahme im Europacup zu sichern.

„... Zunächst einmal war dies für mich eine riesige Freude. Und als ich mit meinen Freunden Giuliano Besson, Erwin Stricker, Helmuth Schmalzl und

Der Bergbauernbub

→ Piero Gros, ITA

unserem Trainer Sepp Messner in das Flugzeug nach Sydney einstieg, wusste ich noch nicht, dass sich mein Leben in den nächsten Monaten grundsätzlich verändern würde.
Ich war noch nie in einem derartig großen Flugzeug gewesen, war noch nie so lange geflogen, konnte keine Fremdsprachen und würde mich in wenigen Stunden mit den besten Skifahrern der Welt messen müssen.
Es war eine unvergessliche Erfahrung! Die Rennen liefen zur vollsten Zufriedenheit, und als ich zurückkam, war – zu meiner eigenen Überraschung – mein Name unter den Skifahrern der italienischen Hauptnationalmannschaft, deren Kapitän der legendäre Gustav Thöni war. Das war im September 1972. Nachdem ich Australien kennengelernt und mich mit Athleten wie Franz Klammer, Josef Pechtl, Grissmann und vielen anderen auseinandergesetzt hatte, durfte ich nun also sogar mit Gustav trainieren, den ich bislang nur aus dem Fernsehen kannte.
Ich war erst 18 Jahre alt und konnte es kaum erwarten, an den FIS- und Europacuprennen teilzunehmen. Anfang Dezember desselben Jahres kam dann aber die totale Überraschung: Ich wurde für das erste Weltcuprennen in Val d'Isère einberufen. Ich wusste, ich war gut, aber ich hätte nie damit gerechnet, je an Weltcuprennen teilnehmen zu dürfen. Am 7. Dezember 1972 war ich der erste und jüngste Skifahrer der Welt, dem es gelang, bereits in seinem ersten Riesenslalom-Weltcuprennen den Sieg davonzutragen – und das auch noch mit der hohen Startnummer 45. Der bescheidene Bergjunge und Sohn von Bauern, die sich aufgeopfert hatten, damit er Skifahren lernen konnte, wurde in etwas mehr als drei Minuten einer der besten Skifahrer der Welt.
Zeitungen, Fernsehen, Freunde: alle wollten wissen, wie ich es geschafft hatte. Eine Antwort habe ich nie gefunden; außer der, dass ich noch heute glaube, fürs Skifahren geboren worden zu sein."

Eine Woche später gewann Piero mit der Startnummer 42 auch den Slalom in Madonna di Campiglio: Es war ein Rekord, der noch heute unangefochten und unerreicht ist.
Am Ende der Saison platzierte er sich als Zehnter in der Weltrangliste und Thöni gewann seinen dritten Weltcup.

„Es klingt vielleicht komisch, aber das Gewinnen meiner ersten zwei Rennen in Val d'Isère und Madonna di Campiglio war für mich nicht derartig fantastisch und spannend wie der Gesamtsieg im Weltcup 1974, mit fünf Siegen vor dem wunderbaren Gustav Thöni."

i

Geboren am 30. Oktober 1954, Sauze d'Oulx
1x Gesamtweltcup 1974
1x Riesentorlaufweltcup 1974

Erster Sieg am 8. Dezember 1972 beim Riesentorlauf von Val d'Isère
12 Einzelsiege – 7x RTL, 5x Slalom

Weitere Erfolge:
WM 1974 St. Moritz Bronze Slalom
WM 1978 Garmisch-Partenkirchen Silber Slalom
Olympia 1976 Innsbruck Gold Slalom

Karl Schranz sagte einmal: „Für mich und wahrscheinlich die meisten Rennläufer ist der sportliche Wert des Gesamtweltcups, aber auch des Gewinns einer ‚kleinen' Kristallkugel höher einzuschätzen als der einer WM- oder Olympiamedaille. Aber wenn es um Popularität in der Öffentlichkeit geht, strahlen WM- und Olympia-Gold heller."

Ein gutes Beispiel dafür ist David Zwilling. Der Abtenauer zählt zu den leuchtendsten Sternen am (zumindest österreichischen) Skihimmel. Dies verdankt er ganz sicher mehr seinem WM-Titel in der Abfahrt von St. Moritz 1974 als seinen Siegen in zwei Weltcup-Riesentorläufen.

Die Geschichte von David Zwillings Erfolg ist auch ein sehr gutes Beispiel für die psychische Hochschaubahnfahrt eines jungen Athleten, für den Leistungsdruck, der auf einem Skirennläufer lastet.
Wir schreiben den 3. Februar 1974.
„Da stand ich also am Hang von St. Moritz, ganz dicht am Gipfel, am Ziel meiner Träume. Als einziger Österreicher war ich für alle drei Disziplinen fix nominiert und Favorit für Kombi-Gold. ... Ein scheinbar harmloser Fehler kostete mich eine Medaille im Riesentorlauf. Aber der vierte Platz war eine tolle Ausgangsposition für die Kombi. Es kam aber viel schlimmer, denn ich wurde wegen besagten Fehlers disqualifiziert. Damit waren die Kombi und die größte Chance auf eine WM-Medaille weg! Die Enttäuschung war groß, ich musste mich neu orientieren.
Am Abend saßen meine Eltern und ich im Hotel beim Abendessen. Sie feierten silbernen Hochzeitstag und gönnten sich das erste Mal, bei einer solchen Veranstaltung dabei zu sein. Plötzlich kam im Lautsprecher eine Durchsage: ‚David Zwilling bitte in den fünften Stock zur Rennsportkommission!'
Mir ging es ganz kalt am Rücken hinunter, da ich schon ahnte, was da kommen würde. Die Fixnominierung war ja durch den Ausfall im Riesenslalom nicht mehr gerechtfertigt. Also machte ich der Kommission den Vorschlag: ‚Sollte ich morgen bei der Qualifikation für die Abfahrt nicht unter den vier besten ÖSV-Läufern sein, verzichte ich gerne auf den Start.' Akzeptiert.
Als ich meine Eltern darüber informierte, löste ich etwas aus, das mir noch heute die Tränen in die Augen treibt, wenn ich daran denke. ‚Wir gehen aufs Zimmer!', war Vaters Befehl. Im Zimmer der Eltern entstand eine heftige Diskussion, ein großer Streit. Lautstarke Anschuldigungen, was und wer nicht alles Schuld hätte. Ich fühlte mich als Versager und Nichtsnutz, als echter Verlierer. Bis auf einmal die Mutter sich in diese Situation einmischte und mit den einfachen Worten alles in die rechte Perspektive rückte: ‚Seid ihr alle verrückt, sind wir doch froh, dass es uns gut geht und wir alle gesund sind!' Es wurde ganz still im Raum. Mein Vater besann sich, und auch ich fand wieder zur Ruhe, und wir führten ein wertvolles Vater-Sohn-Gespräch ..."
Viele Talente sind schon an dem enormen psychischen Druck zerbrochen. Auch für Spitzensportler ist die seelische Ausgeglichenheit wichtig. Nachdem David mit seinem Vater ins Reine gekommen war, verblies er seine Teamkollegen im Qualifikationslauf um eine ganze Sekunde. Am nächsten Tag gab es Gold.

Der Leistungsdruck

→ David Zwilling, AUT

i

Geboren am 24. August 1949, Abtenau

2 Einzelsiege – 2x RTL

Weitere Erfolge:
WM 1974 St. Moritz Gold Abfahrt, Silber Slalom

Die Reportage aus der Vergangenheit

Robert Seeger ist Weltcup-Reporter der ersten Stunde. 1056 Rennen hat er live kommentiert. Auch den Riesentorlauf auf der Tschentenalp bei Adelboden 1974.

„Das Rennen in Adelboden war üblicherweise auf dem Chuonisbärgli im Tal geplant, konnte aber wegen der fast jährlich viel zu geringen Schneeauflage für das Weltcuprennen nur selten dort abgehalten werden – Schneekanonen gab es ja damals noch nicht. Also verlagerte man das Rennen kurzfristig in höhere Lagen, auf die Tschentenalp, die man in den 70er-Jahren mit einem schon damals antiquierten klapprigen Einer-Sessellift erreichte. So auch 1974 bei meinem ersten Einsatz in Adelboden als Live-Kommentator für das österreichische Radio.

... An jenem kalten Jännertag fühlte ich mich plötzlich sehr unwohl, als wir, mein Assistent Michel Posch und ich, am Ende des Sessellifts ausstiegen. Nicht beim Zielraum, sondern irgendwo in der Mitte des Hanges. Ohne Ski. Ohne Ahnung, wohin wir sollten. Der Start lag gute 100 Meter höher. Bei der Steilheit, unserem Schuhwerk, dem Wind, der Kälte und dem Schneefall zu hoch. Das Ziel lag schwerkraftmäßig günstiger. Allerdings würden wir nach dem Rennen von dort wieder hinauf zum Sessellift müssen. In diesem Moment aufkeimender Verzweiflung kam ein Mann der Schweizer Post den Berg heraufgestapft. Er wusste überraschenderweise Bescheid. Die kleine Holzhütte, um nicht Hüttchen zu sagen, die wir geflissentlich als Notzuflucht vor Sturm für den Liftwart ignoriert hatten, sollte doch tatsächlich die Kommentatorenkabine sein. Fix zog der Post-Techniker ein Kabel über 50 Meter von einer Anschlussstelle beim Lift zur Hütte und, unglaublich aber wahr, klappte nach mehreren Versuchen die Verbindung mit der Sendezentrale in Wien.

Doch jetzt ging die Misere erst los. Denn plötzlich wurde mir klar, dass ich die Läufer vom Start nur bis etwa Tor 15 sehen konnte, dann nicht mehr. Auch nicht im Ziel, vom Komfort einer Anzeigetafel in meinem Sichtbereich ganz zu schweigen. Der Schweizer Postler hatte auch dafür eine geniale Lösung parat. Nicht gerade Hightech, aber effektiv: Türe zur Hütte offen lassen und aufpassen, was der Platzsprecher sagt.

Da damals auch der Platzsprecher auf die Zeiten warten musste, erfuhr ich das Ergebnis immer erst, nachdem der nächste Läufer schon an mir vorbeigefahren war.

Mit Hilfe meines Assistenten, der emsig die Zeiten mitschrieb, hatte ich den Hörern den richtigen Sieger und zumindest die ersten Zehn in richtiger Reihenfolge durchgegeben. Das machte mich richtig stolz und hob meine Hochachtung vor meinen Kollegen aus der noch nicht so technisierten Zeit enorm."

Am 12. Dezember 1975 gewann der Kanadier Ken Read mit einem halsbrecherischen Lauf in Val d'Isère als erster Nicht-Europäer eine Herren-Abfahrt. Vier weitere Kanadier kamen an diesem Tag unter die Top 20. Dave Irwin auf Platz 4, Jim Hunter auf Platz 9, Steve Podborski auf Platz 10 und Dave Murray auf Platz 13. Eine Woche später schlugen die Canucks (das kanadische Wort für „Kanadier") in Schladming wieder zu. Dave Irwin deklassierte den regierenden Abfahrtschampion Franz Klammer mit einem waghalsigen Husarenritt auf der Planai um zwei Sekunden! Wegen des wilden Fahrstils der jungen Burschen aus Übersee titelten die Zeitungen: „Die Canucks fahren wie die Verrückten!" Damit war die Legende der „Crazy Canucks" geboren.

Das Publikum liebte den verwegenen Haufen, der in einem klapprigen VW-Bus von Rennen zu Rennen reiste, mit gerade mal 30 Paar zum Teil sehr alten Skiern auf dem Dach. Trotz materieller Unterlegenheit sprengten die Canucks ab Mitte der Siebziger bis in die frühen Achtziger die Dominanz der Europäer. Gemeinsam errang das Quintett in dieser Zeit 14 Siege in Weltcupabfahrten, dazu 10 zweite und 16 dritte Plätze.

Einen seiner größten Triumphe feierte das kanadische Dream-Team 1978 in Schladming. Ken Read gewann das Rennen, Dave Murray wurde Zweiter, Dave Irwin Siebenter und Steve Podborski Neunter. Das Geheimnis ihres Mannschaftserfolges war das völlige Fehlen von Konkurrenzneid untereinander. Kaum war einer von ihnen im Ziel, hat er sofort alle wichtigen Informationen für einen optimalen Lauf an seine auf den Start wartenden Kameraden gefunkt. Diese ausgeprägte Form von Teamgeist war nicht bei allen Nationen so selbstverständlich.

So sehr die Crazy Canucks zusammenhielten, so unterschiedlich waren ihre Persönlichkeiten. Ihr Trainer beschrieb sie folgendermaßen: Mur (Dave Murray) war der total entspannte Gitarrenspieler, Dave Irwin der Frauenheld, Ken Read der Politiker und das Teamküken Pod (Steve Podborski) wollte einfach nur Spaß haben. Der Fünfte im Bunde, „Jungle Jim" Hunter, war der Senior des Teams.

Die Crazy Canucks

v. l. n. r.: Ken Read, Dave Irwin, „Jungle Jim" Hunter

Steve Podborski, CAN

Geboren am 25. Juli 1957, Don Mills
1x Abfahrtsweltcup 1982 (gemeinsam mit Peter Müller)
8 Einzelsiege – 8x Abfahrt
Weitere Erfolge: Olympia 1980 Lake Placid Bronze Abfahrt

Mit acht Abfahrtssiegen war Steve Podborski der erfolgreichste des kanadischen Quintetts. Zweimal konnte er sich in die Siegerliste der Streif eintragen. Steve war es auch, der erreichte, was der Traum aller Crazy Canucks war: den Gewinn der Kristallkugel im Abfahrtslauf.

Dave Murray, CAN

Geboren am 5. September 1953, Vancouver, gestorben 1990

Nur sechs Hundertstel fehlten Dave Murray, um sich als Sieger einer Weltcupabfahrt in die Geschichtsbücher einzutragen. 1979 erreichte er den beachtlichen dritten Platz im Abfahrtsweltcup. Am 23. Oktober 1990 starb der Mann, den seine Freunde für seinen grenzenlosen Optimismus liebten, an Krebs. In Whistler Mountain wurde zu seinem Gedenken eine extrem schwierige „Double-Black-Diamond"-Abfahrt nach ihm benannt.

Dave Irwin, CAN

Geboren am 12. Juli 1954, Loch Lomond
1 Einzelsieg – 1x Abfahrt

Mit seinem ersten und einzigen Abfahrtssieg beendete er in Schladming 1975 die eineinhalbjährige Siegessträhne von Franz Klammer. Sonst war Dave vom Verletzungspech verfolgt. In den neun Jahren seiner Karriere musste er zwei Saisonen aussetzen. Insgesamt erlitt er fünf schwere Verletzungen. Wirklich hart schlug das Schicksal aber erst viele Jahre später zu. Irwin fuhr ganz gemütlich Ski. Nicht im Renntempo, sondern gerade mal mit etwa 40 km/h. Irgendwie scheint er einen Buckel übersehen zu haben, er versuchte auszuweichen, wurde zusammengestaucht und das Knie knallte gegen die Nase. Mit solcher Wucht, dass Dave ins Koma fiel. Zwar erwachte er nach vier Tagen, aber sein Gedächtnis war komplett gelöscht. Er wusste nicht, wer er war, erkannte seine Familie nicht, konnte weder lesen noch schreiben. Er wusste nicht einmal, wie man sich die Nase putzt. In einer langen, mühevollen Rehabilitation musste er alles von null weg wieder erlernen. Es grenzt an ein Wunder, dass Dave Irwin heute sogar wieder Ski fahren kann.

v. l. n. r.: Steve Podborski, Dave Mussay

Ken Read, CAN

Geboren am 6. November 1955, Ann Arbor
5 Einzelsiege – 5x Abfahrt

„Ich kann meine Augen schließen und erinnere mich an jedes Rennen, das ich jemals gefahren bin. Das sind die Folgen der peniblen mentalen Vorbereitung. Über die Jahre habe ich gelernt, mir die kürzeste Strecke von Start bis Ziel genau einzuprägen. Jeden Buckel, jede Kurve, jeden Sprung. So genau, dass ich die Strecke im Geiste auf die Sekunde genau abfahren konnte. Was dieses Gedächtnistraining wert war, zeigte sich 1980 in Kitzbühel. Ich hatte vor dem Rennen große Probleme, mir vorzustellen, wie ich den Steilhang bewältigen sollte. Diese Passage ist 30 Sekunden schwierigstes Skifahren auf dem Erdball. Zuerst tauchst du in einen furchteinflößenden, vereisten Abgrund, dann ein blinder Sprung über die Falllinie und schließlich ein Schwung in Richtung eines nicht einsehbaren Ausganges, der kaum fünf Meter breit ist. Jede Fehlberechnung würde katastrophalen Zeitverlust oder einen Abflug ins Netz bedeuten. Bei der Besichtigung prägte mir mein Trainer ein, sofort nach Beendigung des ersten Schwungs nach dem Netz auf der linken Seite zu sehen. Das wäre exakt der richtige Moment für den Schwung Ausgang Steilhang. Als am nächsten Tag beim Rennen der entscheidende Moment kam, ich den Zaun zu meiner Linken erblickte, setzte ich in blindem Vertrauen zum Schwung an. Perfekt. Bestzeit. Sieg in Kitzbühel. Der Höhepunkt meiner Karriere."
Ken Read ist dem Rennsport auch nach seiner aktiven Zeit treu geblieben. Er arbeitete 14 Jahre als sogar preisgekrönter Ski-Analytiker im kanadischen Fernsehen und baute eine eigene Sport-Marketing-Firma auf. Sein Hauptbetätigungsfeld ist sein Einsatz für die Rechte der Läufer.
Dieses Engagement hat seinen Ursprung in Kens schwärzestem Moment seiner Karriere. „Es war 1979, zwei Tage vor dem Abfahrtslauf in Morzine. Wir bekamen neue Anzüge aus einem speziellen, schnelleren Material. Da die FIS keine Maschine zum Testen der Mindestluftdurchlässigkeit bereitstellen konnte, fragten wir den technischen Direktor der FIS um sein Okay. Das gab er uns, aber im Falle eines Protests müssten wir den Test nachholen lassen. Ich gewann das Rennen mit einer halben Sekunde Vorsprung. Prompt gab es Protest von den Italienern. Wie vereinbart übergaben wir den Anzug, der in die Schweiz zur EMPA (Swiss Standard Association) geschickt wurde. Das Ergebnis des Tests: nicht durchlässig genug. Das Ergebnis für mich: Disqualifikation. Interessant war, dass die anderen neuen, identischen Anzüge, die in Morzine nicht zum Einsatz kamen, später in Crans Montana getestet und für gut befunden wurden. Nicht nur ich empfand die Angelegenheit als höchst fragwürdig. Der Trainer der Österreicher sagte sogar, ich hätte auch in einem Business-Anzug gewonnen. Mein einziger Trost war, dass Mannschaftskollege Steve Podborski meinen Sieg erbte.
Auch die Medien und die Fans machten sich so ihren Reim auf undurchsichtige politische Spielereien. Mein späteres und jetziges Engagement richtet sich aber nicht gegen die FIS. Ganz im Gegenteil. Ich arbeite mit den Verantwortlichen zusammen im Interesse des guten Ansehens des Skisports in den Augen der Fans."
Ken Read lebt mit seiner Frau Lynda und den drei Söhnen Erik, Kevyn und Jeffrey in Calgary und im nahen Canmore.

Wenn man sich Gustav Thönis Karriere ansieht, so besteht sie praktisch ausschließlich aus Höhepunkten. Für uns hat er nachgedacht und drei herausgepickt. Klingen alle wie aus einem Krimi.

„Meine ersten beiden Gesamtweltcups musste ich mir schwer erkämpfen gegen so mächtige Gegner wie Duvillard, Russel oder Augert. Aber keiner von ihnen hat mir das Leben so schwer gemacht wie David Zwilling 1973. Der Hund wollte mir meine dritte Kristallkugel nicht gönnen und sie für sich selber haben. Jeden Punkt hat er mir nachgemacht, hat mich nicht aus den Augen lassen. Richtig verbissen hat er sich und blieb hartnäckig an meinen Fersen bis zum Ende der Saison. Erst im letzten Rennen konnte ich ihn abschütteln. Dass so ein netter, sympathischer Bursche wie der David so gnadenlos sein konnte!“

Spannend bis zum Schluss war auch die Saison 1974/75. Beim Finale in Gröden gingen gleich drei Läufer punktegleich an den Start des Parallelslaloms (übrigens das einzige Mal, dass dieser Bewerb das Finalrennen einer Saison war): Franz Klammer, Ingemar Stenmark und, eh klar, Gustav Thöni.

„40.000 Menschen waren ins Grödnertal gekommen, um live dabei zu sein, wie sich gleich drei Rennläufer, noch dazu mit äußerst klingenden Namen, den ultimativen Showdown liefern würden. Fast ganz Italien hing an diesem Tag an den Fernseh- und Radiogeräten. Man kann sich den Aufschrei vorstellen, als der Italiener Helmut Schmalzl meinen

Der Krimi-Gustav

→ Gustav Thöni, ITA

Konkurrenten Klammer eliminierte. Der Jubel war sicher über die Alpen bis nach Österreich zu hören. Stand also nur noch Stenmark zwischen mir und meinem vierten Gesamtsieg im Weltcup. Ingemar war gerade am Beginn seiner unglaublichen Karriere und bereits fast unschlagbar. Dazu kam seine enorme Nervenstärke und Gelassenheit. Aber gegen die Tausenden und Abertausenden Verwünschungen, Hexensprüche und bösen Blicke der italienischen Fans hatte er keine Chance. Als wir Kopf an Kopf lagen, beging er einen verhexten Torfehler. Gut, dass ich nicht abergläubisch bin. Dreimal auf Holz geklopft."

Dann war da noch der Abfahrtskrimi von Kitzbühel 1975.
„Das wäre mein allergrößter Triumph gewesen: Ein Abfahrtssieg über Franz Klammer auf der Streif. Da wäre nichts mehr drüber gegangen. Fast hätte ich es geschafft. Es war schon ärgerlich, diesen Triumph um nur eine Hundertstelsekunde zu verpassen. Aber noch schlimmer wurde es für mich, als ich später erfuhr, dass es sich tatsächlich nur um drei Tausendstel (!) nicht ausgegangen ist. Das ist weniger als eine Nasenlänge. Ich weiß zu wenig über österreichische Hexensprüche, aber sie scheinen gewirkt zu haben, wie die italienischen beim Stenmark beim Weltcupfinale."

Gustav war nach seiner aktiven Laufbahn neun Jahre lang persönlicher Trainer von Alberto Tomba. Gemeinsam gewannen sie so ziemlich alles, was es zu gewinnen gab.
Heute führt er das Familienhotel „Bella Vista" im Südtiroler Vinschgau mit einer wirklich schönen Aussicht auf die bis zu 4000 Meter hohe Ortler-Gruppe.

Mehr über Gustav Thöni können Sie im Kapitel „Viva la Innovation!" lesen.

i

Geboren am 28. Februar 1951, Trafoi
4x Gesamtweltcup 1971, 1972, 1973, 1975
3x Riesentorlaufweltcup 1970, 1971 (gemeinsam mit Patrick Russel), 1972
2x Slalomweltcup 1973, 1974

24 Einzelsiege – 11x RTL, 8x Slalom, 1x Parallelslalom, 4x Kombi

Weitere Erfolge:
WM 1974 St. Moritz Gold RTL, Gold Slalom
Olympia 1972 Sapporo Gold RTL, WM-Gold Kombi, Silber Slalom
Olympia 1976 Innsbruck WM-Gold Kombi, Silber Slalom

Franz Klammer, der Seriensieger. Franz Klammer, der Olympiasieger. Franz Klammer, der Kaiser von Österreich. Eigentlich wäre damit das Kapitel Klammer schon fertig. Aber in seiner Karriere gab es so viele Windungen und Wendungen, dass so ein schnurgerader Schnelllauf unangebracht ist. Klammer hat ein ganzes Buch mit seinen Erlebnissen gefüllt. Wir wollen uns nur ein paar wenige herauspicken. Besonders interessant finden wir,

... dass der Franz ursprünglich ein Slalom- und Riesentorläufer war. Kein schlechter übrigens.
... wie er 1973 in St. Anton sein erstes Rennen im Nationalkader fuhr:
„... Collombin war gestürzt, zwischen Startnummer 16 und 22 kam überhaupt kein Läufer ins Ziel. Als ich mit Nummer 22 unten auftauchte, jubelten die Leute. Ich dachte im ersten Größenwahn, ich hätte gewonnen. Aber die Leute freuten sich nur, dass sie endlich wieder einen Rennläufer zu sehen bekamen. Ich hatte über zwei Sekunden Rückstand auf Bernhard Russi. Aber alle anderen lagen noch weiter zurück. Ich war Zweiter!“
... dass Klammer 1974/75 acht von neun Abfahrten gewann und davon sechs mit Streckenrekord!
... dass Klammer in Kitzbühel 1975 um nur 8,4 Zentimeter vor Thöni gewann und in Wengen mit 95 Metern Vorsprung auf Herbert Plank.
... dass Franz damals in Kitz bereits Siegerinterviews gab und gar nicht mitbekam, dass Thöni mit nur drei Tausendstel Rückstand im Ziel abschwang.
... dass Thöni Klammer ein Buch über den Riesentorlauf schenkte. „Damit du endlich lernst, Riesentorlauf zu fahren.“ Und dass Klammer nach dem Riesentorlauf in Fulpmes, in dem er um drei Plätze besser als der Südtiroler abschnitt, Thöni das Buch zurückgab: „Ich hab zwar nur fünf Seiten gelesen, aber das hat genügt, um dich zu schlagen!“
... dass Klammer den Krimi beim Weltcupfinale in Gröden 1975 etwas anders gesehen hat als der siegreiche Thöni:
„... Thöni, Stenmark und ich lagen mit je 240 Zählern gleichauf. Der Parallelslalom in St. Ulrich im Grödnertal, der ursprünglich nur als Show gedacht war, sollte die Entscheidung bringen. Bei einem kurzen Heimaturlaub in Mooswald vor dem Finale erhielt ich einen Brief aus Italien mit einer klaren Morddrohung: Ich könne schon jetzt mein Testament machen, falls ich in Gröden den Weltcup gewinne. Ich hielt das für einen derben Scherz, die Polizei allerdings nahm die Drohung ernst und stellte mir eine Eskorte zum Schutz. Die Situation war irgendwie lächerlich, war aber sonst kein Problem für mich. Mit Druck und Rummel konnte ich gut umgehen. Die Feindseligkeit, die mir von den 40.000 italienischen Fans entgegenschlug, war mir allerdings nicht egal. Dazu kam noch eine mehr als fragwürdige Zusammenstellung der Paarungen. Um es kurz zu machen: Laut Reglement hätte ich als Nummer eins gesetzt werden müssen. Aber die italienische Rennleitung hat sich darüber hinweggesetzt und stattdessen bekam Lokalmatador Thöni die Eins und ich gleich in der ersten Runde einen unbezwingbaren Gegner: Slalomass Helmut Schmalzl aus Italien. Der zeigte mir im ersten Lauf den Auspuff und im zweiten warf ich

Der Kaiser der Herzen

→ Franz Klammer, AUT

mich selber aus der Wertung.“ Thöni gewann seine vierte Weltcupkugel.
... wie Franz drei sieglose Jahre überstand und sich wieder an die Spitze zurückkämpfte. Nach der Niederlage bei der WM-Abfahrt in Garmisch 1978 wollte Klammer die Schuld nicht bei sich allein suchen. Das nahm ihm der Chef seiner Skifirma übel und Franz wechselte die Marke. Von da an ging nichts mehr. 1366 Tage suchte er nach den verlorenen Sekunden. Wechselte dazwischen noch einmal das Skifabrikat und quälte sich erfolglos durch 24 Abfahrten. Bis endlich 1981 in Val d’Isère, drei Tage nach seinem Geburtstag, das oberste Treppchen wieder ihm gehörte.
... dass Klammer noch einmal die Kraft fand, den Abfahrtsweltcup ein fünftes Mal zu gewinnen.
... wie der Kaiser sich nach seinem 25. und letzten Sieg bei seinen Fans bedankte. Am 21. Jänner 1984 kletterte Franz auf das Dach der Reporterkabinen am Fuße der Streif, nahm das Mikrofon des Platzsprechers und sprach zu den über 10.000 Menschen: „Liebe Leute, es ist mir schon lange ein Bedürfnis, mich bei euch für diese Welle der Sympathie zu bedanken, die ihr mir entgegenbringt.“

i

Geboren am 3. Dezember 1953, Mooswald
5x Abfahrtsweltcup 1975, 1976, 1977, 1978, 1983

26 Einzelsiege – 25x Abfahrt, 1x Kombi

Weitere Erfolge:
WM 1974 St. Moritz Gold Kombi, Silber Abfahrt
Olympia 1976 Innsbruck Gold Abfahrt

Der Weltcupzirkus war von Anfang an ein sehr elitärer Verein. Da konnte nicht jeder mitmachen. Bevorzugt waren Nationen, die Berge, Schnee und eine lange Tradition im Skilauf vorweisen konnten. Das waren also in alphabetischer Reihenfolge Deutschland, Frankreich, Italien, Kanada, Norwegen, Österreich, Schweden, Schweiz und die USA. Irgendwie fand auch Japan Aufnahme im Club, obwohl die Geschichte der zwei Bretteln auf dem g'führigen Schnee des Fudschijamas noch nicht sehr alt war. Im Laufe der Jahre stellten einige Finnen die Langlaufskier in den Schrank und wechselten vom horizontalen auf den vertikalen Schnee. Mit der Öffnung des Ostens meldeten sich Nationen, die man nicht sofort mit Skisport in Verbindung gebracht hätte. Eher mit Urlaub am Meer oder gutem Bier. Aber Kroatien, Slowakei, Slowenien und Tschechien schickten Leute ins Rennen, die mit den Kollegen der etablierten Nationen ganz gut mithalten konnten.
Auch andere Länder haben Berge mit Schnee drauf. Dennoch schafften sie es nicht, eine fixe Rolle im Weltcupensemble zu ergattern. Das heißt aber nicht, dass ihre Gastauftritte unbemerkt geblieben wären. Spaniens Francisco Fernández Ochoa zum Beispiel gewann einen Weltcupslalom und wurde 1972 sogar Olympiasieger. Er ist nicht der einzige Exote, der sich in die Liste der Weltcupsieger eintragen durfte.

Die Exoten

Anneliese Coberger, NZE

Geboren am 11. September 1971, Christchurch
1 Einzelsieg – 1x Slalom
Weitere Erfolge:
Olympia 1992 Albertville Silber Slalom
Nach ihrem Weltcupsieg und der Silbermedaille (hinter Petra Kronberger) fuhr sie in der folgenden Saison noch einige Male aufs Stockerl, aber danach verschwand sie aus den Punkterängen und irgendwann aus dem Weltcupzirkus.

Blanca Fernández Ochoa, SPA

Geboren am 22. April 1963, Madrid
4 Einzelsiege – 1x RTL, 3x Slalom
Weitere Erfolge:
Olympia 1992 Albertville Bronze Slalom
Was für ein elegant klingender Name! Genauso elegant ist Blanca Ski gefahren und war viele Jahre das „Ein-Frau-Team" Spaniens.

Francisco Fernández Ochoa, SPA

Geboren am 25. Februar 1950, Madrid, gestorben 2006
1 Einzelsieg – 1x Slalom
Weitere Erfolge:
WM 1974 St. Moritz Bronze Slalom
Olympia 1972 Sapporo Gold Slalom
Ohne die Ochoas hätte Spanien keine einzige Olympiamedaille in den alpinen Bewerben. Für die Goldene aus Sapporo wurde Francisco vom spanischen König Juan Carlos, dem er auch Trainingsstunden gab, mit einer Ehrenmedaille ausgezeichnet.

Svetlana Gladysheva, SOV/RUS

Geboren am 13. September 1971, Ufa
1 Einzelsieg – 1x Super-G
Weitere Erfolge:
WM 1991 Saalbach Hinterglemm Bronze Abfahrt
Olympia 1994 Lillehammer Silber Super-G
Oder Svetlana Gladishiva – bei der Schreibweise der russischen LäuferInnen gibt es unterschiedliche Auslegungen. Siehe auch Tsyganov und Zyganow, Schirov und Zhirov. Egal, alle nannten sie „Gladi".

Steven Lee, AUS

Geboren am 7. August 1962, Falls Creek
1 Einzelsieg – 1x Super-G
Machte später Stunts in Filmen mit Roger Moore und Jackie Chan.

Malcolm Milne, AUS

Geboren am 5. November 1948, Thredbo
1 Einzelsieg – 1x Abfahrt
Weitere Erfolge:
WM 1970 Gröden Bronze Abfahrt
Der Erste von drei Australiern, die jemals ein Weltcuprennen gewonnen haben.

Claudia Riegler, NZE
siehe auch Seite 100
Geboren am 16. Juli 1976, Ebenau
4 Einzelsiege – 4x Slalom
Eigentlich gar keine Exotin. Gebürtige Österreicherin, die für Neuseeland fuhr.

María José Rienda Contreras, SPA
Geboren am 12. Juni 1975, Granada
6 Einzelsiege – 6x RTL

Zali Steggall, AUS
Geboren am 16. April 1974, Sydney
1 Einzelsieg – 1x Slalom
Weitere Erfolge:
Olympia 1998 Nagano Bronze Slalom
Wer's nicht weiß, „Zali" ist in Australien ein Frauenname. Folglich ist Zali die bisher einzige Weltcupsiegerin von Down Under.

Valeri Tsyganov, SOV/RUS
Geboren am 4. Februar 1961, Alma Ata
1 Einzelsieg – 1x Abfahrt
Is sich errstes Sowjet-Leifer, was hat gewonnen Rennen von Weltchup für Mitterchen Russland. Is sich passiert glorreiche Tat in Aspen, Land von USA!

Warwara Zelenskaja, RUS
Geboren am 5. Oktober 1972, Petropanlousk
4 Einzelsiege – 4x Abfahrt
Warwara war eine unheimlich gute Gleiterin und fuhr eine sensationelle Männerhocke. 1997 konnte sie sich innerhalb von 24 Stunden zweimal freuen: Sie gewann die Doppelabfahrt von Happo One.

Alexander Zhirov, SOV
Geboren am 12. September 1958, Dedenovo, gestorben 1983
4 Einzelsiege – 3x Super-G, 1x Slalom
Diese vier Siege spiegeln die Leistung des Sowjetrussen gar nicht so recht wider. Zhirov wurde 1981 hinter Phil Mahre und Ingemar Stenmark Dritter im Gesamtweltcup! Zwei Jahre später hatte der 24-Jährige einen tödlichen Autounfall.

Armin über das Ausnahmetalent Stenmark:
„Im Jahr 1973 fand zum ersten Mal ein internationales Skirennen bei mir zu Hause auf dem Nassfeld statt: das Gartnerkofelrennen! Ganz Hermagor war damals auf den Beinen, und wir Schüler, ich ging in die dritte Klasse Volksschule, schauten uns zwar nicht das Rennen, aber die mitten in Hermagor stattfindende Siegerehrung an. Das war ein Auflauf! Die Musikkapelle war da, der Bürgermeister, der Präsident des Sportclubs. Es herrschte richtige Volksfeststimmung! Wir Kinder schauten und staunten und versuchten, Autogramme der Stars zu sammeln, die auf dem Hauptplatz von Hermagor auf die Preisverleihung warteten. Und da war der Sieger, ein gewisser Stenmark. Damals noch nicht der große König Ingemar. Dieser noch unbekannte, junge, blasse, schlaksige Schwede hatte sich die ‚Wulfeni' geholt, eine schmiedeeiserne Trophäe, benannt nach einer Blume, die ausschließlich auf dem Nassfeld und im Himalaja wächst. Die Liste jener, die die Wulfenia gewonnen haben, ist lang und prominent besetzt: Rainer Salzgeber, Luc Alphand, Rudi Nierlich, Hannes Trinkl, um nur einige zu nennen – und jeder, der auf dem Nassfeld gewann, hinterließ äußerst erfolgreiche Spuren im Schnee. Nur ich nicht, ich wurde dreimal Zweiter!“

Für seine Fans ist König Ingemar der ‚beste Skifahrer aller Zeiten'. Kein Einspruch. Er gehört auf jeden Fall zu dem kleinen, elitären Kreis, der diesen Titel für sich behaupten darf. Für seine Fans ist Stenmark aber nicht nur dreifacher Gesamtweltcupsieger, sondern sechsfacher. Drei große Kristallkugeln sollen ihm von gegen ihn gerichteten Reglementänderungen gestohlen worden sein! Nun, das mit dem Reglement ist so eine G'schicht. Irgendjemand fühlt sich immer benachteiligt. Tatsächlich bringen Änderungen nicht immer die erhofften Verbesserungen. Das ist in anderen Sportarten nicht viel anders. Aber den Fans von Stenmark stößt es höchst sauer auf, dass plötzlich nur noch die fünf besten Ergebnisse einer Disziplin gewertet wurden. Damit hatte Ingemar, der praktisch 90 Prozent der technischen Rennen gewann, zu Saisonhalbzeit bereits sein Punktemaximum erreicht. Kombination wollte Ingemar nicht fahren, damit hätte er eigentlich den Rest des Jahres vorzeitig in Urlaub gehen können. So weit, so richtig. Auf der anderen Seite wären nach dieser Logik Peter Lüscher, Andreas Wenzel und Phil Mahre unverdient zu ihren Kristall-

Die seltene Blume

→ Ingemar Stenmark, SWE

kugeln gekommen. Was würden deren Fans dazu sagen?
Wie viele Kugeln Stenmark in seinem Trophäenschrank stehen hat, ändert nichts daran, dass der schweigsame Schwede ein genauso seltenes Exemplar ist wie die ‚Wulfenia' vom Nassfeld.

i

Geboren
am 18. März 1956, Joesjö
3x Gesamtweltcup 1976, 1977, 1978
8x Riesentorlaufweltcup 1975, 1976, 1977 (gemeinsam mit Heini Hemmi), 1978, 1979, 1980, 1981, 1984 (gemeinsam mit Pirmin Zurbriggen)
8x Slalomweltcup 1975, 1976, 1977, 1978, 1979, 1980, 1981, 1983 (gemeinsam mit Stig Strand)

86 Einzelsiege – 46x Riesentorlauf, 40x Slalom

Weitere Erfolge:
WM 1978 Garmisch-Partenkirchen Gold RTL, Gold Slalom
WM 1982 Schladming Gold Slalom, Silber RTL
Olympia 1976 Innsbruck Bronze RTL
Olympia 1980 Lake Placid Gold RTL, Gold Slalom

Der Schweizerkracher

→ Hans Enn, AUT

Geboren am 10. Mai 1958, Hinterglemm

6 Einzelsiege – 1x Super-G, 5x RTL

Weitere Erfolge:
Olympia 1980 Lake Placid Bronze RTL

Hansi Enn war und ist immer noch einer der elegantesten Skifahrer, auf und neben der Piste. Wenn es passt und es seine Rückenschmerzen zulassen, kann man auch heute noch durchaus in den Genuss eines Rückwärtssaltos aus dem Stand kommen, den Hansi in der besten Zeit auch mit Skischuhen an den Füßen zuwege brachte. Trainiert auch heute noch seinen Körper im Stile eines Bodybuilders und ist dementsprechend fit – nur der Rücken bereitet ihm nicht immer Verzücken.

Seine liebste Erinnerung:
„Ich glaub', es war 1977, auf jeden Fall in Val d'Isère. Saisonauftakt für die Abfahrer und wir ganz frisch dabei, der Jimmy Steiner und ich. Charly Kahr (damaliger Abfahrtstrainer) hat alle, die ein bisserl besser Ski fahren konnten, ins Abfahrtsteam geholt, damit die Jungen den Alten Feuer unterm Hin-

tern machen. Wir sind daher schon im Training voll gefahren. Allerdings haben wir so unser Pulver fürs Rennen bereits vorher verschossen. Gewonnen hat dann wieder der Klammer, ich war irgendwo unter den ersten 20. Nach dem Rennen haben Franz Klammer und Werner Grissmann Interviews gegeben. Gleich vor unserem Hotel. Der Jimmy und ich sind auf dem Balkon gestanden und haben von oben zugeschaut. Ich hab es zwar im Rennen nicht so richtig krachen lassen können, dafür hatte ich aber jede Menge Schweizerkracher (Knallkörper) dabei. Ich hab immer welche mit, so zum Spaß. Und Spaß wollten wir haben. ‚Pass auf, die erschrecken wir jetzt!', sagte ich zu Jimmy. Also einen Kracher angezündet und vom Balkon geworfen. Ich wollte ihn zwar hinwerfen, wo niemand stand, aber wie's der Teufel will, landete er direkt neben dem Tonmeister, der das Mikrofon für das Interview hielt. Damit er die Tonqualität kontrollieren konnte, trug er Kopfhörer. Wir hätten ihn gerne gewarnt, aber dann hätten alle gewusst, dass wir für den Blödsinn verantwortlich waren. Also gingen wir in Deckung und schon gab's einen Riesenknaller. Klammer und Grissmann sind vor Schreck gleich davongelaufen. Der Tonmeister aber hat den Knall über das Mikrofon direkt in die Kopfhörer bekommen, die er sich im Schock vom Kopf riss. Er stand mit weit aufgerissenem Mund da und hielt sich die Ohren. Er tat uns furchtbar leid, aber trotzdem blieben wir versteckt, denn wir hatten Angst vor irgendwelchen Konsequenzen. Jetzt, 30 Jahre später, denke ich, dass ich beichten kann. Es tut mir leid, dass dem Tonmeister die Ohren sicher ein paar Tage lang geklingelt haben. Aber ich freu mich, dass wir dem Franz und dem Werner dann doch Feuer unterm Hintern machen konnten."

Das holländische Zwischenspiel

→ Christa Kinshofer, GER

Christa „Kinsi" Kinshofers Karriereverlauf könnte vom Drehbuchautor der „Rocky"-Reihe geschrieben worden sein. Im ersten Teil von „Kinsi" gewinnt die Heldin mit erst 17 Jahren den Riesentorlaufweltcup und ein Jahr später Olympia-Silber im Slalom.

„Kinsi Teil II" beginnt nach klassischem Hollywood-Strickmuster. Das Schicksal prügelt zuerst einmal total unfair auf die Heldin ein: in Kinsis Fall mit Trümmerbruch im rechten Knöchel und daraus resultierendem Rauswurf aus der deutschen Mannschaft 1985. Es könnte auch nur ein Vorwand gewesen sein, um die unbequeme Miesbacherin loszuwerden. Kinsi hatte sich öffentlich darüber beschwert, dass der Deutsche Skiverband die Kippstangentechnik verschlafen hätte.

Die Heldin ist am Boden, gibt aber nicht auf. Die junge Deutsche startet einen Neuanfang im holländischen Skiteam. Natürlich werfen ihr finstere Mächte viele Prügel in den Weg. Kinsi werden alle FIS-Punkte weggenommen und sie muss sich mit Startnummern um die 100 (die höchste war 124) auf sich bereits in Auflösung befindenden Pisten abplagen. Keiner glaubt an die Heldin, nur sie selbst. Kinsi findet keine Sponsoren und muss alles selbst finanzieren.

Wir kommen zu Kapitel drei: „Die Rache". Step by Step kämpft sich Kinsi mühsam über den Europacup zurück in den Weltcup. Kinsi platziert sich mehrmals vor dem DSV-Team. 1987 gewinnt sie als „Holländerin" die internationale deutsche Meisterschaft im Slalom, der Trainer der DSV-Damenmannschaft muss gehen.

Im vierten Kapitel steuern wir auf das nur im Film selbstverständliche Happyend zu. Cheftrainer Mayr holt Kinsi zurück in die DSV-Mannschaft. Drei Monate später gewinnt die wieder Deutsche Kinsi den Weltcupslalom in Piancavallo und vier Wochen später olympisches Silber im Riesenslalom und Bronze im Slalom von Calgary 1988 für die Farben des DSV. Klingt verdächtig nach Hollywood, ist aber wahr.

Heute ist Christa glückliche Mama von Zwillingsmädchen und Initiatorin der Kinsi Golf Trophy.

i

Geboren am 24. Jänner 1961, München
1x Riesentorlaufweltcup 1979
1x Kombi-Weltcup 1979

7 Einzelsiege – 5x RTL, 1x Slalom, 1x Kombi

Weitere Erfolge:
Olympia 1980 Lake Placid Silber Slalom
Olympia 1988 Calgary Silber RTL, Bronze Slalom

Die Barfüßige

→ Elisabeth Kirchler, AUT

Viele Sportler haben einen Glücksbringer, ein Foto, das sie vor dem Rennen küssen, ein Medaillon, das sie um den Hals tragen, einen Urschrei, eine Bekreuzigung am Start, ein besonderes Wäschestück. Und was hatte Lisi Kirchler, die Abfahrtskanone der Achtziger? Nichts. Ihr Glücksbringer war nicht etwas, sondern nichts.

„Es war mein erstes Jahr im Weltcup und alles aufregend und neu. Ich war mit 17 ein junges Küken, das gerne barfuß ging und auch sonst recht lustig drauf war. Bei den herrschenden Frühlingstemperaturen in Aspen hatte ich die spontane Idee, für das Rennen die Skischuhe ohne Socken anzuziehen. Einfach so. Was soll ich sagen? Ich habe gewonnen. Nachdem ich ja eher abergläubisch war und im Laufe der Zeit meine Rituale pflegte, war es nur logisch, dass ich von da an immer barfuß im Skischuh war. Was viele nicht glauben können, ich stehe nach wie vor barfuß im Skischuh. Und das ist eine Sache, die ich mir höchstwahrscheinlich nicht abgewöhnen werde. Vielleicht auch deshalb, weil es mich immer wieder an die Zeit im Weltcup erinnert, die ich nie in meinem Leben missen möchte!"
Lisi lebt mit Mann und drei Kindern, Coletta (1998), Samira (2001), Moreno (2005), in Sölden.

i

Geboren am 17. November 1963, Lanersbach

Erster Sieg 1981 in Aspen
4 Einzelsiege – 3x Abfahrt, 1x Kombi

Weitere Erfolge:
WM 1985 Bormio/Santa Caterina Silber RTL

Die Etappenfahrt

→ Andreas Wenzel, LIE

Der Liechtensteiner Weltcupsieger von 1980 hat 14 Weltcuprennen gewonnen. Darunter auch die Kombination in Kitzbühel. Das ist insofern bemerkenswert, als Wenzel nicht gerade das beste Verhältnis zu der berüchtigten „Streif" hatte. An seine Premiere 1977 erinnert er sich mit Schaudern.

„Mein Vater, selber Studentenweltmeister und mein Trainer in der Jugendzeit, gab mir einige Tipps mit auf den Weg nach Kitzbühel. ‚Erst Sicherheit durch möglichst viele Fahrten gewinnen und dann angreifen!'
Vor der Streif hatte ich einen extremen Respekt, und für einen damals 18-jährigen Skifahrer wie mich war diese Abfahrt ein Monster. Der rational denkende Mensch, der aus dem Starthaus Richtung Mausefalle schaut, ist sich sofort klar, dass diese Strecke eigentlich gar nicht fahrbar ist.
Für meine erste Fahrt hatte ich so ziemlich alle Kleider übergestreift, die ich nach Kitz mitgenommen hatte, denn so wollte ich möglichst viel Luftwiderstand aufbauen, um bloß nicht zu schnell zu werden. Ich sah aus wie das ‚Michelin-Männchen'.

Zur zweiten Fahrt trat ich bereits mit etwas mehr Selbstvertrauen und bedeutend weniger Überbekleidung an den Start. Als ich zum Starthaus rausschaute, konnte ich im Nebel nicht einmal das erste Tor sehen und leichter Nieselregen hatte mittlerweile auch noch eingesetzt. An den Physio-Betreuer gewandt sagte ich: ‚Da könnt ihr mich doch nicht rausschicken!' Kommentar: ‚Der Nebel geht nur bis zur Mausefalle. Geit güet!' (Geht gut!)
Nach fünf bis sieben Fahrsekunden hat's mir die Ski verrissen und mit einem klassischen Doppeladler bin ich Kopf voraus und rechts der Mausfalle in den Staketenzaun gekracht. Nach Luft schnappend habe ich die zirka zehn Zentimeter dicke Schneeansammlung aus meiner Brille gekratzt. Mir tat alles weh, aber ich habe mich an die Worte meines Vaters erinnert – Du brauchst Trainingsfahrten! Wohl wissend, dass das verboten war, habe ich beim Tor-

i

Geboren am 18. März 1958, Planken
1x Gesamtweltcup 1980
2x Kombi-Weltcup 1984, 1985

Erster Sieg am 17. Jänner 1978 im RTL in Adelboden
14 Einzelsiege – 1x Super-G, 3x RTL, 4x Slalom, 6x Kombi

Weitere Erfolge:
WM 1978 Garmisch-Partenkirchen Gold Kombi, Silber RTL
Olympia 1980 Lake Placid Silber RTL, WM-Silber Kombi
Olympia 1984 Sarajevo Bronze RTL

richter um sein ‚Okay' für die Fortsetzung meiner Trainingsfahrt angesucht. Kommentar: ‚Geht scho, Bua!' In meinem Kopf gab es nur einen Gedanken: nichts wie weiter, die ‚Mausefalle' runter und in den ‚Steilhang' rein. Mittlerweile war der Nebel tatsächlich weg. Dafür hat's geregnet. Gesehen habe ich rein gar nichts mehr. Vor der Einfahrt ‚Alte Schneise' stand mein Servicemann Hugo, die Waden haben geschmerzt und ich entschied mich anzuhalten. Hugo fragte: ‚Was ischt gsi?' (Was ist passiert?) ‚Sturz, Wadenprellung', jammerte ich, musste aber weiter. ‚Hey, Torrichter, kann ich weiterfahren?' Der meinte nur: ‚Geht scho, Bua! Brauchsch leih auf zehne zähln, wenn dr Nächschte vorbeigfoarn isch!' Der Nächste, der im strömenden Regen ankam, war mein großes Idol Gustav Thöni. Ich war voll Adrenalin und konnte nicht so lange warten, bis ich bis zehn gezählt hätte. So bin ich – eins, vier, acht, zehn! – nach höchstens vier Sekunden voll motiviert hintennachgedonnert. ‚Alte Schneise', ‚Seidelalm', ‚Lärchenschuss' Richtung ‚Hausberg'. Gustav wurde vor mir immer größer, denn ich kam ihm immer näher. Kurz entschlossen habe ich ihn dann in der Linkskurve vor dem Hausberg außen überholt. Den Gesichtsausdruck vom Gustl habe ich bis heute nicht mehr vergessen. Sein Kommentar im Zielraum: ‚I hob denkt, mi trifft dr Schlog', und ich wiederum hab mich gewundert, dass mir alle so heftig gewunken haben, als ich über den ‚Hausberg' in den Zielschuss gestochen bin."

Gewonnen hat Andreas auf der Streif nie. Aber 1980 schrieb er sich mit einem vierten Platz und mit der mit Abstand schnellsten Zeit vom Hausberg bis ins Ziel in die Liste der Hahnenkamm-Helden ein. Das war übrigens ein Jahr nach seinem geschichtsträchtigen Sturz an eben dieser Hausbergkante. Lesen Sie die Story dazu im Kapitel „Stürze, Kracher und Kometen".

Die Fanclubs sind die bunten Nudeln in der Weltcupsuppe. Ohne sie wären die Zielräume und Streckenränder ziemlich leer, die Stimmung gegen null. Erst das Gebimmel und Gebammel der riesigen Kuhglocken, die Sirenen, Trompeten, Trommeln und Gesänge peitschen die Rennläufer so richtig zu Höchstleistungen. Wenn die Oberschenkel brennen, das Herz schon weit aus dem Hals heraus klopft, dann geht mit einer ordentlichen Dosis „Hophophop!" immer noch mehr. Im Sog des frenetischen Jubels der entfesselten Fans kann ein Läufer noch entscheidende Sekundenbruchteile holen. Die Mitglieder der Fanclubs sind keine nach Autogrammen jagende Horde von Stalkern, die ihrem Idol bis in die Intimsphäre nachstellen. Die echten Weltcupfans sind wichtige „Supporter", hilfreiche, ja notwendige Unterstützer ihres Stars. Sie sind Motivation beim Rennen, Freunde und ein bisschen Familienersatz in der Fremde und sie sind ein schlagkräftiges Heer in der psychologischen Kriegsführung.

Die Fanclubs sind bestens organisiert. Sie kümmern sich um einen einheitlichen Auftritt, um die Reisen zu den Rennen, um finanzielle Unterstützung der Clubaktivitäten und sogar für die Förderung des Skinachwuchses. Sie meinen es ernst, Fan sein ist eine seriöse Angelegenheit. Aber eine gewisse Portion Wahnsinn ist für einen echten Fan auch ganz nützlich, denn über allem steht der Spaß!

Welcher Fanclub der tollste, verrückteste, lauteste, hilfreichste, schönste, beste ist, ist klar: immer der eigene.

Zum Beispiel der von Benni Raich:

„... Wir (einige skisportbegeisterte Pitztaler) sind auf den Benni Raich aufmerksam geworden, wie er mit 13 Schüler-Weltmeister wurde. Da war uns sofort klar: Das wird ein ganz ein Großer! Von da an haben wir ihn nicht mehr aus den Augen gelassen.

Mit Bennis Eintritt in den Weltcup 1998 wurde der Benni Raich Fanclub Pitztal gegründet. Durch die hervorragenden Leistungen von Benni – erster Sieg Schladming, zweiter Sieg Flachau, dritter Sieg Wengen in nur 14 Tagen – kam schnell ein erster Höhepunkt: Mit neun Bussen fuhren bereits 438 Benni-Fans zum Rennen nach Kitzbühel. Hat leider nichts genützt. Benni ist im ersten Durchgang ausgeschieden.

Was ein richtiger Benni-Fan alles auf sich nimmt, um dabei zu sein, zeigt das Beispiel eines unserer Fans aus Japan. Masaki Adachi reiste mit dem Flugzeug nach München, weiter mit dem Zug nach Arzl ins Pitztal, um im Fanclub-Bus zum Rennen in Kitzbühel und zwei Tage später zum Nachtslalom in Schladming zu fahren. Am Tag dazwischen besuchte er mit Fans vor Ort das Elternhaus von Benni. Nach der feuchtfröhlichen Siegesfeier in Schladming reiste Masaki via München nach Japan zurück.

Der Fanclub besucht – zuweilen in kleinen Gruppen – alle auch noch so entfernten Weltcuprennen. Gleichgültig, ob am Polarkreis in Levi, in den Bergen Colorados/Beaver Creek oder im Reich der aufgehenden Sonne in Yong Pyong.

Diese Mühen und Anstrengungen nehmen wir nicht nur aus Jux und Tollerei auf uns. Wir haben klare Ziele. Zum einen, unserem Benni zu zeigen, dass seine Heimat, seine Fans hinter ihm stehen. Zum anderen, der ganzen interessierten Sportwelt zu zeigen, aus welch großartiger Heimat ein so großartiger Skifahrer kommt."

Zum Beispiel der von Didier Cuche, Sektion Uri:

„Die Faszination Skisport erlebten wir als Kinder, als Walliser, Schneider, Heinzer, Zurbriggen und Co. Symbole für die Schweizer Skination waren! Highlight jedes Samstages war es, die Mahlzeiten im Wohnzimmer vor dem Fernseher einzunehmen. Patriotismus pur! Da drückte sogar Mutti ein Auge zu!

Der Wahnsinn am Pistenrand

Und da kam plötzlich der flippige Cuche mit kurzen Haaren und gewann die Sprintabfahrt in Kitz.
Auch wenn Cuche von der anderen Seite des Röstigrabens kam, so hatte er sich mit seinem urschweizerischen Fahrstil einen Fanclub aus Uri verdient. Ernst wurde die Sache, als die Einladung zum Fanclubfest mit Didier ins Haus flatterte. Fünf Herren aus Uri wagten den Schritt in die französische Schweiz. Bei einem Apero (Aperitif) mit Didier und seiner Familie wurden erste Hürden abgebaut. Die letzten Bedenken waren spätestens dann beseitigt, als vier der fünf Herren sich mit einer Schafschere von Didiers Bruder einen Millimeterschnitt schneiden ließen. Der Fanclub war geboren. Der Stier als Wappenzeichen von Uri wurde natürlich sogleich ins Clublogo integriert.
Was macht einen richtigen Hardcore-Cuche-Fan aus Uri aus? Abgestimmt auf das Fanclub-Transparent, besitzt man den schönsten Fanclub-Fleece (Jacke) im Weltcupzirkus, mit der dazu passenden Fanclub-Mütze. In der linken Hand hat man einen Plastikbecher für den Apero. Mit der rechten Hand schwenkt man wann immer möglich mit der gelben kleinen Urifahne.
Jedes Jahr unterstützen wir ein Nachwuchstalent aus der Region mit 1000 Franken. Wer weiß, vielleicht gibt's ja dann wieder mal einen Bernhard Russi oder Walter Tresch aus unserer Region."

Zum Beispiel der von Niki Hosp:
„Gleich nach der Gründung des Fanclubs im August 2002 fuhren wir zum Weltcupauftakt nach Sölden. Um Niki ein bisschen fürs Rennen anzuspornen, machten wir mit ihr vor dem Rennen bei der Fantribüne aus, dass der Freund ihrer Schwester eine Glatze bekommt, wenn sie unter die besten 15 fährt! Ihr bestes Ergebnis im Weltcup war bis dahin ein 29. Platz. Sie hat dann gemeint: ‚Ja wenn das so ist, dann werd

ich richtig Gas geben!‘ Und siehe da, es wurde ihr erster Sieg und eine Glatze für Schwesterleins Freund.
Das mit der Glatze hat sich übrigens eingebürgert – so ein- bis zweimal pro Saison wird jemand kahl rasiert!
Zeit braucht ein echter Fan enorm viel. Wir können mit Stolz behaupten, dass unser Fanclub heuer bei allen Rennen, Weltcup und WM (außer Aspen, USA), anwesend war. Man kann sich also ausrechnen, was dabei an Freizeit und auch Geld draufgeht. Fährt die Läuferin alle Disziplinen, dann geht's von Dezember bis Mitte März jedes Wochenende irgendwo hin. Und es ist ja nicht immer gleich Schluss nach Saisonende – Fanclubfeste, Sommerausflüge zu anderen Fanclubs etc.
Fan sein ist schon fast ein Ganzjahresjob!
Schöne Grüße von Sonja aus Bichlbach"

Niki Hosp beim traditionellen Kahlschnitt

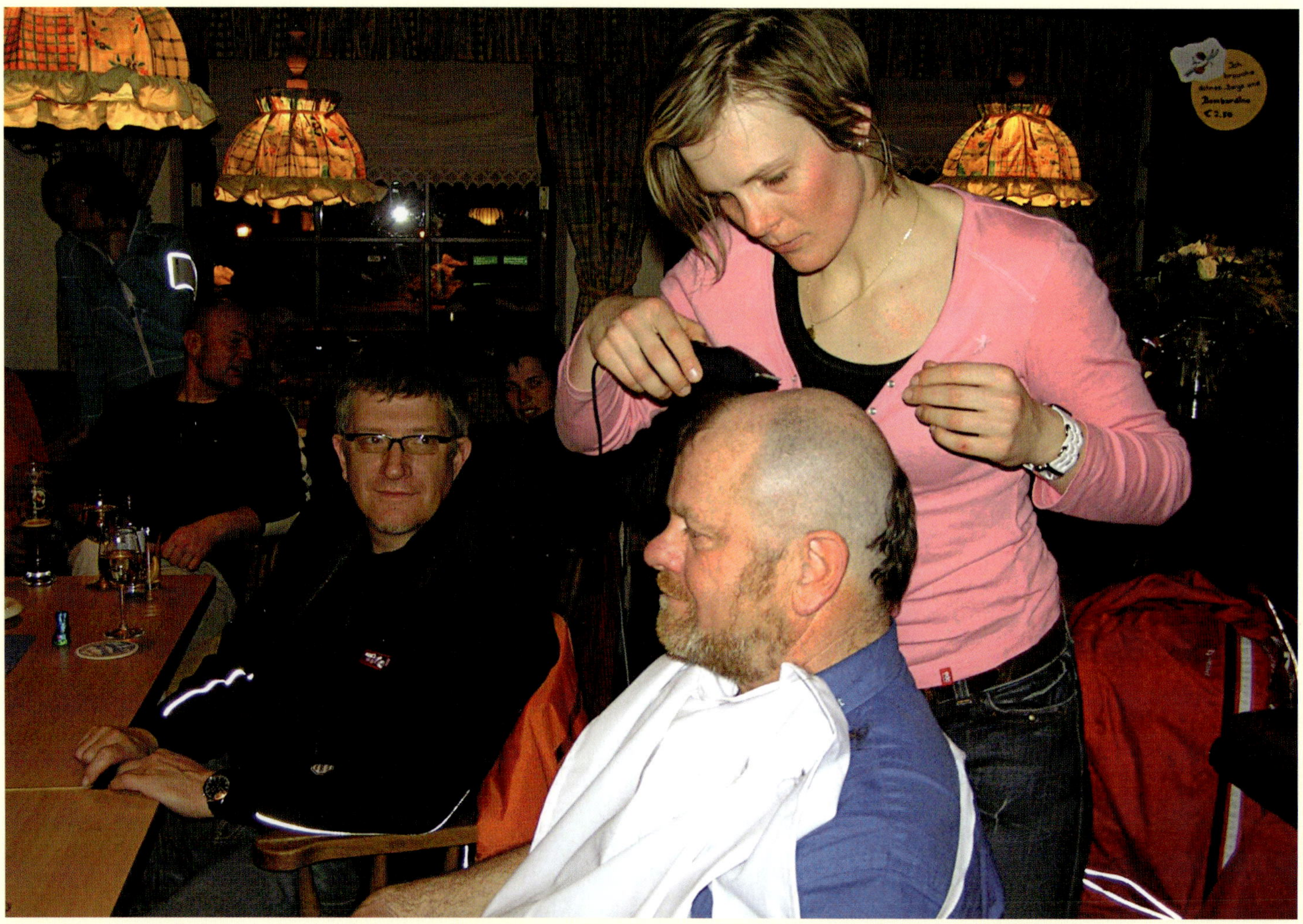

Der Stock im Gips

→ Leonhard Stock, AUT

In Val d'Isère 1979 brach sich Leonhard Stock die Schulter. Ausgerechnet knapp vor den Olympischen Spielen. Damit war eine Teilnahme praktisch nicht möglich.

„Das konnte ich nicht akzeptieren. Also hab ich, wie wir ins Spital gefahren sind, meine Skistöcke mitgenommen. Ich hab mich dann mit den Stöcken vor den Arzt hingestellt und ihm gesagt, er soll mir den Gips so anlegen, dass ich die Stöcke beim Skifahren verwenden kann. Die haben mich alle angeschaut wie einen, der nicht auf die Schulter, sondern auf den Kopf gefallen ist. Aber ich hab mich durchgesetzt. Mit dem Gipskorsett bin ich dann bald wieder kleinere Rennen gefahren, denn ich brauchte das Training, wenn ich noch eine kleine Chance auf Olympia haben wollte."
Das Risiko hat sich gelohnt, wie wir nach Leonhards Olympia-Gold wissen. Aber ein bisschen verrückt war es trotzdem.

„Der Zurbriggen hat bei seinem Abschiedsfest vom Weltcup ganz verwundert zu mir gesagt: ‚Du bist schon im Weltcupzirkus gefahren, wie ich gekommen bin, und ich hör auf und du fährst immer noch weiter!' Er hat in der kurzen Zeit viel mehr gewonnen als ich in meinen 17 Jahren. Aber mir hat's halt einfach so lang getaugt."

i

Geboren am 14. März 1958, Finkenberg

3 Einzelsiege – 3x Abfahrt

Weitere Erfolge:
Olympia 1980 Lake Placid Gold Abfahrt, WM-Bronze Kombi

„In 18 Jahren im Weltcup habe ich wie alle anderen viel erlebt. Aber eine Geschichte konnte nur mir passieren. Es war 1984 in Parpan, Schweiz, beim vorletzten Slalom vor den Olympischen Spielen. Am Abend vor dem Rennen bekam ich beim Team-Meeting zwei Startnummern. Der Trainer sagte, die Drei sei für mich und die Nummer 13 solle ich meinem Bruder geben, der gerade nicht anwesend war. Ich sah keinen Grund, die Nummern mit den Namen auf der Startliste zu vergleichen. Daher

Das totale Chaos

→ Steve Mahre, USA

war ich ein wenig überrascht, dass mich der Platzsprecher am Start als dreifachen Gesamtweltcupsieger Phil Mahre ankündigte. Ich hielt das für einen Versprecher und fuhr mein Rennen. Im Ziel gratulierte der schwedische Rennläufer Stig Strand: ‚Guter Lauf, Phil, Steve!‘ Da erkannte ich, dass der Platzsprecher recht hatte und ich fälschlicherweise mit Phils Nummer unterwegs war. Mein Zwillingsbruder und ich starteten den zweiten Durchgang unter Protest und belegten die Plätze eins und sechs. Nach dem Rennen wurden wir disqualifiziert. Bei der Siegerehrung stellte sich aber Marc Girardelli, der auf Platz eins vorgerückt war, auf die zweite Stufe des Podests und Andreas Wenzel als neuer Dritter erschien erst gar nicht. Im Anschluss an die Preisverleihung kam Girardelli zu uns ins Hotel und überreichte mir den Pokal für den ersten Platz. Deutlicher hätte die Jury-Entscheidung nicht kommentiert werden können. So viel zu wahrem Sportgeist und Fairness auch unter harten Konkurrenten.“

Steve Mahre hat den Weltcup nicht nur mit tollen Leistungen und witzigen Verwirrspielen, sondern auch um eine neue Regel bereichert. „Schuld“ daran war sein Sieg beim WM-Riesentorlauf 1982 in Schladming.

„Als ich im zweiten Durchgang über die Ziellinie fuhr, sah ich gleich, dass ich Bestzeit hatte. In meiner überschäumenden Freude schnallte ich sofort die Skier ab und hielt sie in die Kameras. Dass ich mit einem ausgestreckten Finger darauf deutete, verstanden die Offiziellen als gar zu offensichtliche Werbung für meine Skimarke. Grund genug für eine neue Vorschrift. Bereits in der nächsten Weltcupsaison war es verboten, die Skier im Zielraum vor einer rot in den Schnee gemalten Linie abzuschnallen. Dabei machte das alles viel zu viel Lärm um nichts: Natürlich waren meine Skier an diesem Tag super, aber daran dachte ich im Moment meines größten Triumphes nicht. Vielmehr hatte ich als Glücksbringer den Namen meiner Tochter auf den Ski geschrieben. Und auf den habe ich gezeigt, um ihr, daheim vor dem Fernseher, zu sagen: Ginger, dieser Sieg ist für dich!“ Dieses Missverständnis forderte allerdings auch Opfer. Prominentester Leidtragender der „Mahre-Regel“ war Hermann Maier, der disqualifiziert wurde, als er im Siegestaumel auf der falschen Seite der roten Linie den Ski in die Höhe riss. Die etwas unglückliche Vorschrift wurde aber mittlerweile wieder außer Kraft gesetzt.

„Die Niederlage, an der ich am schwersten zu schlucken hatte, war ein Slalom in Kitzbühel. Ich wurde Dritter hinter Ingemar Stenmark und meinem Bruder Phil. An sich kein Ergebnis, für das man sich schämen müsste. Aber wenn du 3,8 (!) Sekunden hinter dem Ersten liegst, ist das peinlich. Ich ging heim nach der ‚Niederlagen‘-Ehrung und dachte nur: Du musst noch verdammt hart trainieren diese Woche.“

i

Geboren am 10. Mai 1957, White Pass

9 Einzelsiege – 2x RTL, 6x Slalom

Weitere Erfolge:
WM 1982 Schladming Gold RTL
Olympia 1984 Sarajevo Silber Slalom

linke Seite: Debbie, Ginger und Steve
unten: Holly, Phil und Lindsey

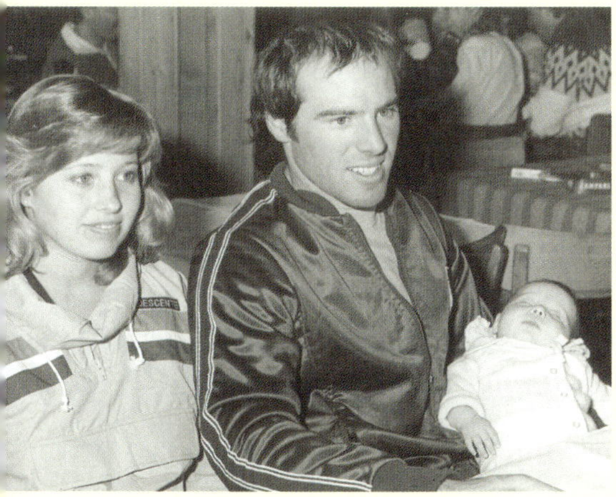

Der Dramatiker

→ Phil Mahre, USA

Die absoluten Highlights meiner Karriere waren die drei Gesamtweltcupsiege in Serie. Der erste (1981) war schon fantastisch, aber der zweite war noch schöner, weil noch wichtiger. Nicht wenige Leute meinten, meine große Kristallkugel 1981 wäre ein Zufallstreffer, reine Glückssache gewesen. Aber in der darauffolgenden Saison konnte ich den Gesamtweltcup in überzeugender Manier gewinnen. Ich stand in jedem Riesentorlauf und bis auf einmal in jedem Slalom auf dem Stockerl. Sogar in der Abfahrt machte ich wertvolle Punkte. Damit holte ich mir die kleinen Kristallkugeln im Riesentorlauf, im Slalom und in der Kombination und brachte alle Kritiker zum Verstummen. Was für eine Genugtuung!"

Phil Mahre war berühmt für sein unbekümmertes Verhältnis zum Skirennsport. Er hatte einfach Spaß, und das konnte man deutlich sehen. Am besten beim Training für eine Weltcupabfahrt in St. Anton. Phil rast auf den berüchtigten Känguru-Sprung zu. Anstatt wie alle anderen die Kante durchzudrücken, nützt er sie als Schanze für einen mächtigen Satz. Damit nicht genug, macht er im Flug eine 360-Grad-Drehung um die eigene Achse – einen „Helicopter" im Renntempo!

Seinen Hang zum Dramatischen bewies er auch beim Finale um den Slalomweltcup 1982. Punktegleichheit mit Ingemar Stenmark. Das bessere Ergebnis gewinnt den Titel. Erst mit seiner Bestzeit im zweiten Durchgang machte der Amerikaner alles klar. An Spannung nicht zu überbieten? Doch. 1983 hatten sogar drei Läufer vor dem letzten Rennen dieselbe Chance auf den Gewinn des Riesentorlaufweltcups. Neben Stenmark musste sich diesmal auch Max Julen Mahre geschlagen geben.

Dramatik hatte bei Phil Mahre auch das Verlieren. „Am schlimmsten war, als ich von Stenmark im Slalom von Kitzbühel geschlagen wurde. Um drei Sekunden und sechzehn Hundertstel! Das ist noch viel länger, als man zum Lesen braucht. Wenn ich nicht irre, war das der größte Abstand zum Sieger in einem Slalom. Ich war so niedergeschlagen wegen dieser Rekordniederlage, ich wollte nicht einmal zur Siegerehrung gehen. Es ist ja schön, wenn man Teil der Geschichte ist, aber nicht auf dieser Seite der Geschichte."

i

Geboren am 10. Mai 1957, White Pass
3x Gesamtweltcup 1981, 1982, 1983
2x Riesentorlaufweltcup 1982, 1983
1x Slalomweltcup 1982
4x Kombi-Weltcup 1980, 1981, 1982, 1983

Erster Sieg am 10. Dezember 1976 im Riesentorlauf in Val d'Isère
27 Einzelsiege – 7x RTL, 9x Slalom, 11x Kombi

Weitere Erfolge:
Olympia 1980 Lake Placid Silber Slalom,
WM-Gold Kombi
Olympia 1984 Sarajevo Gold Slalom

Viele Geschichten, die sich hinter den Kulissen, sprich im Skistall, den Mannschaftsunterkünften oder in Nachtlokalen abgespielt haben, bleiben besser unerzählt. Über Liebesnächte, die bis kurz vorm Start am nächsten Tag dauerten, über sportlichen Eifer bei weniger sportlichen Trinkgelagen, über ganz böse Streiche an Konkurrenten und Kollegen wollen wir den Mantel des vornehmen Schweigens breiten. Immerhin ist uns die Privatsphäre dieser Ausnahmesportler heilig. Aber es gibt auch ein paar G'schichterln, die man ruhig erzählen kann. Wem sie peinlich sind, der kann immer noch behaupten, dass nichts Wahres dran ist. Ist aber wahr. Alles.

Hinter den Kulissen

Phil und Steve Mahre – Steve und Phil Mahre

Die Zwillingsbrüder Phil und Steve Mahre lieferten auf den Rennpisten genug Material für die Geschichtsbücher. Aber auch hinter den Kulissen sorgten sie für so manche gute Story. Diese hier dürfte weniger bekannt sein. Phil Mahre erzählt: „Es war 1982 in Schladming. Mein Bruder Steve hatte die Goldmedaille im Riesentorlauf gewonnen. Beim Abendessen wollte Bibo (der Mann, der die Startaufstellung im zweiten Slalomdurchgang in umgekehrter Reihenfolge des Ergebnisses aus dem ersten Lauf ersonnen hatte; nach ihm benannt: die ‚Bibo-Regel') einen Toast auf Steves Erfolg ausbringen. Steve war aber gerade nicht da, und Bibo wollte nicht ohne ihn anfangen. Ich ging ihn suchen und fand ihn in seinem Zimmer. Er war gerade in ein langes romantisches Telefonat mit seiner Frau vertieft. Da wollte ich nicht stören. Also schlüpfte ich schnell in sein Hemd, setzte seine Brille auf und kämmte mein (spärliches) Haar zu einer anderen ‚Frisur'. Ich hängte mir schnell noch Steves Medaille um den Hals und kehrte als mein eigener Bruder zurück in den Speisesaal und nahm auf Steves Sessel Platz. Sogleich servierte die Kellnerin Steves Menü, weil der ja noch nicht gegessen hatte. Ich war zwar schon satt, konnte aber nicht einfach dasitzen vor einem vollen Teller und musste deshalb ein zweites Mal essen. Endlich konnte Bibo seine Glückwünsche aussprechen, für die ich mich als Steve herzlich bedankte. Danach lief ich schnell auf Steves Zimmer und verwandelte mich zurück in Phil. Steve turtelte noch immer ins Telefon und ich ging alleine wieder hinunter. Bibo war ein bisschen gekränkt, weil ich, Phil, seine kleine Rede versäumt hatte. ‚Wo warst du, als ich deinem Bruder gratulierte?', fragte er. ‚Es tut mir leid', antwortete ich, ‚ich musste dringend mit Steves Frau telefonieren.' Ich bin ganz sicher, dass Bibo bis heute nicht weiß, wem er da eigentlich zugeprostet hat."

Phil

Steve

Rainer Schönfelder – Die nackte Kanone 1

„Der Schüler Schönfelder, eben erst aus Kärnten in die Kaderschmiede des ÖSV, das Skigymnasiums Stams, gekommen, saß zum ersten Mal in seinem Leben in einer Sauna. Bei 110 Grad. Die Älteren machten sich einen Sport daraus, den Saunaofen zum Glühen zu bringen. Schüler Schönfelder atmete flach in den Bauchraum. Stöhnte jedes Mal auf, wenn die Hitze mit glühender Faust durch das triefende Handtuch hindurch auf ihn einschlug. Die Lippen pulsierten, der Kopf dröhnte, der Schüler Schönfelder war sitzend k.o. Er musste raus! Jetzt sofort! Luft! Das nasse Handtuch kraftlos hinter sich herschleifend, taumelte er schwindlig in Richtung Schwimmbad, wo gerade 20 oder 30 halbwüchsige Mädchen Startsprünge übten. Sie sahen ihn kurz an, ihre Gesichter färbten sich rot, sie zeigten mit Fingern auf ihn, sie kicherten, sie prusteten, sie kreischten. Als der Schüler Schönfelder verstört an sich hinabsah, wusste er, warum – im Taumel seiner ersten Saunaerfahrung hatte er vergessen, die Badehose wieder anzuziehen ..."

Dreimal Unfug mit Pepi Pechtl

Es war ja nicht immer so, dass es die Trainer und Betreuer gerne sahen, wenn ihre Schützlinge ihr Recht auf kräftezehrende Liebe und Sex für sich in Anspruch nehmen wollten. So wie der junge ÖSV-Läufer, der sich zu einem Schäferstündchen auf dem Zimmer einer holden Maid einfand. Doppelt blöd, denn erstens war das besonders in den frühen Jahren des Weltcups strengstens verboten, und zweitens bekam der für seine Streiche berüchtigte Pepi Pechtl (Dritter beim Riesentorlauf in Anchorage 1973) Wind davon. „Um 14 Uhr war Training angesagt. Verpflichtend für alle. Also bin ich mit zwei anderen Deppen zu dem Zimmer und wir haben mit Lederriemen die Türschnalle so fest zugebunden, da gab es kein Entkommen. Und durchs Fenster auch nicht, denn das war vergittert, weil das Zimmer im Keller lag. Wir haben geschwitzt um 14 Uhr beim Training, der Casanova nachher bei der Strafpredigt."

Pepi Pechtls beste Weltcup-Plazierung war ein 3. Platz, aber bei den Streichen war er stets die Nummer 1.

Aus Pechtls Erinnerung stammt auch die Geschichte von einem denkwürdigen Trinkgelage in Russland. „Wir sind zu einem Rennen anlässlich der Eröffnung eines Skigebiets im Kaukasus angereist. Der Schweizer Edi Bruggmann hat am Flughafen Moskau vergeblich auf seine Skier gewartet. Ich hab ihm mein Reservepaar geborgt, womit er prompt das Rennen gewann. Wenn das kein Grund zum Feiern war! Und wer schon mal in Russland war, weiß, was man dort unter Feiern versteht. Der Krimsekt floss in Strömen, und wie das dort so üblich war, haben wir nach jeder Runde die Gläser an die Wand geworfen. Irgendwann waren keine Gläser mehr da, aber unser Durst noch immer riesengroß. Also nahmen wir Edis Skischuh als Trinkgefäß, und die Feier konnte bis in den frühen Morgen weitergehen. Der Alkoholgeruch ging nie wieder aus dem Leder des Innenschuhs heraus. Der ‚Duft' war auch bei den Rennen nicht zu ‚überriechen'. So kann man leicht zu einem etwas fragwürdigen Ruf kommen."

Manche Streiche nahmen auch ein weniger lustiges Ende. Es war Anfang der Siebziger, die österreichischen Damen und Herren flogen zu den Rennen nach Kanada. Ankunft Flughafen Quebec. Pechtl: „Der Messner Heini (der damalige Damentrainer) hat bei der Zollkontrolle kurz seinen Pass auf den Koffer gelegt. Wir, der Berchtold Hubert und ich, waren lustig und haben den Pass vom Heini heimlich eingesteckt. Wir haben geglaubt, das gibt eine große Aufregung, aber irgendwie wollte keiner den Pass vom Messner sehen und daher hat er ihn auch nicht vermisst. Es hat sich auch keine Gelegenheit ergeben, dass wir den Pass unauffällig zurückgeben konnten, und wir haben uns nicht getraut, irgendetwas zu sagen. Wir waren ja noch ganz junge Burschen und hatten Angst, dass sie uns nach Hause schicken. Ganz wohl war uns nicht und wir haben auf eine günstige Gelegenheit gehofft. Da kam plötzlich die Hiobsbotschaft, während wir beim Training waren: Der Heini Messner kann seinen Pass nicht finden und ist auf der Botschaft für einen neuen! Wir sind ganz blass geworden und haben uns schon im Flieger nach Hause gesehen. Da gab es einen Servicemann, der ein echter Freund war. Dem haben wir uns anvertraut und unseren Unfug gebeichtet. Er hatte Verständnis für den dummen Bubenstreich und wollte die Sache für uns regeln. Wir haben ihm den Pass gegeben und er ist damit zum Rennbüro, um ihn dort abzugeben. Leider hat er nicht einfach gesagt, dass er ihn gefunden hat, sondern die ganze Wahrheit. Ohne uns schaden zu wollen, er war einfach ein kreuzehrlicher Mensch. Aber jetzt kommt's! Man hat ihm nicht geglaubt! Es wurde ihm unterstellt, dass er dem Hubert und mir die Schuld unterschieben wollte. Wahnsinn! Er wollte uns helfen und jetzt steckte er selbst in der Klemme! Die Affäre hatte schon weite Kreise gezogen und alle waren böse auf den armen Servicemann. Da half alles nichts, der Hubert und ich mussten uns stellen und die Wahrheit sagen. Und jetzt kommt's noch einmal: Keiner glaubte uns! Die haben gedacht, wir wollen die Schuld auf uns nehmen, um ihm zu helfen. Dafür wurden wir womöglich auch noch gelobt. Damals hab ich mir geschworen, niemals wieder einen Blödsinn zu machen. (Aber man schwört in so einer Situation schnell einmal.) Ich bin nur froh, dass unser lieber Freund nicht auf uns böse war und es keine ernsten Konsequenzen gab. Aber ich ärgere mich immer noch, dass es mir trotz mehrfacher Versuche nie gelungen ist, diese Ungerechtigkeit restlos aufzuklären. Vielleicht glaubt man mir ja heute. Das würde mich freuen und posthum auch unseren Freund."

Klassiker hinter den Kulissen: Die Misswahlen in Kitzbühel

Der Triple-Sieg

→ Anton „Jimmy“ Steiner, AUT

„Meine Geschichte beginnt leider mit einem Sturz. Bei der Abfahrt 1983 in Kitzbühel verlor ich bei der Steilhangausfahrt meinen Außenski. Ein Sturz war nicht zu vermeiden. Die Netze waren noch nicht so perfekt verankert, wie es heute der Fall ist. Ich rutschte unten durch, blieb aber mit dem zweiten Ski so ungünstig hängen, dass es mir das Innen- und Kreuzband abriss. Es gab kein Zurück mehr auf die Piste. Ich musste alleine die Familienabfahrt hinunterfahren.

Ein Jahr später wieder in Kitzbühel ging mir im ersten Training bei der Steilhangausfahrt abermals die Bindung am Außenski auf. Aber diesmal war ich im Unterbewusstsein schon darauf gefasst und konnte ohne Sturz stehenbleiben. Der zweite Trainingslauf wurde wegen Nebels verkürzt und zur Steilhangausfahrt verlegt.

Das heißt, ich hatte seit über einem Jahr kein einziges Mal die Strecke von ganz oben bis ganz unten im Renntempo befahren können. Das und meine Erlebnisse am Steilhang gingen mir am Renntag durch den Kopf. Und mit Startnummer 55 (Trainer Charly Kahr hielt mich für einen besseren Kombinierer als Abfahrtsspezialisten) hatte ich viel Zeit, darüber nachzudenken.

Endlich war ich an der Reihe. Es war zwar eine unglaubliche Überwindung, als ich zu der Stelle kam, an der ich so schwer gestürzt war, aber ich meisterte sie fehlerfrei. Am Hausberg hatte ich die beste Zwischenzeit und brachte meine in Führung liegenden Markenkollegen Klammer und Resch gehörig ins Schwitzen. Schließlich reichte es für mich zum ausgezeichneten dritten Platz, der den damals historischen Dreifachsieg für Österreich perfekt machte.“

i

Geboren am 20. September 1958, Lienz

5 Einzelsiege – 2x Abfahrt, 3x Kombi

Weitere Erfolge:
WM 1982 Schladming Bronze Kombi
Olympia 1984 Sarajevo Bronze Abfahrt

Der Schlag des Schicksals

→ Bill Johnson, USA

Billy wurde oft als Zufallsolympiasieger bezeichnet, was aber definitiv nicht stimmt. In seinem erfolgreichsten Jahr 1984 gewann er nicht nur den Klassiker in Wengen, sondern nach Olympia in Sarajevo auch noch die Abfahrten von Aspen und Whistler, beides Abfahrten mit durchaus technisch schwierigen Stellen. Nur hat das damals in Europa keiner mitbekommen, weil diese März-Abfahrten in Übersee nicht im TV übertragen wurden, womit eingangs erwähntes Vorurteil zu erklären ist. Revolutionär war die Hocke des US-Boys, die aerodynamisch neue Dimensionen auftat und viele Nachahmer fand. Einige Schicksalsschläge setzten Johnson brutal zu, so ertrank sein kleiner Sohn im Swimmingpool, wurde seine Ehe geschieden, musste er seine Goldmedaille verkaufen und in einem Trailer-Park (Wohnwagensiedlung) leben. Schließlich kam er beim Versuch, sich als über 40-Jähriger für Olympia 2002 in Salt Lake City (The American Dream) zu qualifizieren, bei den US-Meisterschaften schwer zu Sturz und fiel einige Zeit ins Koma. Davon hat er sich leider nicht vollständig erholt. Wo Bill Johnson heute lebt, ist nicht bekannt.

i

Geboren am 30. März 1960, Los Angeles

3 Einzelsiege – 3x Abfahrt

Weitere Erfolge:
Olympia 1984 Sarajevo Gold Abfahrt

Daniel war ein Rennfahrer mit Haut und Haaren, der perfekt Prioritäten setzen konnte. Bei den größten Rennen des Winters, Wengen und Kitzbühel, war der Ostschweizer immer besonders motiviert, wahrscheinlich auch deshalb, weil einer seiner größten Gegner aus dem eigenen Lager kam: Peter Müller. Mit 19 Siegen in Weltcupabfahrten ist „Pitsch" einer der erfolgreichsten überhaupt. Als Flachländer hatte er es in der Schweiz nicht immer leicht, aber durch seinen immensen Ehrgeiz hat er es geschafft, ganz an die Spitze vorzudringen. Er war einer, von dem man sich als junger Athlet sehr viel abschauen konnte, weil er der Inbegriff an Konsequenz war. Pitsch überließ nichts dem Zufall, testete, trainierte und war mittendrin im stärksten Abfahrtsteam der Schweiz aller Zeiten. Zurbriggen, Mahrer, Alpiger, Heinzer, Kernen hießen seine Teamkollegen und dementsprechend groß war der Konkurrenzkampf. Keiner wollte zurückstecken, keiner dem anderen auch nur einen Meter Spielraum überlassen. Das war damals der Schlüssel des Erfolgs. Heute ist Müller Ausdauerfreak, bestreitet Radmarathons und Orientierungsläufe und macht dort eines auf keinen Fall: aufgeben!

Die Stallrivalen

→ Daniel Mahrer, Peter Müller, SUI

i

Daniel Mahrer
Geboren am 6. Jänner 1962, Chur

8 Einzelsiege – 7x Abfahrt, 1x Super-G

Weitere Erfolge:
WM 1991 Saalbach Hinterglemm Bronze Abfahrt

Peter Müller
Geboren am 6. Oktober 1957, Adliswil
3x Abfahrtsweltcup 1979, 1980, 1982 (gemeinsam mit Steve Podborski)

24 Einzelsiege – 19x Abfahrt, 2x Super-G, 3x Kombi

Weitere Erfolge:
WM 1985 Bormio Silber Abfahrt
WM 1987 Crans Montana Gold Abfahrt
WM 1989 Vail Silber Abfahrt
Olympia 1984 Sarajevo Silber Abfahrt
Olympia 1988 Calgary Silber Abfahrt

Der Spaßverderber

→ Pirmin Zurbriggen, SUI

Warum 1985 ein besonderes Jahr war? Weil Pirmin Zurbriggen das einzige Mal zwischen 1984 und 1990 keine einzige Kristallkugel gewann. Mit 40 Einzelsiegen in der zweiten Hälfte der Achtziger war er für die Fans anderer Nationen ein regelrechter Spaßverderber. Aber auch wenn es um Ordnung ging, verstand Pirmin keinen Spaß. „Da ich in allen Disziplinen teilgenommen hatte, wechselte ich von einer Mannschaft zur anderen. So reiste ich 1986 mit den Speed-Fahrern nach Las Lenas zur Weltcupabfahrt. Mein Zimmerpartner war ‚Pitsch' Müller, bekannt als eher etwas unordentlich. Mit wenig Begeisterung nahm er meinen Wunsch zur Kenntnis, den Raum in zwei Teile aufzuteilen. Meine Sachen gehörten auf meine Seite und umgekehrt. Alles, was jedoch die Grenze verletzt, wird sofort zum Fenster hinausgeschossen. Das meinte ich absolut ernst. So dauerte es nicht lange, bis seine Sportschuhe aus dem Fenster flogen. Als tags darauf Pitsch seine Schuhe suchte, erinnerte ich ihn an unsere Abmachung. Pitsch rannte sogleich zum Fenster – es hatte über Nacht einen halben Meter Neuschnee gegeben!"

Heute ist Zurbriggen Hotelier in Saas Almagell und Zermatt, verheiratet und hat vier Kinder.

i

Geboren
am 4. Februar 1963, Saas Almagell
4x Gesamtweltcup 1984, 1987, 1988, 1990
2x Abfahrtsweltcup 1987, 1988
4x Super-G-Weltcup 1987, 1988, 1989, 1990
3x Riesentorlaufweltcup 1984 (gemeinsam mit Ingemar Stenmark), 1987, 1989
3x Kombi-Weltcup 1986, 1987, 1990

Erster Sieg 1982 in der Kombi in Adelboden
40 Einzelsiege – 10x Abfahrt, 10x Super-G, 7x RTL, 2x Slalom, 11x Kombi

Weitere Erfolge:
WM 1985 Bormio Gold Abfahrt, Gold Kombi, Silber RTL
WM 1987 Crans Montana Gold Super-G, Gold RTL, Silber Abfahrt, Silber Kombi
WM 1989 Vail Silber Super-G, Bronze RTL
Olympia 1988 Calgary Gold Abfahrt, Bronze RTL

2004 Eidgenössischer Jahrhundertsportler des Ski- und Schneesports

Rob Boyd schloss die Lücke, die in der kanadischen Erfolgsbilanz nach Abtreten der Crazy Canucks Anfang der Achtziger entstanden war. Genauso wild, so ungestüm wie seine Vorbilder aus den „Glory Days of Canadian Ski-Racing“.

Crazy Canucks Next Generation

→ Rob Boyd, CAN

„Mein aufregendster Sieg? Schwierige Entscheidung zwischen meinem ersten Sieg 1986 in Gröden und meinem Heimsieg in Whistler Mountain 1989. Da muss ich eine Münze werfen.
Gröden war schon etwas Besonderes, weil eine Riesenüberraschung für alle. Wenn früher die ersten 15 Läufer unten waren, dann war es höchst unwahrscheinlich, dass sich auf dem Podium noch etwas ändern würde. Ja, vielleicht ist hin und wieder jemand mit einer höheren Startnummer unter die ersten Zehn gefahren, aber nicht aufs Stockerl. Warum sollte es im Dezember 1986 anders sein? Nachdem Startnummer 25 über die Ziellinie gefahren war, stürzten sich Journalisten und Fotografen auf die ersten Drei – Lokalmatador Michael Mair als Erstplatzierten, Markus Wasmeier und Peter Müller. Nahezu unbemerkt katapultierte ich mich mit Nummer 26 aus dem Starthaus.
Ich mochte die Strecke. Sie passte zu meinem Fahrstil mit den großen Kamelbuckeln, der rollenden Ciaslat-Wiese und dem Hochgeschwindigkeits-Zielschuss. Ich fühlte mich gut und war noch besser unterwegs. Als ich im ersten Teilabschnitt auf Platz fünf lag, erregte ich beim Platzsprecher und den Fans höchste Aufmerksamkeit. Auf der Ciaslat war ich bereits Dritter. Das Blitzlichtgewitter bei den Siegerinterviews im Tal ließ deutlich nach. Tiefe Hocke, Ski flach, kompakte Haltung über die letzten Buckel, mit Bestzeit durchs Ziel! Was für eine Überraschung. Nicht nur für mich. Alle Fotos, alle Interviews mussten neu gemacht werden. Die bislang Führenden waren völlig verwirrt, als ich auf das Podest stieg und Michael Mair bat, eine Stufe hinunterzusteigen, Markus Wasmeier, auf die andere Seite zu wechseln, und Peter Müller, das Podest überhaupt zu verlassen. Ich erinnere mich heute noch mit Schaudern, wie mich plötzlich Peters riesige Bauernhände von hinten am Nacken packten und er mich (im Scherz?) fragte: ‚Wo bist du denn hergekommen?‘
Oder war doch der Sieg in meinem Heimatort noch schöner? Ich war diese Piste in Whistler mindestens 1000-mal gefahren, denn wir wohnten damals direkt am Fuße des Berges. Es war mein Heimspiel. Ich gewann zwei Trainingsläufe. Auf den dritten verzichtete ich, weil ich nicht versuchen wollte, etwas zu verbessern, das bereits perfekt war. 25. Februar, Renntag. Besichtigung und Aufwärmen ganz normal. Vom Sessellift aus hatte ich eine Rinne voll frischem Pulver gesehen. Da ich bis zum Start noch etwas Zeit hatte, beschloss ich, die ersten Spuren in den Tiefschnee zu legen – mit meinen 2 Meter 23 langen Abfahrtsbrettern! Das war die schnellste Tiefschneefahrt meines Lebens. Ich war danach in einer unglaublich guten Stimmung, nahezu euphorisch. Nichts konnte mich an diesem Tag bremsen. Diesen Triumph, den ich im Ziel meinem kurz zuvor in Kitzbühel so schrecklich gestürzten Teamkameraden Brian Stemmle gewidmet hatte, werde nicht nur ich niemals vergessen. Er ist allen Menschen in dieser Umgebung für immer in Erinnerung. Ständig laufen mir Leute über den Weg, die mich ansprechen: ‚Ich war damals 1989 in Whistler dabei, als du gewonnen hast!‘ Und sie beschreiben, an welchem Streckenabschnitt sie gestanden sind und wie sie am Abend den ersten Weltcuperfolg eines männlichen kanadischen Rennläufers auf Heimaterde oder besser Heimatschnee gefeiert haben. Es war wahrlich ein denkwürdiges Rennen.“

i

Geboren am 15. Februar 1966, Whistler Mountain

3 Einzelsiege – 3x Abfahrt

Dank an Hubsi!

→ Joël Gaspoz, SUI

„Der aufregendste Moment meiner Karriere war im letzten Riesentorlauf der Saison 1986. Für die Kristallkugel in dieser Disziplin musste ich gewinnen und Ingemar Stenmark durfte nicht unter die ersten Drei. Ich tat mein Bestes und siegte, aber Stenmark war Dritter. Damit schien mein Traum begraben. Doch plötzlich legte der Österreicher Hubert Strolz, im ersten Durchgang nur Zehnter, einen Traumlauf hin und verdrängte Ingemar um wenige Hundertstel auf den vierten Rang. Das reichte, um die schönste Kugel der Welt mit nur einem Punkt Vorsprung zu ergattern."

Joël Gaspoz hat einen Sohn (elf) und eine Tochter (sieben). Er arbeitet als Immobilienmakler in Morgins.

i

Geboren am 25. September 1962, Morgins
1x Riesentorlaufweltcup 1986

7 Einzelsiege – 6x RTL, 1x Slalom

„1986, August. Zum zweiten Mal gastierte der Weltcup in den argentinischen Anden, in Las Lenas. Damals war ich für die Schweizer Boulevardzeitung Blick unterwegs, die auch Serge Lang, den Vater und Chef des Weltcups, unter Vertrag hatte. ‚Du kannst bei mir im Appartement wohnen', hatte mich Serge eingeladen.
Da stand ich nun, nach langer Reise, mit all dem Wintergepäck vor der Türe und klopfte. Mit einem lauten ‚Herein!' ließ Serge die Scheiben erzittern. Ich trat ein. Am Tisch saßen das Monument Serge Lang und der eher schmächtige Karl Frehsner, damals Cheftrainer der Schweizer. Auf dem Tisch standen eine Flasche Whisky und eine Flasche Mineral. Man darf davon ausgehen, dass das Mineral für Frehsner war. Ich weiß nicht, was die beiden wieder ausgeheckt hatten …
Frehsner verließ uns. Serge packte mich am Arm. ‚Schau, hier habe ich einen Sack voller Toblerone-Schokolade. Die bringen wir jetzt den Telefonistinnen. Für 1700 Apparate gibt's nur drei Telefonistinnen, die schichtweise arbeiten. Wenn du je eine Chance haben willst, deine Texte rechtzeitig nach Zürich zu übermitteln, dann müssen wir jetzt die Girls mit der Schoggi bestechen.'
Zwei Abfahrten waren geplant, die erste auf der Piste Vesuvio. In den Anden gibt's immer Wind. Am Samstag kein Rennen. Am Sonntag kein Rennen. Am Montag musste es ein Rennen geben. Unbedingt, denn Ernesto Lowenstein, der Besitzer von Las Lenas, hatte bereits 80.000 Dollar für die Miete des Satelliten und damit für die TV-Übertragung nach Europa ausgegeben.
Wieder Wind, wieder stundenweise Verschiebung. Das Ziel lag weit und hoch über dem Retortenort. Mir war klar: Ich musste runter ins Hotel, das Rennen am TV schauen und von dort die Rennstory für den Blick schreiben, zu viel Zeit war mit den Verschiebungen schon verloren gegangen.
Also runter ins Appartement. Nur: Keiner der argentinischen Sender hatte ein Skirennen in seinem Programm. In der Schweiz saßen die Fans mit Portable-Geräten in den Badeanstalten und würden das Rennen sehen, und ich in Las Lenas wäre ohne jede Info.
Der Gedankenblitz: In unserem Haus hatte der für dieses Rennen eingeflogene Schweizer Roland Froidevaux seine Funkzentrale aufgebaut. Und so saß ich nun in diesem Raum und bekam per Jury-Funk ein einzigartiges Theater mit.
Der Schweizer Hans Küng, technischer Delegierter der FIS, gab nach vielen Verschiebungen und auf Druck von Lowenstein, der wieder einen Satelliten bestellt hatte, den Start frei. Oskar Fischer, der deutsche Startrichter, befahl: ‚Start frei!' Nur startete keiner. Marc Girardelli hatte die Nummer eins. Vater Helmut Girardelli hatte an den Start gefunkt: ‚Marc, du startest nicht!' Marc startete nicht, die anderen Fahrer, die im Wind standen, waren einverstanden. Weltcupchef Serge Lang schrie Küng an: ‚Setz dich durch, es wird gefahren, wer nicht will, soll's bleiben lassen.' Küng schrie wieder in den Funk: ‚Start frei!' Fischer funkte zurück: ‚Das gibt Ärger.' Lowenstein drohte mit dem sofortigen Rauswurf des Weltcups aus Las Lenas.
Dank Jury-Funk hatte ich meine tolle Exklusivstory. Und dank der mit Toblerone bestochenen Telefonistin war der Text rechtzeitig in Zürich. ‚Fahrer streikten – keine Abfahrt', titelte der Blick in riesigen Lettern.
Da stapfte Serge Lang in die Wohnung. Noch nie hatte ich ihn so wütend erlebt. ‚Dieser Küng ist ein A…loch, der alte Girardelli ein halber Scheißitaliener …' Und und und. Immer wieder holte ich Luft, weil ich ihm freudig von meiner riesigen Weltexklusivstory vom Fahrerstreik erzählen wollte, aber Serges Repertoire an Schimpfwörtern war unerschöpflich. Und plötzlich sagte er: ‚Jetzt müssen wir nur schauen, dass die Öffentlichkeit nicht erfährt, dass die Fahrer gestreikt haben, die Presse darf das nicht wissen.'
Pause.
‚Komm, Serge, nehmen wir einen Whisky', forderte ich meinen Freund auf und hoffte, dass ihm nie jemand diese Blick-Zeitung vom 12. August 1986 vorlesen würde …"

Das Geisterrennen von Las Lenas

Mario Rall ist einer der renommiertesten Schweizer Sportjournalisten und berichtet seit rund drei Jahrzehnten von allen großen Skirennen. Das ist sein Weltcup-Highlight:

„Im slowenischen Maribor hat der Weltcuptross immer kurz nach Neujahr Station gemacht. Diese Stadt hat mich jedes Mal fasziniert. Die Menschen strömten zu Tausenden an den Pistenrand der meist fast schneelosen Strecke. Die Stimmung war perfekt und die Siegerinnen wurden wie Königinnen gefeiert und mit dem Fell eines Silberfuchses geschmückt. (Als überzeugte Pelzgegnerin muss ich eigentlich froh sein, dort nie gewonnen zu haben!)
Aber das ist nicht das Einzige, das mich an Maribor erinnert. Ich war damals gerade als junges Talent im Slalom und Riesenslalom in den Weltcupzirkus eingestiegen. In Maribor hatte es mal wieder geregnet und durch die hauchdünne Schneedecke im Slalomhang lugten die Grashalme. Es war schlicht unmöglich, ein faires Rennen für alle Startenden durchzuführen. Da erlebte ich etwas Großartiges. Die Läuferinnen der ersten Startgruppe riefen zum Streik. Damals gehörten Slalomkünstlerinnen wie Erika Hess, Hanni Wenzel, Daniela Zini, Maria Rosa Quario, Christine Cooper und Tamara McKinney aus USA und einige Französinnen zu den Favoriten. Und sogar meine Punkte reichten für einen Startplatz in der ersten Gruppe. Also musste ich auch streiken, obwohl ich unbedingt noch weitere Punkte hätte sammeln sollen für einen Startplatz für die bevorstehende WM.
Ganz genau weiß ich nicht mehr, was dabei rauskam, aber jedenfalls war ich schwer beeindruckt von der Courage der damaligen Topathletinnen. Und ich war stolz darauf, dass die Frauen im Weltcup sich nicht alles gefallen ließen.

Jahre später wurde die Frauenpower im Weltcup ein weiteres Mal einer harten Prüfung unterzogen. Zu einem Jubiläum der Kitzbühler Hahnenkammrennen wurden auch die Ladys zum Super-G geladen. Die Piste war gut, aber natürlich hatten wir keinen Platz auf der Original-Herren-Strecke. Die musste geschont werden für die Männerabfahrt, und die schmale Ersatzpiste sollte für die Frauen reichen. Doch es kam anders – die Sicherheitsvorkehrungen waren nicht ausreichend, die Einfahrt zur Schneise zu eng und überhaupt sei die Strecke zu schwierig für die Frauen ...
Leider hatten wir Weltcupathletinnen der ersten Startgruppe kein Stimmrecht und wir mussten Kitzbühel unverrichteter Dinge verlassen. Allzu gerne hätte ich auf der Streif gezeigt, was wir Frauen draufhaben!

Und die Moral aus der Geschichte: Meine zehn Jahre im Weltcup waren geprägt vom Kampf um Anerkennung. Die Frauen mussten mit herausragenden Leistungen beweisen, dass auch sie Tempo, Technik und Show draufhaben. Ich denke, das ist uns gut gelungen. Damals wie heute!“

Die Frau mit Power

→ Maria Walliser, SUI

i

Geboren am 27. Mai 1963, Mosnang
2x Gesamtweltcup 1986, 1987
2x Abfahrtsweltcup 1984, 1986
1x Super-G-Weltcup 1987
1x Riesentorlaufweltcup 1987 (ex aequo mit Vreni Schneider)
1x Kombi-Weltcup 1986

Erster Sieg am 21. Jänner 1983 bei der Abfahrt in Megève
25 Einzelsiege – 14x Abfahrt, 3x Super-G, 6x RTL, 2x Kombi

Weitere Erfolge:
WM 1987 Crans Montana Gold Abfahrt, Gold Super-G, Bronze RTL
WM 1989 Vail/Beaver Creek Gold Abfahrt
Olympia 1984 Sarajevo Silber Abfahrt
Olympia 1988 Calgary Bronze RTL, Bronze Kombi

Das Thema Wetter lassen wir aus. In den letzten 40 Jahren hat es gemacht, was es wollte. Ohne Rücksicht auf den Weltcup. Mal gab es überhaupt keinen Schnee. Die Rennen mussten abgesagt oder auf einem dreckigen schmalen Streifen gefahren werden. Dann hat es so viel geschneit, dass man die Pisten erst wieder ausgraben musste. Zwar verloren schneearme Winter dank der Schneekanonen ihren Schrecken, weil man wenigstens ein halbwegs weißes Schneeband in die grüne Landschaft legen konnte. Aber dann war es der Nebel, der ein reguläres Rennen vereitelte. Oder die Läufer wurden vom Wind verblasen oder froren sich bei minus 40 Grad die Nasen ab. Oder ein Warmwettereinbruch ruinierte die Piste oder es war schon wieder neblig ... Bitte hört uns mit dem Wetter auf. Reden wir nicht darüber.

Das Wetter

Die Mutter

→ Corinne Schmidhauser, SUI

Am 9. Februar 1986 leitete Corinne Schmidhauser mit ihrem ersten Sieg beim Slalom in Vysoké Tatry die Geburt der „besten Frauen-Slalommannschaft (bis zu sechs Mädchen in der ersten Gruppe), welche die Schweiz bisher hatte“, ein.

„Wir waren damals ein junges Slalomteam, das sich im Sog der allmächtigen Erika Hess formierte: Vreni Schneider, Brigitte Oertli, Brigitte Gadient, Christine von Grünigen, Monika Hess (die ‚kleine‘ Cousine von Erika) und ich. Niemand von uns hatte bis zu diesem Zeitpunkt einen Sieg. Meine beste Platzierung war ein vierter Rang aus dem Vorjahr. ... Ausgerechnet ich konnte das Team ‚erlösen‘! Ich gewann den Slalom vor Erika Hess ... Für viele total unerwartet und für mich ein Gefühl, wie es kaum zu beschreiben ist! Ein Sieg, auf dem obersten Treppchen, am Ziel aller Kindheitsträume ... Ich wusste gar nicht, wie mir geschah, kaum, was sagen, durfte gar Gratulationen vom Bundesrat entgegennehmen.
Mein Sieg war auch ‚unser‘ Sieg. Das ganze Team hat gefeiert. Die Party im Hotel bleibt unvergesslich. Größtenteils zumindest. Denn man munkelt von 26 Flaschen Champagner. Jedenfalls bleibt der Rückflug aus meinem Gedächtnis gelöscht ...“

Ihren zweiten Sieg errang Corinne in der unglaublichen Kulisse von Park City vor 20.000 Leuten. Einen Heimvorteil hatte sie damals ganz sicher nicht.

„Für viele überraschend, hatte ich im ersten Lauf Bestzeit erzielt, vor der einheimischen Weltcupsiegerin Tamara McKinney. Tja, und ich erinnere mich, wie vor dem zweiten Lauf viele mich schon zu trösten versuchten, dass es halt dann nicht immer gelinge, die Führung aus dem ersten Durchgang auch im zweiten zu behalten. Als ich am Start stand, hörte ich die Zuschauer schon ‚ihre‘ Tamara als Siegerin feiern, da sie im zweiten Lauf vor Erika Hess Bestzeit erzielt hatte und klar führte. Tja, und ich stand oben – und wusste einfach, dass das mein Sieg werden würde. Ich konnte auf der Fahrt sogar die Zwischenzeit hören und wusste, das reicht ... Es war ein unglaublich schöner Sieg!“

Corinne Schmidhauser gewann noch zwei Weltcupslaloms und die kleine Kristallkugel (Slalomweltcup) und trat 1990 zurück. Heute ist sie Anwältin (u. a. im Legal Comittee der FIS) mit eigener Kanzlei, Mutter von zwei Söhnen, verheiratet und auf dem Weg in die Politik.

i

Geboren am 30. Mai 1964, Zollikofen
1x Slalomweltcup 1987

Erstes Weltcuprennen März 1981, Wangs-Pizol
Erster Sieg am 9. Februar 1986 beim Slalom in Vysoké Tatry
4 Einzelsiege – 4x Slalom

Klein Marc fuhr höchst erfolgreich Kinderrennen für den Vorarlberger Skiverband. Doch dann kam es zu Unstimmigkeiten zwischen seinem Vater als Trainer und dem Verband bezüglich der Trainingsmethoden. Vater Girardelli zog rasche Taten langen Diskussionen vor. So hatte Marc bereits mit zwölf Jahren die Lizenz für Luxemburg. (Was für ein Verlust für den österreichischen Skisport! Gibt es eigentlich irgendjemanden, der heute zugeben würde, damals dafür verantwortlich gewesen zu sein, die Girardellis ziehen zu lassen?)

Mit seinem ersten Weltcuperfolg im Slalom von Gällivare 1983 läutete er das Ende der Vorherrschaft von Ingemar Stenmark und Phil Mahre ein. Allen war klar: Da kommt ein ganz Großer!
Fast wäre die unendliche Erfolgsgeschichte vorschnell zu Ende gewesen. Marc verletzte sich am Ende der Saison schwer, und nur mit Glück konnte er seine Karriere trotz 15 Prozent Invalidität am linken Knie fortsetzen.
In den nächsten Jahren konnte neben dem Knie nur Pirmin Zurbriggen dem Wahl-Luxemburger ernsthafte Schwierigkeiten bereiten. Den Kampf um die große Kristallkugel machten sich die beiden bis 1991 praktisch untereinander aus.

„... Wie so oft entschied es sich auch 1989 im Jänner zwischen mir und ihm. Nun stand ich am Lauberhorn in Wengen am Start und stieß mich mit voller Wucht aus dem Starthaus hinaus. Die erste schwere Kurve und einen gefährlichen Sprung konnte ich optimal nehmen. Ich wusste, Armin Assinger stürzte hier vor drei Tagen und hatte sich dabei die Bänder beider Knie und eines Knöchels gerissen. Aber ich hatte ein gutes Gefühl, auch weil ich schon die Abfahrt vom Vortag gewonnen hatte. Hundschopf und vor allem das Wasserschloss erwischte ich optimal: Ich wusste, dass ich das Rennen nach 1 Minute 20 Sekunden schon in der Tasche hatte. Ich musste nur irgendwie ins Ziel kommen. Aber da war ja noch die schwierigste Stelle, wo schon viele vermeintliche Sieger, fünf Sekunden vor dem Ziel, entthront wurden.
Am Vortag bluffte ich hier die Konkurrenz gnadenlos aus mit einer tödlichen Linie und konnte so die entscheidenden sechs Zehntelsekunden auf Wasmeier herausfahren, der zehn Sekunden vor dem Ziel mit mir noch gleichauf lag.
Heute überlegte ich das ganze Rennen durch hin und her, ob ich wieder mit 100 Prozent Risiko fahren oder die Spur aller anderen, die sicherere, aber langsamere, wählen sollte. Ich entschied mich für die riskante Linie und gewann das Rennen mit zwei Sekunden vor meinem schärfsten Rivalen Zurbriggen. Es war vielleicht mein größter Erfolg in meiner gesamten Karriere als Skirennfahrer.
Aber das war nicht der Grund, warum dies der für mich ‚unvergesslichste Moment' geworden ist. Das wurde er erst bei der Preisverleihung.
Inmitten Hunderter Leute im Zielraum wurde ich als überlegener Sieger der Lauberhornabfahrt aufs Podest gerufen. Ich schwebte auf Wolke sieben. Es kam mir aber vor wie in einem Gottesdienst, Totenstille! Erst glaubte ich, dass der Lautsprecher vielleicht nicht funktioniert hatte. Aber als Zurbriggen als Zweiter und Mahrer als Dritter aufgerufen wurden, begann die Meute im Zielraum zu tosen. Ein unglaublicher Beifallssturm für die beiden Schweizer

mit der Rennerei.
Neue Ziele und Aufgaben: Zuerst verkaufte Marc Bier nach Shanghai, dann plante, baute und leitete er in Bottrop die mit 600 Meter längste Skihalle der Welt. Seit 2004 berät er den Deutschen und auch den Bulgarischen Skiverband und seit 2005 gibt's die Marc Girardelli Ski Wear für Kinder.

Die stumme Siegerehrung

→ Marc Girardelli, LUX

brach los und löste bei mir Bewunderung und auch ein bisschen Neid aus. In diesem Moment bedauerte ich, für ein Land (mit so wenigen Skisportfans) wie Luxemburg die Rennen zu fahren. Schlussendlich halfen Zurbriggen aber alle Sympathien seiner Landsleute nichts. Ich gewann den Weltcup überlegen."

Seinen fünften und letzten Gesamtweltcupsieg verdankte Girardelli einer Fehldiagnose. Acht Rennen vor dem Finale riss das Kreuzband in Marcs Knie. Der Arzt vor Ort meinte, ‚das Knie ist okay'. Also überwand Girardelli die Schmerzen bis zum Schluss. „Hätte ich gewusst, dass das Knie kaputt ist, Aamodt hätte mich noch geschnappt."

Marc biss noch drei Jahre die Zähne zusammen, bis es einfach genug war. In Sierra Nevada holte er sich eine goldene Abschiedsmedaille und machte Schluss

i

Geboren am 18. Juli 1963, Lustenau
5x Gesamtweltcup 1985, 1986, 1989, 1991, 1993
2x Abfahrtsweltcup 1989, 1994
1x Riesentorlaufweltcup 1985
3x Slalomweltcup 1984, 1985, 1991
4x Kombi-Weltcup 1989, 1991, 1993, 1995

Erster Sieg am 27. Februar 1983 beim Slalom in Gällivare, Schweden
46 Einzelsiege – 3x Abfahrt, 9x Super-G, 7x RTL, 16x Slalom, 11x Kombi

Weitere Erfolge:
WM 1985 Bormio Silber Slalom, Bronze RTL
WM 1987 Crans Montana Gold Kombi, Silber Super-G, Silber RTL
WM 1989 Vail Gold Kombi, Bronze Slalom
WM 1991 Saalbach Hinterglemm Gold Slalom
WM 1993 Morioka Silber Slalom, Bronze Kombi
WM 1996 Sierra Nevada Gold Kombi
Olympia 1992 Albertville Silber Super-G, Silber RTL

Des einen Freud, des andern Leid. Katharina Gutensohn ist gebürtige Österreicherin und hat als solche brav bereits mit 18 Jahren ihr erstes Weltcuprennen gewonnen. Drei weitere für Österreich sollten folgen. Dann kam es allerdings zu Unstimmigkeiten zwischen Gutensohn und dem ÖSV. Damit war Schluss mit Erfolgen in Rot-Weiß-Rot. „Kagu“ wechselte zum deutschen Skiteam, von dem sie mit offenen Armen empfangen wurde. Für die herzliche Aufnahme in die Mannschaft des DSV bedankte sie sich mit vier Weltcupsiegen und dem Abfahrtsweltcup 1991.

„Mein schönster Erfolg war wohl bei der Doppelabfahrt im schweizerischen Veysonnaz. Beim ersten Rennen flog ich beim großen Sprung ca. 40 Meter. Ich landete etwas schräg und spürte ein kurzes Brennen im Bein. Nichtsdestotrotz fuhr ich mein Rennen mit vollem Einsatz weiter. Und mit Erfolg: Ich holte mir den Sieg! Erst nach der Siegerehrung spürte ich mein Knie immer mehr und der Mannschaftsarzt musste her. Gott sei Dank war nix gerissen, aber Muskeln und Bänder stark gezerrt. Vor dem Start des zweiten Rennens wurde mir ein riesiger Tapeverband verpasst, um mehr Stabilität im Kniebereich zu schaffen. Ich fühlte mich total eingeengt und unbeweglich mit dem Ding. Außerdem hatte ich beim Einfahren starke Schmerzen, wenn ich hart über den Ski ging. Zweifel kreisten wie graue Wolken über mir. Ist es möglich, mit dem gleichen Einsatz und Mut in die wohl schnellste Abfahrt, die es im Damensport je gab, zu gehen?
Am Start dachte ich nur noch: ‚Fahr so wie gestern und versuch nicht ganz so weit zu springen!‘ Die ersten Kurven gingen super, der Tapeverband hielt, was er versprach. Dann kam der große Sprung, wo mich die bevorstehende Landung doch etwas nervös machte. Alles ging extrem schnell, ich ging einen Augenblick früher auf, drückte den Sprung und landete exakt auf beiden Beinen zugleich. Es war herrlich. Den Zielhang bin ich nur noch in Trance runtergezogen. Ich wusste schon während der Fahrt, dass es wieder ein Topplatz wird! Und so war es auch. Ich blickte zur Anzeigetafel, sah die Eins leuchten wie den ersten Stern am nächtlichen Himmel. Meine Hände gingen ganz langsam zum Kopf, unter meinem Helm rannen Freudentränen. Ich war glücklich wie selten in meinem Leben!“
Angesichts des Handicaps ist der

Die Schnellste

→ Katharina Gutensohn, GER

Gewinn dieser Doppelabfahrt doppelt so hoch zu bewerten. Damit trug sich Katharina in die Liste der sieben Weltcup-Racer ein, die zwei Weltcuprennen innerhalb von 24 Stunden gewonnen haben. Als Sahnehäubchen obendrauf kam der Geschwindigkeitsweltrekord von 138 km/h, der noch immer nicht überboten wurde.

Mit 31 Jahren beendete Katharina nach einem zweiten Platz in der Abfahrt und einem dritten im Super-G 1997 ihre Karriere. Zumindest im alpinen Weltcup. Die Frau hatte noch so viel überschüssige Energie, die sie trotz ihrer vielen Hobbys (Biken, Tennis, Golf, Klettern, Schwimmen, Inlineskaten, Motorrad, Snowboarden, Skaten, Carven) nicht gänzlich abbauen konnte. Es blieb also noch genug Kraft für eine zweite Karriere mit einem ersten und einem dritten Platz im Skiercross-Weltcup. Als gern gesehener Gast und gefürchtete Konkurrentin bei Legendenrennen sowie als Kokommentatorin beim österreichischen Fernsehen blieb sie für ihre Fans noch längere Zeit präsent.

Für die Statistik: Katharina Gutensohn erlitt drei Kreuzbandrisse (1987, 1991, 1993), von denen sie sich jedes Mal mit viel Arbeit erholte und zurück an die Spitze kämpfte.

i

Geboren am 22. März 1966, Kirchberg/Tirol
1x Abfahrtsweltcup 1990

Erster Sieg bei der Abfahrt in Vail/Beaver Creek am 2. März 1985
8 Einzelsiege – 8x Abfahrt

Weitere Erfolge:
WM 1985 Bormio/Santa Caterina Silber Abfahrt (ex aequo Ariane Ehrat)

„2. März 1990, es ist Nachmittag, ich liege in meinem Elternhaus auf dem Sofa und erhole mich von meinem norwegischen Ausflug: vier FIS-Rennen an einem Tag, um drei in der Früh aus den Federn, zum Flughafen Oslo in einem Schneesturm, wie ich ihn zuvor und danach nie erlebt habe. Immer wieder mussten wir anhalten, um die Scheinwerfer unseres Autos von Schnee und Eis zu befreien. Aber wir erreichten den Flieger rechtzeitig und jetzt liege ich in der gemütlichen Wohnstube und entspanne. Doch dann klingelt das Telefon. Es ist die Sekretärin vom damaligen Schweizer Männer-Chef Karl Frehsner: ‚Hallo Bruno, der Chef hat dich für den morgigen Weltcupriesenslalom in Veysonnaz nachnominiert!' Ich kann's kaum glauben, dass ich morgen mein allererstes Weltcuprennen bestrei-

Der jüngere Bruno

→ Bruno Kernen 2, SUI

ten soll, und frage vorsichtshalber: ‚Als Vorfahrer?' Doch sie sagt unmissverständlich: ‚Nein, nein, als Rennfahrer!' Ich gehe auf Nummer sicher: ‚Sind Sie sich ganz sicher, dass Sie mich nicht mit meinem Namensvetter Bruno Kernen aus Schönried verwechseln, der 1983 auf der Streif in Kitzbühel triumphiert hat?' Doch auch dieser Zweifel wird beseitigt: ‚Keine Angst, wir meinen ganz sicher den Bruno aus Reutigen.' Ich kann mein Glück kaum fassen. Da ich noch keinen Führerschein habe, fährt mich mein Vater Franz ins rund 100 Kilometer entfernte Veysonnaz. Im Mannschaftshotel begegne ich hochkarätigen Schweizern wie Pirmin Zurbriggen, Paul Accola oder Urs Kälin. Allein das ist für mich schon ziemlich imposant. Doch so richtig im Weltcup angekommen fühle ich mich beim Einfahren vor dem Rennen, als ich die TV- und Fotokameras entdecke und mir plötzlich Ski-Heros wie Marc Girardelli oder Alberto Tomba gegenüberstehen. Doch meine Ehrfurcht weicht schnell einer gewissen Frechheit. Ich denke mir: ‚Super, wie die Burschen auf dem Ski stehen, aber so weit weg bist du nun auch nicht von denen …' Nun ja, mein Weltcupdebüt untermauert diese These nicht unbedingt: Ich fahre mit Startnummer 62 auf den 55. Rang von 56 Klassierten …

Jetzt, 17 Jahre später, hat sich sehr viel verändert in diesem Sport. Nicht nur, was das Material und die Technik anbelangt. Als ich ein junger Spund war, waren die Abfahrer die coolen wilden Hunde. Heute finde ich die richtigen Typen eher im Slalom. Jungs wie Jens Byggmark oder Marc Berthod sind richtige Rock'n'Roller. Wie sie Ski fahren, wie sie reden, wie sie sich kleiden – einfach cool. Bei den Abfahrern geht es mir oft zu verbissen zu. Deshalb erinnere ich mich gerade in diesen Tagen mit Wehmut an meinen österreichischen Freund und Jahrgänger Fritz Strobl. Wir wussten immer, dass wir nichts anbrennen lassen dürfen, wenn es auf der Piste ernst wird. Aber wir waren uns auch immer im Klaren, dass es im Leben noch sehr viele andere, wichtigere und schönere Dinge gibt als den Skisport."

i

Geboren am 1. Juli 1972, Reutigen
3 Einzelsiege – 3x Abfahrt

Weitere Erfolge:
WM 1997 Sestriere Gold Abfahrt, Bronze Kombi
WM 2003 St. Moritz Bronze Abfahrt
Olympia 2006 Turin Bronze Abfahrt

Die Denkerin

→ Petra Kronberger, AUT

Petra Kronberger war eine der kompletttesten Skifahrerinnen aller Zeiten. Als erste Athletin gelang ihr das fast Unmögliche: in einer Saison in allen Disziplinen zu gewinnen. Nach einem verpatzten Weltcupauftakt 1992 verabschiedete sie sich etwas überraschend vom Skizirkus. Gar nicht so überraschend, wenn man weiß, worüber sie sich spätestens seit Meribel 1991 Gedanken gemacht hatte.

Petra Kronberger gewann mit der Abfahrt in Panorama, Kanada, am 16. Dezember 1989 ihr erstes Weltcuprennen. Fünfmal auf der obersten Treppe des Siegerpodests später, stand sie auch als Gewinnerin des Gesamtweltcups fest. Damit war sie die erste Österreicherin seit Annemarie Moser-Pröll, die die große Kristallkugel entgegennehmen durfte. Das Siegerlächeln des sommersprossigen Blondschopfs sollte noch die zwei folgenden Saisonen alles überstrahlen. Doch in dem stets fröhlich wirkenden Salzburger Mädel steckte auch eine Denkerin, deren Horizont weit über den Rennsport hinausging. Lange hatte sie artig auf Journalistenfragen geantwortet. Sie hatte brav über ihren „befreiendsten Sieg" beim Olympiasieg in Albertville erzählt und über ihren größten Schmerz, den Sturz im Super-G bei der WM 1991 in Saalbach Hinterglemm. Aber irgendwann war das alles nicht mehr so wichtig, irgendwann haben sich die Prioritäten verschoben.

„Ehrlich gesagt, ich bin es etwas müde, die schönen und nicht so schönen Erinnerungen, die das Rennfahrerleben begleiteten, immer wieder hervorzurufen und neu zu beleuchten. Es ist, was es ist, da ändert auch der 40. Geburtstag des Ski-Weltcups nichts daran.
Aber was mir immer im Gedächtnis bleiben wird, ist der Super-G 1991 in Meribel. Kurz zuvor war Gernot Reinstadler an den Folgen des schweren Sturzes in Wengen gestorben und auf der Skipiste hörten und sahen wir die Kriegsflugzeuge in Richtung Irak über unseren Köpfen ... und wir kämpften um Hundertstelsekunden, so, als würde es nichts Wichtigeres im Leben geben.
Ich gewann damals den Super-G und manche konnten meine Freude im Zielraum nicht richtig deuten. Es war nicht der Erfolg, über den ich mich freute, sondern es war der Sieg über die eigene Verzweiflung. Es war – in stiller Absicht – mein kleiner symbolischer Beitrag, den Menschen zu signalisieren: Was auch immer geschieht, das Leben muss weitergehen. Ja, es ist wohl unsere Pflicht, um irgendwann wieder einen Sonnenstrahl erblicken zu können."

i

Geboren am 12. Februar 1969, Pfarrwerfen
3x Gesamtweltcup 1990, 1991, 1992
1x Slalomweltcup 1991

Erstes Weltcuprennen Abfahrt Leukerbad
1. Dezember 1987
Erster Sieg am 16. Dezember 1989 in der Abfahrt in Panorama
16 Einzelsiege – 6x Abfahrt, 2x Super-G, 3x RTL, 3x Slalom, 2x Kombi

Weitere Erfolge:
WM 1991 Saalbach Hinterglemm Gold Abfahrt
Olympia 1992 Albertville Gold Slalom, Gold Kombi

Der Rücktrittsverweigerer

→ Paul Accola, SUI

„Ich bin als Bauernjunge mit dem Skirennzirkus groß geworden, und diese Zeitspanne von über 18 Jahren Weltcup macht bisher beinahe die Hälfte meines Lebens aus. So sind die großen Momente automatisch an den Skizirkus gebunden. Während die meisten sich an den ersten Kuss oder Discobesuch erinnern und später vom ersten Auto schwärmen, bestehen meine Erinnerungen aus meinem ersten Paar Rennski, dem ersten Weltcupstart in Bad Wiessee als 17-Jähriger und den Duellen mit Alberto Tomba im Jahr 1991/92. Den prominentesten Platz in meinem Gedächtnis nehmen die Siege im Gesamt- und Super-G-Weltcup ein. Unvergesslich ist aber auch jener Moment, in welchem ich bei meinem ersten Top-Weltcuprang, dem achten Platz in Bad Kleinkirchheim, die Gratulationen meines größten Idols Ingemar Stenmark entgegennehmen durfte."

Gibt es nach solchen Momenten noch Steigerungen? Für Paul Accola schon: „Das wohl Schönste für mich war sicherlich die Abfahrt in St. Moritz, wo ich im Sommer 2002 die Abfahrtspiste mit dem Schreitbagger ‚Menzi Muck' bauen und anschließend beim Training die Abfahrt mit der Startnummer eins einweihen durfte."

Paul hat sich bis jetzt geweigert, sich offiziell vom Skizirkus zu verabschieden. „... was ich als Statement verstehe: Ich werde mich dem Skirennsport immer verbunden fühlen und mich, wenn auch in einer etwas anderen Form, für diesen Sport begeistern und engagieren. Gänzlich verabschieden werde ich mich nie, auch wenn es andere vielleicht gerne sehen, dass ich endlich mal Ruhe gebe!"

i

Geboren am 20. Februar 1967, Davos
1x Gesamtweltcup 1992
1x Super-G-Weltcup 1992
1x Kombi-Weltcup 1992

Erster Sieg am 29. November 1991 beim Riesentorlauf in Breckenridge
7 Einzelsiege – 2x Super-G, 1x RTL, 1x Slalom, 3x Kombi

Weitere Erfolge:
WM 1989 Vail Silber Kombi
WM 1999 Vail Bronze Kombi
WM 2001 St. Anton Bronze Kombi
Olympia 1988 Calgary Bronze Kombi

Zurückgetreten: nie! (zuletzt im Jahr 2000 auf dem Weltcuppodest)

Der Bubentraum, der dreimal wahr wurde

→ Franz Heinzer, SUI

Franz-Josef Heinzer feierte sein Weltcupdebüt mit 18 Jahren ausgerechnet auf der berühmt-berüchtigten Streif. Und das gleich mit einem dritten Platz beim Training. Der erste Sieg in Kitzbühel ließ allerdings bis 1991 auf sich warten. Das Schönste, was einem Sportler passieren kann, durfte er ein Jahr später bei einer Doppelabfahrt erleben:
„Nach einem erneuten Sieg in der ersten Abfahrt stand ich tags darauf als Favorit mit der Startnummer 15 am Start. Meine Schweizer Teamkollegen Daniel Mahrer und Xavier Gigandet lagen zu diesem Zeitpunkt auf den Plätzen eins und zwei. Voll aus dem Starthaus rauszugehen, verlangte auch mir immer wieder einiges an Respekt und Überwindung ab. Aber ich wusste, wenn ich keinen Fehler mache, gewinne ich Kitzbühel heute zum dritten Mal. Wenige Minuten vor dem Start schaute ich auf die seitlichen Holzbretter in der Starthütte, auf denen die Liste der Sieger eingraviert ist. Die Liste war lang und es war kaum mehr Platz auf dem Brett. Mein Name war der Letzte darauf. Zwei würden noch draufpassen. Mit meinem Sieg vom Vortag blieb nur noch Platz für einen einzigen Namen. Und das sollte unbedingt auch meiner sein. Dreimal hintereinander Franz Heinzer!
Dieser Gedanke ließ mich bis zum Rauskatapultieren nicht mehr los. Mit überhaupt nicht geplanten, rein aus dem Renninstinkt herauskommenden Schlittschuhschritten, die bei dieser Steilheit gar nichts mehr bringen, stach ich siegesbewusst in die Tiefe und holte tatsächlich meinen dritten Sieg in Serie. Das war der Höhepunkt meiner Karriere.“

Eine Karriere mit Höhen hat leider meist auch Tiefen. Für Franz Heinzer war es die lange erfolglose Jagd auf eine WM-Medaille. Den absoluten Tiefpunkt erlangte er 1987 in Crans Montana:
„Bei meiner dritten Teilnahme an der Weltmeisterschaft landete ich bei der Abfahrt bereits zum dritten Mal in Serie mit minimalem Zeitrückstand auf dem undankbaren vierten Platz. Diese für mich klare Niederlage war umso härter, weil vor mir nur Schweizer die Medaillenränge eroberten und ich zu einer Nummer im Team degradiert wurde. Damals 25-jährig, kämpfte ich eine Woche lang gegen den sofortigen Rücktritt an. An allen Ecken und Enden suchte ich eine Erklärung für dieses Pech.
In solchen Momenten und Phasen der Enttäuschung verträgt ein Spitzensportler nicht mal einen gut gemeinten Trost oder Rat.
Im Nachhinein waren unter meinen insgesamt 45 Abfahrtspodestplätzen mit 17 Weltcupsiegen natürlich auch einige glückliche dritte Plätze, mit minimalem Vorsprung auf den vierten Rang dabei. Über eine längere Karriere gleichen sich solche Resultate mit Glück und Pech in etwa aus.“

Das Glück meinte es schlussendlich doch noch gut mit dem Tüchtigen. 1991 holte sich Heinzer den verdienten Abfahrts-WM-Titel in Saalbach. „Der große Vorteil des äußerst hart erkämpften WM-Titels besteht dann darin, dass man nicht mehr abhebt und das Erreichte umso mehr genießt.“

i

Geboren am 11. April 1962, Rickenbach
3x Abfahrtsweltcup 1991, 1992, 1993
1x Super-G-Weltcup 1991

17 Einzelsiege – 15x Abfahrt, 2x Kombi

Weitere Erfolge:
WM 1991 Saalbach Hinterglemm Gold Abfahrt

Manche bezeichneten die norwegischen Rennläufer als Wikingerhorde, die Anfang der Neunziger über den Weltcupzirkus herfielen und alles plünderten, was an Weltcuppunkten da war. Man könnte aber auch sagen, dass viele froh waren, dass sie willkommene Abwechslung in den seit Jahren tobenden Zweikampf der Österreicher und Schweizer um die alpine Vorherrschaft brachten. Von einem grimmigen Wikingergehabe war auch nichts zu merken. Die Nordmänner fielen eher durch Fröhlichkeit sympathisch auf. Da war „Elch" die wesentlich bessere Bezeichnung für einen Norweger. Freundlich, friedfertig und doch Respekt einflößend.

Kjetil André Aamodt

Furuseth auf den Schultern von Kjus (l.) und Nielsen (r.)

Kjetil André Aamodt, NOR

Geboren am 2. September 1971, Oslo
Spitzname „Babyshark"
1x Gesamtweltcup 1994
1x Super-G-Weltcup 1993
1x Riesentorlaufweltcup 1993
1x Slalomweltcup 2000
5x Kombi-Weltcup 1994, 1997, 1999 (gemeinsam mit Lasse Kjus), 2000, 2002

Erster Sieg am 15. März 1992 im Super-G in Aspen
21 Einzelsiege – 1x Abfahrt, 5x Super-G, 6x RTL, 1x Slalom, 8x Kombi

Weitere Erfolge:
WM 1991 Saalbach Hinterglemm Silber Super-G
WM 1993 Morioka Gold Slalom, Gold RTL, Silber Kombi
WM 1996 Sierra Nevada Bronze Super-G
WM 1997 Sestriere Gold Kombi
WM 1999 Vail/Beaver Creek Gold Kombi, Bronze Abfahrt
WM 2001 St. Anton Gold Kombi, Silber RTL
WM 2003 St. Moritz Silber Abfahrt, Bronze Kombi
Olympia 1992 Albertville Gold Super-G, Bronze RTL
Olympia 1994 Lillehammer Silber Abfahrt, Silber Kombi, Bronze Super-G
Olympia 2002 Salt Lake City Gold Super-G, Gold Kombi
Olympia 2006 Turin Gold Super-G

Verheiratet, lebt in Monaco. Hat als Einziger viermal Olympia-Gold. Er ist neben Tomba der einzige männliche Läufer, der einen Olympiatitel verteidigen konnte.

Ole Kristian Furuseth, NOR

Geboren am 7. Jänner 1967, Oslo
1x Riesentorlaufweltcup 1990 (gemeinsam mit Günther Mader)

9 Einzelsiege – 3x RTL, 6x Slalom

Weitere Erfolge:
WM 1991 Saalbach Hinterglemm Bronze Slalom
Olympia 1998 Nagano Silber Slalom

Finn Christian Jagge, NOR

Geboren am 4. April 1966, Stabekk

7 Einzelsiege – 7x Slalom

Weitere Erfolge:
Olympia 1992 Albertville Gold Slalom

Lasse Kjus, NOR

Geboren am 14. Jänner 1971, Siggerud
2x Gesamtweltcup 1996, 1999
1x Abfahrtsweltcup 1999
3x Kombi-Weltcup 1994, 1999 (jeweils gemeinsam mit Kjetil André Aamodt), 2001

Erster Sieg am 16. Jänner 1994 in der Kombi von Kitzbühel
18 Einzelsiege – 10x Abfahrt, 2x Super-G, 2x RTL, 4x Kombi

Weitere Erfolge:
WM 1993 Morioka Gold Kombi
WM 1996 Sierra Nevada Silber Kombi
WM 1997 Sestriere Silber Abfahrt, Silber Super-G, Silber RTL
WM 1999 Vail Gold Super-G (ex aequo mit Hermann Maier), Gold RTL, Silber Abfahrt, Silber Slalom, Silber Kombi
WM 2003 St. Moritz Silber Kombi
Olympia 1994 Lillehammer Gold Kombi
Olympia 1998 Nagano Silber Abfahrt, Silber Kombi
Olympia 2002 Salt Lake City Silber Abfahrt, Bronze RTL

Atle Skaardal, NOR
Geboren am 17. Februar 1966, Lund
1x Super-G-Weltcup 1996

7 Einzelsiege – 6x Abfahrt, 1x Super-G

Weitere Erfolge:
WM 1993 Morioka Silber Abfahrt
WM 1996 Sierra Nevada Gold Super-G
WM 1997 Sestriere Gold Super-G

Armin zu Aamodt und Kjus: „Kjetil ist ein gar nicht so kühler Skandinavier, sondern durchaus einer, der auch Feste zu feiern weiß. Gemeinsam mit seinem ‚schrecklichen' Zwilling Lasse Kjus war er fast eineinhalb Jahrzehnte eine der bestimmenden Figuren in der Weltcupszene. Wann immer es irgendwo etwas zu feiern oder zu gewinnen gab, die beiden waren einfach immer im richtigen Moment am richtigen Ort. Während Aamodt sich immer in körperlicher Bestform präsentierte, zeigte Kjus doch manches Mal den Mut zum Bäuchlein, was aber seinem Fahrstil keinen Schaden zufügen konnte. Kjus war ein gefühlvoller Rennfahrer und trotzdem ungemein schnell auf den Beinen. Ich kann mich auch nur an eine richtig schwere Bretzn von Lasse erinnern – Kitzbühel 1996 an der Hausbergkante, während ich Kjetil eigentlich nie ungewollt mit dem Schnee in Kontakt kommen sah. Unvergessen auch die Bauchtanzeinlage der beiden Elche bei der WM in Vail 1999 (Kjus holte fünf Medaillen und gewann den Weltcup!), als die Nacht zum Tag wurde und die Mitternachtssonne die ‚Coyote Bar' zum Leuchten brachte!"

Und zu Atle Skaardal fällt Armin ein: „Atles Skikarriere ist zeitgleich mit meiner, allerdings erfolgreicher und länger verlaufen. Aber er hat auch dafür Tribut zollen müssen. In seiner letzten Saison war wegen diverser Knieverletzungen an ein Skifahren ohne Tabletten (stinknormales Voltaren!) nicht zu denken. Ein Schicksal, das er mit sehr vielen Rennläufern teilt. Ich habe Atle auf seinem wunderschönen Sommerlandsitz auf einer eigenen Insel in einem Fjord in Südnorwegen besucht. Vom Festland abgeholt hat mich der extreme Motorboot-Aficionado Skaardal mit einem an die 1000 PS starken Cigar-Boot, ein irres Geschoß, mit dem wir dann ein paar Stunden durch die Fjorde gezogen sind. Höchst beeindruckend."

Auch Armins Kommentatorenkollege Robert Seeger hat seine Erinnerungen an die Norweger: „... zumeist aus Schafwolle grob gestrickte Pullover mit Motiven aneinandergereihter Rentiere, der seinen Ursprung in Skandinavien hat. Bereits als junger Bursche war ich von diesem Kleidungsstück begeistert. Schon allein, weil Toni Sailer zur Zeit seiner großen Triumphe Pullis mit Norwegermuster trug.
Mit der Zeit gerieten die Strickwaren aus dem hohen Norden zumindest in den meisten europäischen Ländern etwas in Vergessenheit und auch mein Faible dafür erlosch. Bis die Elche kamen.
Mit den Erfolgen von Aamodt, Kjus, Skaardal, Furuseth und Jagge kam auch der Norwegerpulli wieder in Mode.
Die Weltcuprennen in Hafjell und Kvitfjell boten endlich ideale Einkaufsmöglichkeiten. Ausgestattet mit den neuesten Modellen, kommentierte ich die Rennen 1995/96 im ‚Norweger'.
Die Reaktionen waren überwältigend positiv. Von da an saß ich immer in einem neuen Norwegerpulli im Kommentatorenstudio. Natürlich reichte eine jährliche Reise nach Lillehammer nicht dazu aus, um bei jährlich gut 30 Einsätzen genügend Modelle zu haben. So wurde dann auch in Österreich für mich gestrickt und die Familie Wallner aus Radstadt versorgte mich mit sensationellen Modellen in unglaublichen Farbkombinationen. Am Schluss quollen meine Kästen über von oft nur einmal getragenen ‚Norwegern'. So stellte ich die Pullis für wohltätige Zwecke zur Verfügung, und ich bin stolz, dass sie zumeist mindestens 2000 Euro pro Stück einbrachten. Heute besitze ich noch 25 Exemplare, an die ich besondere Erinnerungen knüpfe. Wie jener, den ich beim Dreifach-Olympiaslalomsieg der Österreicher in Sestriere 2006 trug, oder den bei Hermann Maiers Sturz in der Abfahrt von Nagano 1998. Die letzten 350 Ski-Live-Übertragungen meiner Karriere habe ich im ‚Norweger' kommentiert. Und ‚Schuld' daran sind Kjus und Co.!"

Die Elche

„In meinen 18 Jahren im Ski-Weltcup habe ich vieles erlebt, aber spontan fällt mir das Abnormalste, Lustigste und Peinlichste, was mir je passiert ist, ein: Wir waren in Chamonix, 1994, und ich hatte eine ‚saftige' Darminfektion. Trotzdem wollte ich das Rennen fahren. Das Problem war nicht nur, dass ich ziemlich schwach war. Jeder, der Ski fährt, weiß, wie unpraktisch all die Skibekleidung ist, wenn man auf einmal ein dringendes Bedürfnis hat. Besonders bei einem Weltcuprennen, wo die Besichtigungen und die Vorbereitungen anstehen. Nach jeder Runde lief ich mit einem Darmüberdruck sofort ins Bad, zog mich im Eiltempo fluchend aus und hoffte, nun endgültig entleert zu sein. Ich zog mir den hautengen Rennanzug an und ging zum Starthaus, das in freiem Gelände lag. Während ich mir die letzten Tipps meiner Trainer anhörte, verspürte ich schon wieder einen starken Drang. Ich schaute mich um, suchte nach einem geeigneten abgelegenen Plätzchen, nichts! Selbst in größter Not hatte ich keine Lust, mich vor den vielen Menschen in den Schnee zu hocken. Auch wenn ich nicht der Erste gewesen wäre – 1964 hatte der Italiener Abdon Pamich auf halber Strecke des 50-Kilometer-Bewerbs im Gehen bei den Olympischen Spielen in Tokio ein ähnliches Problem. Er allerdings schiss völlig ungeniert in die Hecke einer Verkehrsinsel und holte dann noch die Goldmedaille. Aber beim Starthaus in Chamonix gab es weder Hecken noch Verkehrsinseln. Während ich versuchte, meine Darmkrämpfe durch ein kleines Tänzchen mit zusammengepressten Beinen zu unterdrücken, hörte ich meinen Cheftrainer Helmuth Schmalzl über das Funkgerät: ‚... Der Schnee ist sehr schnell und deshalb beim großen Sprung gut aufpassen! Durchdrücken, sonst springt ihr zu weit in die Kompression hinein ...'
Endlich war ich dran, die Spannung ließ mich sogar kurz meine Darmprobleme vergessen. Ich fuhr recht ordentlich, und wie ich es mir vorgenommen hatte, versuchte ich den Sprung schön zu drücken und – oh mamma mia – ich war viel zu weit, preschte voll in die Kompression rein. Um nicht auf dem Rücken zu landen, versuchte ich mit einem kräftigen Ruck aus der Bauchmuskulatur heraus aus der Rückenlage aufzukommen … und es war geschehen! Bruuuummms! Die erschreckende Entladung war unaufhaltsam ...
Auf dem folgenden Gleitstück fragte ich mich, verdammt noch mal, was ich jetzt tun sollte. Ich konnte doch nicht vor Millionen von TV-Zuschauern einfach anhalten. Was, wenn man einen riesengroßen braunen Fleck auf meinem Rennanzug sieht? Was würde ich da nur für eine Scheißfigur machen? Ich fuhr das Rennen weiter und konnte eigentlich nur über mich lachen. Ich begann nachzudenken, wie und wo die TV-Kameras positioniert waren und vor allem wie ich die peinliche Enthüllung bei der Großaufnahme im Ziel vermeiden könnte, falls es nicht ohnehin schon zu spät war.
Beim Zieleinlauf drehte ich sofort scharf ab und drückte mich mit dem Rücken an die nächstliegende Abgrenzung. Verzweifelt rief ich einen Teamkollegen, ich glaube, es war Ernesto De Mattia: ‚Komm her! Schnell, bitte!' Der verstand nicht gleich: ‚Was ist denn?' ‚Komm sofort her!', zischte ich ihn energisch an, während ich mich vor dem Publikum und den Kameras betont lässig

und ungezwungen gab. Als Ernesto endlich verstand, worum es ging, und er mir versicherte, dass nichts von dem Malheur sich auf dem eng anliegenden Rennanzug farblich abzeichnen würde, konnte ich aufatmen. Die eiskalte Winterluft verhinderte Gott sei Dank eine unangenehme Geruchsentwicklung. Die Erleichterung, als ich zu guter Letzt in meinem Hotelzimmer ankam, war riesengroß.

PS: Am selben Abend traf sich das Team mit den Trainern zur technischen Analyse des Rennens. Ich fragte den Cheftrainer Schmalzl, wie er denn meinen Lauf beurteilen würde. Schmalzl: ‚Gut, du hast den Lauf gut heruntergebracht, warst ruhig ...' Ich sah ihm mit ernster Miene in die Augen: ‚Weißt du, dass ich mir dabei in die Hose gemacht habe?' Er winkte ab: ‚Hör auf, das glaub' ich nicht, ein erfahrener Hase wie du! Wieso solltest du Angst gehabt haben?' Ich versuchte, nicht zu grinsen. ‚Nein, ganz im Ernst: Ich habe mich im wahrsten Sinne des Wortes angeschissen!' Der Rest ging im schallenden Gelächter der Anwesenden unter."

Sieger des Rennens wurde übrigens André Kjetil Aamodt. Kristian wurde 28.

Mit zwölf Abfahrtsweltcupsiegen, darunter Klassiker wie Gröden, Kitzbühel und Wengen, zählt Kristian zu den besten Abfahrern aller Zeiten. Und er ist einer der irrsten. Am 24. Jänner 2004 flog er mit 137 km/h mit einer akrobatischen Einlage in der Grätsche über den Zielsprung der Streif. Mehr über Ghedinas rekordverdächtige Karriere-Highlights lesen Sie im Kapitel „Kurios, kurios!" Bei allem Wahnsinn hatte Ghedina doch auch eine vernünftige Einstellung zum Thema Sicherheit. Er war der Erste, der bei einer Weltcupabfahrt mit einem Rückenprotektor wie beim Motorradsport gefahren ist. Heute ein unverzichtbarer Sicherheitsstandard.

Der Geschwindigkeitsjunkie Ghedina hat seinen Topspeed nach seinem Rücktritt vom Skisport sogar noch erhöht. Statt mit 150 km/h über den Schnee rast er jetzt mit mehr als 250 km/h im Tourenwagen und im Formel-3000 über den Asphalt.

Die Abfahrt, die voll in die Hose ging

→ Kristian Ghedina, ITA

i

Geboren am 20. November 1969, Cortina d'Ampezzo

13 Einzelsiege – 12x Abfahrt, 1x Super-G

Weitere Erfolge:
WM 1991 Saalbach Hinterglemm Silber Kombi
WM 1996 Sierra Nevada Silber Abfahrt
WM 1997 Sestriere Bronze Abfahrt

Der wahre Held

→ Thomas Fogdö, SWE

„Mein Traum, mit meinen Idolen gemeinsam auf derselben Piste ein Weltcuprennen (als erst 17-Jähriger!) zu fahren, sollte in Aare 1987 wahr werden. Das Problem war nur, dass ich die Benachrichtigung erst am Tag vor dem Rennen bekam. Das wäre okay gewesen, wäre ich vor Ort gewesen, aber ich war ja daheim in Gällivare, 780 Kilometer von Aare! Ich fuhr mit dem Auto die ganze Nacht und kam erst um vier Uhr morgens an. Ich schlief noch ein bisschen im Auto und fuhr dann das Rennen mit müden Augen. Das Ergebnis war dann nicht so besonders.

Vier Jahre später führte ich nach dem ersten Durchgang in Kranjska Gora in einem Weltcuprennen. Ich war unvorstellbar nervös, aber auch genauso stolz darauf, was ich da erreicht hatte. Mit einem Schwarm Schmetterlingen im Bauch besichtigte ich gerade den zweiten Lauf, da sah ich meinen großen Helden Marc Girardelli ein Stück oberhalb von mir. Plötzlich rutschte er zu mir herunter und es schien, als würde er gleich etwas zu mir sagen. Mein Herz schlug bis zum Hals ... Ich werde mit Marc Girardelli sprechen! ‚Du bist einen sehr guten ersten Lauf gefahren. Aber es ist auch verdammt schwierig für den zweiten Durchgang, in Führung zu liegen.' Dann machte er mit der Besichtigung weiter. Und ich stand da, war glücklich, mit Marc Girardelli ‚gesprochen' zu haben, und bekam endgültig Knie weich wie gekochte Spaghetti. Wenn das ein psychologischer Angriff von Marc war, dann hat er voll funktioniert. Ich brauche wohl nicht extra zu sagen, dass ich an diesem Tag nicht mein erstes Weltcuprennen gewonnen habe."

Aber später gewann er noch fünf und den Slalomweltcup. Was war das für ein begnadeter Slalomartist! Bis das Schicksal 1995 unbarmherzig zuschlug und er nach einem Sturz auf dem Weg zur Trainingspiste (!) querschnittgelähmt blieb. Und trotzdem blieb Thomas von der Grundeinstellung her positiv. Genauso wie Silvano Beltrametti, der seit seinem Sturz im Dezember 2001 in Val d'Isère querschnittgelähmt ist und trotzdem Monoski fährt! Beide meistern das Leben und ihren Schicksalsschlag vorbildhaft. Von ihrer Lebenseinstellung könnten sich viele von uns eine große Scheibe abschneiden.

„Ich bin stolz, dass ich die Gelegenheit hatte, all diese großartigen Menschen im Weltcup kennenzulernen. Und ich war überrascht über all die Unterstützung, die ich nach meinem Unfall von jedem bekommen habe. Konkurrenten sein, aber Freunde bleiben – das ist die Botschaft, die ich an alle Menschen weitergeben möchte."

i

Geboren am 14. März 1970, Gällivare
1x Slalomweltcup 1993
5 Einzelsiege – 5x Slalom

Der Psycho-Schock

→ Christian Mayer, AUT

Zu den Aufgaben der Trainer gehört auch die psychologische Betreuung ihrer Schützlinge. Motivieren, anstacheln, beruhigen. Die Psyche der meisten Spitzensportler ist ein fragiles Gebilde, das mit Samthandschuhen angegriffen werden muss. Nicht jeder Sportler braucht die gleiche Behandlung. Was dem einen gut tut, macht den anderen mental fertig. Das sind die Tücken der Psychologie.
Christian Mayer erzählt vom Olympia-Riesentorlauf in Lillehammer 1994 (was wir in einem Buch über den Weltcup als Ausnahme durchgehen lassen wollen).

„Ich war einer der erklärten Favoriten auf Olympia-Gold. Vor dem ersten Durchgang gab ich mich betont locker und unterhielt mich lange mit Journalisten bei der Talstation des Sesselliftes. Jedoch fast ein wenig zu lange. Nachdem ich mich endlich von ihnen losreißen konnte und den Berg hinauffuhr, blieb der Lift im letzten Drittel stehen. Da ich Startnummer vier oder fünf hatte und ich vom Lift aus bereits den ersten Vorläufer auf der Strecke sah, war mir klar – heast Olta, jetzt kriagst an Stress! Als ich endlich den Start erreicht hatte, katapultierte sich schon Startnummer zwei ins Tal und ich begann erst, mich aus meinem Übergewand zu schälen. Ohne ordentliches Aufwärmen kam ich auf den letzten Drücker gerade noch rechtzeitig. Mit dem Selbstvertrauen von sechs Podestplätzen in den Muskeln gelang mir aber trotzdem ein Traumlauf mit Bestzeit.
Für mich war dieses Rennen nichts Besonderes, und ich bereitete mich für den zweiten Durchgang auch so vor, als wäre es ein ganz normaler Weltcup-Riesentorlauf. Ich war ganz entspannt, wo doch noch dazu mein Lieblingstrainer, der mich schon seit meiner Kindheit betreute, diesen Lauf ausgeflaggt hatte. Nach der Besichtigung war ich sehr zuversichtlich und machte mich wieder auf den Weg nach oben zum Start. Diesmal mit einem beruhigenden Zeitpolster.
Da ich aber nicht mitbekommen hatte, dass der Start um eine halbe Stunde nach hinten verschoben wurde, war ich natürlich viel zu früh dran und ließ am Sessellift ganz relaxed die Ski und die Seele baumeln. Mit mir am Lift saß unser damaliger Herren-Chef, der mit meiner Ruhe nicht wirklich zurechtkam. Er war der Meinung, dass man für eine Superleistung eigentlich eine gewisse Nervosität benötigt. Daher fragte er mich, ob ich mir eigentlich bewusst wäre, dass ich im Falle eines Sieges die erste Goldmedaille für Österreich im Riesentorlauf seit Toni Sailer gewinnen würde!
Das hat gesessen. Schon war es mit meiner Ruhe und Coolness vorbei! Ich habe mir nur gedacht: ‚Ja biiiist duuuu teppat!‘
Die Minuten vergingen immer langsamer und ich hatte immer mehr Zeit, über diese Chance für mich, über meine Verantwortung für Österreich nachzudenken. Ich sehnte den Start herbei. Jedes Mal, wenn ich auf die Uhr sah, verlor ich etwas von meiner Sonnenbräune. Kurz vor dem Start hatte laut unserem Masseur der Schnee mehr Farbe als ich im Gesicht. Eine Schlaftablette wäre wahrscheinlich schneller und aggressiver gestartet als ich. Zum Glück bekam ich nach der ersten Zwischenzeit eine Torstange mitten auf meine Skibrille und wurde wieder wachgerüttelt. Von da an fuhr ich perfekt und konnte dank eines Superfinish immerhin noch die Bronzemedaille für mich und Österreich retten. Nach dem Weltcupfinale entschuldigte sich unser Chef noch wegen der etwas missglückten Psychoeinlage bei mir, und wir kamen beide zum Schluss, dass meine Goldmedaille am Sessellift liegengeblieben ist.“

i

Geboren am 10. Jänner 1972, Finkenstein
1x Riesentorlaufweltcup 1994

7 Einzelsiege – 1x Super-G, 6x RTL

Weitere Erfolge:
WM 1999 Vail Bronze Slalom
Olympia 1994 Lillehammer Bronze RTL
Olympia 1998 Nagano Bronze Kombi

Die Kopfnuss

→ Peter „Runghi" Runggaldier, ITA

Bormio 1994. „... letztes Training für die Abfahrt. Wie immer kam ich ziemlich spät zum Start und beugte mich hinunter, um meine Skischuhschnallen aufzumachen. In dem Moment bekam ich einen mordsmäßigen Schlag an den Kopf. Ich sah die Vöglein zwitschern und dachte, es wäre ein Stein vom Berg heruntergefallen. Günther Mader kümmerte sich sofort um mich und entschuldigte sich unentwegt. Da erst begriff ich, was tatsächlich geschehen war. Günther war gerade beim Aufwärmen gewesen und hatte das Bein vor und zurück geschwungen. Tja, ich hatte mich leider genau in dem Moment gebückt, als Günthers Bein mit vollem Schwung nach hinten pendelte. So ein Skischuh ist sehr schwer und sehr hart. Das hatte ich vorher schon gewusst, aber noch nie so gespürt. Unser Mannschaftsarzt hat sofort meinen Kopf verbunden und wollte mich natürlich nicht starten lassen. Ich spielte die Verletzung locker runter und versprach, mich zurückzuhalten und aufzupassen. Ich startete los. Die Piste war richtig vereist wie selten zuvor und ich konzentrierte mich voll darauf, eine gute Linie zu fahren, um nicht zu stürzen. Das war wohl die richtige Linie, denn ich fuhr Bestzeit in diesem letzten Training. Im Ziel wurde ich sofort ins Rettungsauto gesetzt und ins Krankenhaus gebracht. Denn als ich meinen Helm abnahm, rannen mir Bäche von Blut über das Gesicht. Ich dachte mir, es gibt Schlimmeres auf der Welt, doch die Ärzte bestanden darauf, die Wunde mit drei Stichen zu nähen. Das Jahr drauf hatte ich die Möglichkeit, mich bei Günther Mader zu revanchieren, im sportlichen Sinne natürlich. Es war das Weltcupfinale in Bormio, und dieses Mal startete ich im Super-G als Führender mit 37 Punkten vor Günther Mader. Ich fuhr ein gutes Rennen, wurde Zweiter und gewann die Weltcupwertung in dieser Disziplin. Günther fuhr nicht sein bestes Rennen und machte es mir leichter. Aus schlechtem Gewissen wegen der ‚Kopfnuss'?"

i

Geboren am 29. Dezember 1968, Wolkenstein
1x Super-G-Weltcup 1995

2 Einzelsiege – 2x Super-G

Weitere Erfolge:
WM 1991 Saalbach Hinterglemm Silber Abfahrt

Die Schweizerin war eine der Allergrößten des Weltcups. Von 1984 bis 1995 gewann sie 55 Weltcuprennen, elf Kristallkugeln in Spezialdisziplinen und dreimal den Gesamtweltcup! Dazu kommen je drei Olympia- und WM-Goldmedaillen. „Meine größte Konkurrentin? Da gab es viele. Von Tamara McKinney, Erika Hess, Anita Wachter, Deborah Compagnoni bis Katja Seizinger und Pernilla Wiberg. Ich denke, die meisten Duelle hatte ich mit Pernilla im Slalom." Dennoch – wer auf die oberste Stufe der Siegertreppe wollte, musste erst an Vreni vorbei.

„Das entscheidendste Rennen war das Finale in Bormio 1995. Um den Gesamtweltcup zu holen, musste ich unbedingt siegen. Und es war auch wichtig zu gewinnen, um zurücktreten zu können. Mit einer Niederlage wollte ich meine Karriere sicher nicht beenden. Ich hätte noch eine Saison weiterfahren müssen. Es war nicht leicht, mit diesem enormen psychischen Druck fertig zu werden. Aber ich schaffte es und konnte in den verdienten ‚Ruhestand'! Ich war froh und dankbar, mich nach elf Jahren gesund vom Rennsport zu verabschieden. Das war nicht allen vergönnt. Es waren die schlimmsten Momente meiner Karriere, miterleben zu müssen, wie Ulli Mayer in Garmisch zu Tode stürzte. Auch der Tod von Nierlich, Kröll, Reinstadler, Cavagnue oder Rey-Bellet stimmen mich immer noch nachdenklich."

„Die Zeit im Weltcupzirkus wird mein Leben weiterhin mitbestimmen. Ich möchte allen, die mich mit viel Arbeit, Herzblut und Leidenschaft begleitet haben, für alles ganz herzlich danken. Jetzt schenken mir drei Männer, mein Ehemann und meine beiden Söhne (Florian, drei, und Flavio, eins) mein schönstes Leben und ich hoffe, unser Familienglück hält ewig." Das wünschen Vreni auch alle ihre Fans.

Die Jahrhundert-Eidgenossin

→ Vreni Schneider, SUI

i

Geboren am 26. November 1964, Elm, Kanton Glarus
3x Gesamtweltcup 1989, 1994, 1995
5x Riesentorlaufweltcup 1986, 1987 (gemeinsam mit Maria Walliser), 1989, 1991, 1995
6x Slalomweltcup 1989, 1990, 1992, 1993, 1994, 1995

Erster Sieg am 17. Dezember 1984 beim Riesentorlauf in Santa Catarina
55 Einzelsiege – 20x RTL, 34x Slalom, 1x Kombi
Weitere Erfolge:
WM 1987 Crans Montana Gold RTL
WM 1989 Vail/Beaver Creek Gold RTL, Silber Slalom, Silber Kombi
WM 1991 Saalbach Hinterglemm Gold Slalom, Bronze Kombi
Olympia 1988 Calgary Gold RTL, Gold Slalom
Olympia 1994 Lillehammer Gold Slalom, Silber Kombi, Bronze RTL

2004 Eidgenössische Jahrhundertsportlerin des Ski- und Schneesports

Es gibt ja wirklich viele wunderschöne Skiorte mit tollem Ambiente, glamourös oder einfach gehalten, hoch droben in den Bergen oder am Fuße majestätischer Gipfel. Die folgende Reihung der attraktivsten Weltcupskiorte als auch die der langweiligsten ist rein subjektiv zu sehen. Jeder Rennfahrer und jede Rennfahrerin legt unterschiedliche Maßstäbe an, das ist klar. Mir zum Beispiel ist das Ambiente genauso wichtig wie die Landschaft rundherum. Die Stimmung hängt in hohem Maße von der Schneelage ab – je mehr Schnee, desto lässiger. Also, so schaut meine Wertung aus:

Armins Top-10-Weltcuporte

1. Schladming: Von der Stimmung und dem Hexenkesseleffekt her ist es das beste Rennen der Saison. Für einen Rennfahrer ein unbeschreibliches Gefühl, sich aus dem Starthaus zu wuchten und dem Fahnenmeer entlang der Strecke dem Ziel entgegenzurasen. 45.000 enthusiasmierte Skifans peitschen die Läufer zu Höchstleistungen. Da auf das Podest zu fahren – Herz, was willst du mehr!

2. Kitzbühel: Das Rennen schlechthin. Höchste Anforderung an und damit verbunden höchster Imagefaktor für den Sportler, höchste Promidichte auf der Tribüne, höchstes Preisgeld der Saison. Ein Sieg auf der Streif oder auf dem Ganslernhang erreicht fast die Wertigkeit eines Sieges bei Weltmeisterschaften oder Olympischen Spielen. Mausefalle, Steilhang, Hausbergkante – allein schon die Erwähnung dieser Schlüsselstellen sorgt auch an heißen Julitagen für Gänsehaut bei den Athleten.

3. Wengen: Allein schon des Bergpanoramas wegen ein erhebendes und gleichzeitig aber auch einschüchterndes Gefühl am Start der längsten Abfahrt der Welt. Eiger, Mönch und Jungfrau schauen dir zu, beobachten dich ganz genau. Und dann diese Flugshow der „Patrouille Suisse" – atemberaubend und todesmutig ziehen die Piloten mit ihren F5 ihre Spuren in den meist azurblauen Himmel. Das Dorf selbst ist autofrei und dadurch geht alles im wahrsten Sinne des Wortes gemächlicher. Beim Feiern im „Weltcupdörfli" mitten auf dem Dorfplatz von Wengen lassen die Eidgenossen diese Gemächlichkeit aber weit hinter sich – bis ins Morgengrauen hinein. Das ist nur etwas für Bode Miller, der schon einmal vor dem Rennen durchgemacht hat. Ich weiß nicht, was er dann geworden ist – gewonnen hat er damals aber sicher nicht.

4. Adelboden: Gleich ums Eck von Wengen liegt dieser schöne, ebenfalls idyllische Weltcuport im Berner Oberland. Jedes Jahr beim Weltcup herrscht dort ein Ausnahmezustand, der nur mehr mit dem von Schladming vergleichbar ist. Party, Musik, Riesenstimmung und faires Publikum zeichnen die Rennen vom Kuonisbergli aus. Jahrelang musste dort mit einem altem Schlepplift aus der Zeit von Wilhelm Tell zum Start gefahren werden, seit ein paar Jahren gibt es endlich eine neue Aufstiegshilfe – einen Vierersessellift. Böse Zungen behaupten, dass für dessen Bau gar eine Volksabstimmung notwendig war.

5. Cortina: Berühmt geworden durch Toni Sailer (dreimal Gold bei der Olympiade 1956) und danach immer wieder Weltcupstation. Seit vielen Jahren geben sich dort die Skidamen ihr allwinterliches Stelldichein. Sollte eigentlich mit dem zweiten Namen „Villagio di Götschl" heißen, weil die Steirerin dort schon so oft gewonnen hat. Der Ort selbst verbreitet einen fast morbiden Geruch, alles ist dort ziemlich in die Jahre gekommen. Die Hotellerie eher auf Zwei- denn auf Dreisternniveau, aber die Bars, das Essen und die allmächtigen Dolomiten mit der Tofana entschädigen für manch durchgelegene Matratze oder ausgehängten Duschvorhang.

6. Immer eine Reise in der Vorweihnachtszeit wert ist Gröden. Noch nicht viel los, bietet das Grödnertal ausreichend Gelegenheit, sich dem Erwerb von Weihnachtskrippen, dazugehörigen Figuren und diversen Geschenken hinzugeben. Dieses Südtiroler Skigebiet besticht durch seine Gemütlichkeit, die Freundlichkeit der Bewohner und last but not least die hervorragende Küche, die dort geboten wird. Die Abfahrt vom Langkofel verlangt oben einen ganz besonders schnellen Ski, Mut bei den Kamelbuckeln und feine Technik auf der Ciaslat-Wiese. Und unten einen noch schnelleren Ski.

7. Immer in die Top 10 muss Sölden gereiht werden, weil die Ötztaler es ausgezeichnet verstehen, den Weltcupauftakt zu zelebrieren. Eine fixe Tribüne wurde installiert, um den Skifans eine brodelnde Stadionatmosphäre bieten zu können. Die Rennläufer und Funktionäre, aber auch die Fans werden beispiellos betreut. Programm gibt es rund um die Uhr, alle freuen sich auf den Beginn der Saison. Es ist ein richtiges come together im späten Oktober. Prädikat: äußerst sehenswert.

8. Beaver Creek: Ein sensationeller Skiort in den Rocky Mountains – herrliche Abfahrten und wenig Leute, weil unheimlich teuer. Im Hyatt kostet die billigste Nacht 600 Dollar aufwärts, eine Tageskarte belastet das Budget mit gut und gerne 65 Dollar. Die Rennstrecke Birds of Prey fordert trotz geringer Länge den Läufern alles ab, bedingt durch das steile Gelände, sehr schwere Kurven, weite und hohe Sprünge sowie durch die extreme Höhenlage. Der Start befindet sich in 3440 Meter Seehöhe – logisch, dass da die Luft schon ziemlich dünn ist. Der Zuschauerzulauf ist für amerikanische Verhältnisse enorm, und 5000 Skifans im Ziel sind keine Seltenheit.

Erwähnens- und besuchenswert ist auf alle Fälle das Restaurant „Splendido", das Frank Stronach gehört. Größere Portionen gibt es aber im Tal in Avon, genauer gesagt im Saloon „Hole in the Wall" – die dortigen Burger sind eine Wucht, insbesondere kalorientechnisch.

9. Garmisch-Partenkirchen (allererstes Weltcuprennen 1967) ist ein Skiort mit einer sehr langen Tradition – Kandahar ist dort das Zauberwort. Die gleichnamige Abfahrt vom Kreuzeck ist eine ganz wilde, die auf den ersten 30 Sekunden viel Technik verlangt, danach muss für 40 Sekunden der Ski marschieren und die restlichen 40 Sekunden ist der Läufer extrem gefordert: Einerseits spielt die Kraft eine entscheidende Rolle, andererseits der Mut. Ich sage nur Hölle und Tauber-Kurve (oder besser gesagt Walchhofer-Alphand-Boyd-Kurve – alle drei haben dort schon abgeschnallt). Ansonsten macht sich bayrische Gemütlichkeit breit, Weißbier und Weißwiarscht sind vortrefflich.

10. Zagreb stand bisher zweimal für die Damen auf dem Rennkalender. 2006/07 kamen erstmals die Männer dazu. Was sich dort den AthletInnen bietet, ist durchaus mit Schladming zu vergleichen. Zigtausende Skifans säumen die Strecke und machen die Nacht zum Tag, Party ohne Ende, ein kroatisches Fahnenmeer und spannende Rennen. Geil!

Und weil es sich mit Top 10 nicht ausgeht, verlängern wir um eins!

11. Noch einmal zurück über den großen Teich: Whistler Mountain ist Austragungsort bei den Olympischen Spielen von Vancouver 2010 und nach kurzer Pause wieder im Weltcupkalender. In den letzten 20 Jahren zu dem Skizentrum Nordamerikas gewachsen, bietet diese Skistadt alles, was das Herz eines Wintersportlers höher schlagen lässt. Abfahrten mit mehr als 1000 Metern Höhenunterschied, Tiefschneezauber und eine sehr selektive Herrenabfahrt. Das einzige Minus – das aber umso größer – ist die Unberechenbarkeit des Wetters: Nebel, Schneefall, Regen, das alles ist möglich, und drei Tage hintereinander Sonnenschein einem Lottosechser gleichzusetzen.

Die undankbaren Plätze 12 bis 16 belegen die meiner Meinung nach auch sehr attraktiven Weltcupstationen Alta Badia, St. Anton, St. Moritz und Kvitfjell sowie Aare.

Und die Kategorie „Na ja" gewinnt Val d'Isère:
Obwohl die Abfahrt eine für den Saisonanfang perfekte ist, durchaus auch ihre Schwierigkeiten hat (Kompression) und obwohl ich dort 1994 gewinnen konnte, ist der Ort in Hochsavoyen irgendwie nicht so meins. Die Hotellerie sollte für die WM 2009 dringend antauchen, die Schlepplifte, diese komischen Tellerlifte, werden hoffentlich abmontiert, und wer weiß, vielleicht reißt irgendwer mit gutem Geschmack diese fürchterlichen, 18-stöckigen architektonischen Missgeburten neben dem Ziel der Abfahrt mit der Spitzhacke ein – Überbleibsel aus dem brutalen Bauboom der 60er-Jahre. Für uns Österreicher befindet sich Val d'Isère durchaus am Hintern der Welt, rund zehn Stunden dauert die Autoanreise von Salzburg – ohne Kaffee- und sonstige Pause.

Für eine „Flop-10-Liste" hat sich nur ein Teilnehmer qualifiziert:
Las Lenas in den argentinischen Anden ist zwar ein sehr gutes Trainingsgebiet, aber Rennfahren im August, so wie 1985 und 1986, braucht man wirklich genauso dringend wie Gegenwind auf einem blattlebenen Gleitstück. Irgendwer hat sich das damals eingebildet und wir waren alle dort. Karl Alpiger aus der Schweiz gewann 1985 zweimal, 1986 war, glaube ich, Pirmin erfolgreich. Das gab's nur zweimal, das kommt nicht wieder …

Alle Weltcuporte der letzten 40 Jahre

Argentinien
Las Lenas

Australien
Thredbo

Bosnien-Herzegowina
Sarajevo

Bulgarien
Borovets

Deutschland
Bad Wiessee
Berchtesgaden
Bischofwiesen
Garmisch-Partenkirchen
Hindelang
Lenggries
Oberstaufen
Ofterschwang
Pfronten
Schwarzenberg
Todtnau
Zwiesel

Finnland
Levi

Frankreich
Alpe d'Huez
Chamonix
Courchevel
Grenoble
La Mongie
Les Arcs
Les Contamines
Les Gets
Les Menuires
Markstein
Megève
Meribel
Montgenevre
Morzine-Avoriaz
Pra Loup
Puy Saint Vincent
Serre Chevalier
St. Gervais
Tignes
Val d'Isère
Val Thorens
Valloire

Italien
Abetone
Alta Badia
Aprica
Bardonecchia
Bormio
Madonna di Campiglio
Cervinia
Cortina
Courmayeur
Limone Piemonte
Monte Bondone
Piancavallo
Pila
Sestriere
San Sicario
Santa Caterina
Tarvisio
Val Gardena
Val Zoldana
Vipiteno

Japan
Furano
Happo One
Morioka Shizukuishi
Naeba
Sapporo
Shiga Kogen

Kanada
Banff
Bromont
Garibaldi
Lake Louise
Mont-Saint-Anne
Nakiska
Panorama
Rossland
Stoneham
Vancouver
Whistler Mountain

Korea
Yong Pyong

Kroatien
Zagreb

Neuseeland
Mount Hutt

Österreich
Altenmarkt
Bad Kleinkirchheim
Badgastein
Flachau
Fulpmes
Hinterstoder
Innsbruck
Kirchberg
Kitzbühel
Lech am Arlberg
Lienz
Mellau
Saalbach
St. Anton
Schladming
Schruns
Semmering
Sölden
Steinach
Wien
Zell am See

Polen
Zakopane

Norwegen
Geilo
Hafjell
Hemsedal
Kvitfjell
Narvik
Oppdal
Oslo
Stranda
Voss

Schweden
Aare
Gällivare
Klövsjö
Sälen
Sundsvall
Tärnaby
Vemdalen

Schweiz
Adelboden
Arosa
Crans Montana
Davos
Ebnat-Kappel
Flühli
Grindelwald
Haute Nendaz
Laax
Lagalb
Lenzerheide
Les Diablerets
Leukerbad
Meiringen
Mürren
Parpan
Saas Fee
Savognin
St. Moritz
Verbier
Veysonnaz
Villars
Wangs
Wengen
Zinal

Slowakei
Jasná
Vysoké Tatry

Slowenien
Kranjska Gora
Maribor

Spanien
Sierra Nevada

Tschechien
Spindleruv

USA
Anchorage
Aspen
Beaver Creek
Breckenridge
Copper Mountain
Crystal Mountain
Franconia
Heavenly Valley
Jackson Hole
Lake Placid
Mammoth Mountain
Park City
Squaw Valley
Steamboat Springs
Stratton Mountain
Sugarloaf
Sunshine
Sun Valley
Vail
Waterville Valley

Tomba La Bomba hat wie nicht viele andere einen bleibenden Eindruck bei den Skifans hinterlassen. Der Mann hat das Charisma quasi neu erfunden. Sein Trainer Gustav Thöni, jawohl, der Gustav Thöni, erzählt von den Jahren, wie er nach seiner eigenen Karriere an der von Alberto gearbeitet hat:

„Tomba ist eigentlich nur zufällig in die Mannschaft gekommen. Er war nicht so gut wie seine Jahrgangskollegen und wurde zum Sammeln von FIS-Punkten kreuz und quer durch die Alpenländer gehetzt. Aber er hat es dann schließlich doch ins Team geschafft. Zu aller Verblüffung hat er irrsinnig schnell gelernt und ist ungewöhnlich bald in die A-Mannschaft aufgestiegen. Dort stellte sich schnell heraus: Tomba war ein Ausnahmetalent. Die Erfolge stellten sich prompt ein. Und zwar in einer Häufung, die Tomba unvorstellbaren Ruhm und

so schnell Erfolg bei den Damen hatte oder aus Vernunft, weil er am Renntag erfolgreich sein wollte? Das lass' ich jetzt einmal offen.
Mit Tomba essen zu gehen war jedes Mal ein Riesentheater. Er war nie zufrieden mit dem Tisch. Wollte immer woanders sitzen. Und die Kellner haben für Herrn Tomba, den Skistar, das Lokal jedes Mal fast komplett umstellen müssen. Ob er wirklich so kapriziös war oder einfach nur Spaß dran hatte, die Leute zu sekkieren, da bin auch ich mir nicht 100-prozentig sicher."

La Bomba

→ Alberto Tomba, ITA

Popularität bescherten. Das brachte aber auch ein Zeitproblem mit sich.
Spätestens nach seinen Olympiasiegen hatte er so viele geschäftliche Verpflichtungen, dass er einen persönlichen Trainer brauchte. Der damalige Teamtrainer Schmalzl fragte mich, ich sagte zu. Ich sah sofort, dass hier die klassischen Trainingsabläufe zu vergessen waren. Tomba wollte alles im Schnellverfahren. Der Trainingslauf musste schon zeitig in der Früh gesteckt sein. Dann kam Tomba, fuhr fünf- oder sechsmal durch. Voll konzentriert. Aber dann wollte er Schluss machen. Das wäre aber selbst für einen Wunderknaben wie Alberto zu wenig. Also musste ich ihn mit kleinen Tricks zum Weitermachen überreden. Ich habe dann immer mit ihm gewettet: ‚Wenn du noch einmal fährst und schneller als vorher bist, zahl ich die Pizza, das Bier ...' und so weiter. Es funktionierte.

Mädchenschwarm Tomba? Ja. Partytiger? Nein. Dazu hat ihn die Presse gemacht. Natürlich war Tomba auch in der Disco. Aber selten sehr lang. Weil er

i

Geboren
am 19. Dezember 1966, Castel De Britti
1x Gesamtweltcup 1995
4x Riesentorlaufweltcup 1988, 1991, 1992, 1995
4x Slalomweltcup 1988, 1992, 1994, 1995

50 Einzelsiege – 15x RTL, 35x Slalom

Weitere Erfolge:
WM 1987 Crans Montana Bronze RTL
WM 1996 Sierra Nevada Gold RTL, Gold Slalom
WM 1997 Sestriere Bronze Slalom
Olympia 1988 Calgary Gold RTL, Gold Slalom
Olympia 1992 Albertville Gold RTL, Silber Slalom
Olympia 1994 Lillehammer Silber Slalom

Die Austro-Kiwi

→ Claudia Riegler, NZE

Zu den undankbarsten Aufgaben eines Trainers gehört es, einen Läufer aus dem Team auszusortieren. Besonders wenn die Leistungen im internationalen Vergleich durchaus überdurchschnittlich sind, aber in der eigenen Mannschaft einfach zu viele Spitzentalente sich gegenseitig den Platz an der Sonne streitig machen. Dann muss man das Talent ziehen lassen und hoffen, diese Entscheidung nicht irgendwann zu bereuen. Nun, Claudia Riegler hat sich nach dem Abschied vom ÖSV für die herzliche Aufnahme am anderen Ende der Welt mit vier Weltcupsiegen für Neuseeland bedankt.
Wie sehr die Austro-Kiwi ihrem Ex-Team Sorgen bereitet hat, zeigt ihre Geschichte von der WM in der Sierra Nevada 1996.

i

Geboren am 16. Juli 1976, Ebenau

4 Einzelsiege – 4x Slalom

„Die Saison 1995/96 war für mich der Durchbruch im Weltcup und ich bin damals als eine der Favoritinnen zur WM in die Sierra Nevada gereist. Der Nachteil, für Neuseeland zu starten, war, dass ich meine Saison immer alleine finanzieren und auch alles organisieren musste. Um Komplikationen zu vermeiden, hatte ich mich schon lange zuvor um die Unterkunft für meinen Coach und mich gekümmert und sogar im Voraus bezahlt. Doch als ich drei Tage vor dem Rennen ankam, war nur ein Zimmer frei. Die einzige Lösung war, das Zimmer mit meinem Coach zu teilen. Allerdings gab es darin nur ein Bett. Ich zog den kürzeren Strohhalm und schlief am Boden. Am nächsten Tag klingelte das Telefon: Ich sollte doch bitte zur Rezeption kommen mit unseren Sachen und das Zimmer räumen ...
Ich dachte nur, ich glaub', ich spinn', zwei Tage vor dem WM-Slalom und kein Zimmer!
Zum Glück waren die Österreicher im gleichen Hotel untergebracht und der damalige Rennchef von Atomic kannte mich schon seit meiner Kindheit. Er bot mir an, sein Zimmer – mit zwei Einzelbetten – zu teilen. Am nächsten Tag würde er ohnehin schon abreisen. Ich hatte keine andere Wahl und kannte ihn schließlich gut, aber wissen durfte das niemand! Ich erst 19, im Zimmer mit dem Atomic-Rennchef, während ich von Rossignol gesponsert wurde. Was wäre das für ein Skandal gewesen!
Mein Coach kam schließlich bei einem Servicemann der Österreicher unter, und die Nacht vor dem großen Tag konnte ich dann Gott sei Dank alleine im Zimmer schlafen. Vielleicht war es der Stress der letzten Tage oder einfach Pech, am nächsten Tag machte ich leider im zweiten Lauf zu viele Fehler und wurde schlussendlich Vierte mit 0,09 Sekunden Rückstand auf Bronze und 0,10 Sekunden auf Silber. Nicht schlecht, aber im Nachhinein doch ärgerlich.
Die Krönung meines Aufenthalts war dann aber der letzte Abend im Österreicher-Haus. Ich saß neben Peter Schröcksnadel am Tisch, der scherzend meinte: ‚Kiwi, bin ich froh, dass du keine Medaille gemacht hast. Das wäre für die Österreicher besonders bitter gewesen. Du hast zwei Wünsche frei.' Ich antwortete spontan: ‚Okay, ein Ballkleid und ein Diamantcollier wie bei Pretty Woman.' War ja nur ein Scherz, aber Schröcksi meinte: ‚Das Kleid kannst du haben und das Collier können wir ja für den Opernball ausleihen.' Ich müsste als Gegenleistung den Eröffnungswalzer mit ihm tanzen.
Da am Tisch einige Journalisten saßen, stand alles am nächsten Tag in der Zeitung. Ich habe mir daraufhin von einer Schneiderin für den Ball ein wunderschönes Kleid schneidern lassen und zum Spaß die Rechnung mit einem Brief zum Peter geschickt, der tatsächlich sein Versprechen hielt und mir das Kleid schenkte!
Leider war der Peter Schröcksnadel zum Opernball verhindert und ist mir den Walzer noch schuldig. Das Kleid habe ich übrigens noch immer ... also Peter, nächster Opernball! Versprochen?"

Die Unterhosen-Wette

→ Thomas Sykora, AUT

Niederösterreich ist, wie der Name schon sagt, eher nicht so hochalpin wie der Westen Österreichs. Und daher nicht unbedingt jene Gegend, die besonders viele Weltcupstars hervorgebracht hat. Zu den wenigen Ausnahmen gehört Thomas Sykora. Wobei man sagen muss, dass der junge, hoch aufgeschossene Mann beneidenswert gute Voraussetzungen hatte. Erstens einmal die genetischen: Thomas stammt aus der Sportlerdynastie Prokop-Sykora, in der Erfolge und Medaillen in diversen Sportarten zum täglichen Brot gehörten. Zweitens hatte er seinen eigenen Berg. Oder zumindest seine eigene Piste auf seinem Hausberg, dem Hochkar. Der Hang war für den gewöhnlichen Skitouristen viel zu schwer und daher gesperrt. So konnte Klein-Thomas, der nicht einmal klein war, als er noch klein war, ungestört trainieren. Von früh bis spät fetzte er durch die Tore, die sein Vater für ihn gesteckt hatte. Der Mühe Lohn waren neun Slalomsiege im Weltcup. Irgendwann spielten die Knie dann nicht mehr mit und Thomas wechselte ins Reporter-Fach. Für das österreichische Fernsehen fährt er die Damenstrecken mit der Helmkamera ab und würzt die TV-Übertragungen der Damenrennen mit fachmännischen Kommentaren. Dass Thomas Sykoras Expertise im Damenrennlauf so gefragt ist, liegt wahrscheinlich daran, dass Frauen in Thomas' Leben immer eine wichtige Rolle gespielt haben. Fragt man ihn beispielsweise nach seiner einprägsamsten Erinnerung aus etlichen Jahren im Skirennsport, hört man folgende Geschichte:

„Kitzbühel '96, der erste Durchgang war vorbei und die Ausgangslage sehr spannend. Ich führte mit wenigen Hundertstelsekunden vor Alberto Tomba. Unmittelbar vor dem zweiten Lauf traf ich Alberto beim Aufwärmen. Er ist ja ein sehr gesprächiger Zeitgenosse und erzählte mir ganz begeistert, dass es da eine neue Rennläuferin im Weltcup gäbe, jung und hübsch – eine gewisse Claudia Riegler. Was er nicht wusste, Claudia war zu diesem Zeitpunkt meine neue Freundin! Tomba, der Frauenliebling aus Italien, machte sich also Hoffnung. Ich forderte ihn heraus: ‚Du hast bei ihr keine Chance, denn sie mag nur geheimnisvolle Männer. Und das bist du ja nun wirklich nicht. Erstens kennt sie deinen Körper, nachdem man ja in der Zeitung sogar dein bestes Stück freirubbeln kann. (Da war im Vorfeld ein Riesenskandal mit einem Foto von Alberto, das irgendjemand in der Sauna von ihm geschossen hatte.) Und zweitens kennt sie seit gestern auch deine Unterhosen.' Tomba stellte nämlich am Vorabend in Kitz seine neue Kollektion La Bomba vor. Alberto konterte: ‚Die sind super!', und zum Beweis zog er seinen Rennanzug aus und zeigte mir seine La Bomba ... Unterhose natürlich. Ich bot ihm eine Wette an: ‚Wir fahren heute um deine Unterhose!' Er schlug siegessicher ein. Der zweite Durchgang war sehr spannend und ich hatte das Glück auf meiner Seite. Tomba wurde Zweiter. Die Unterhose allerdings bekam ich nie, vielleicht hatten wir uns oben in unserem Kauderwelsch aus Italienisch, Deutsch und Englisch ja missverstanden. Trotzdem kam ich zu meiner Belohnung: Als Alberto sah, wie ich von der Claudia ein ordentliches Busserl bekommen hab, sind dem Casanova die Augen herausgefallen."

Wir sind sicher, dass ihm auch noch etwas zu einem bedeutenden Moment im Weltcup einfallen würde, der nichts mit einer Frau zu tun hat, wenn man ihn nur lange genug nachdenken ließe.

i

Geboren am 18. Mai 1968, Göstling
2x Slalomweltcup 1997, 1998

9 Einzelsiege – 9x Slalom

Weitere Erfolge:
Olympia 1998 Nagano Bronze Slalom

„Schon als kleines Kind wünschte ich mir nichts mehr, als einmal im Weltcup Rennen zu fahren. 1984 in Aspen war es so weit: Mein erstes Weltcuprennen! Ich war allerdings mehr von den berühmten Skistars und dem ganzen Drumherum beeindruckt als vom Rennen selbst. Mit den ganz Großen des Skisports auf Tuchfühlung. So nah, dass mich Peter Müller beim Skilift ziemlich rüpelhaft mit den Worten ‚Peter Müller, erste Gruppe!‘ zur Seite stieß. Trotzdem wusste ich: Das war meine Welt, das war mein Leben.
Es hat allerdings einige mühsame Jahre gedauert, bis ich endlich in Gröden im Dezember 1989 aufs Podest durfte. Da wusste ich, dass ich gut genug war, eines Tages ein Weltcuprennen zu gewinnen. Aber ich musste wieder warten, denn viele Verletzungen bescherten mir noch einige schwarze Jahre.
Aber jetzt – Dezember 1994, Val d'Isère! Ich führte und bestieg im Geiste schon das oberste Treppchen ... Und dann kam Josef Strobl und fuhr mit Startnummer 61 meinen Traum über den Haufen.
Was ich wenig später erleben durfte, war all die Mühen wert: Ich siegte in Kitzbühel, ich siegte im Mekka des Skisports, und das gleich zweimal am selben Tag vor der atemberaubenden Kulisse von 40.000 Menschen. An diesem Tag hätte ich Kitzbühel kaufen können, ich war der König!“

Luc Alphand wurde einer der erfolgreichsten Läufer in den Speed-Disziplinen und gewann dreimal den Abfahrtsweltcup und einmal den Super-G-Weltcup. Dass er wirklich ein König der Abfahrer war, bewies er 1997, als er als erster und bisher einziger Abfahrtsspezialist den Gesamtweltcup gewann.

Der Speedjunkie

→ Luc Alphand, FRA

Nachdem Luc die Ski abgeschnallt hatte, hockte er sich hinter das Lenkrad eines wüstentauglichen Rennwagens und fuhr 1998 seine erste Rallye Dakar. Wir würden jetzt gerne schreiben, dass Luc von einem Siegespodest auf das nächste gesprungen ist – aber leider. Die erste Dakar war ein Desaster. Auto drei Tage vor dem Ziel liegengeblieben, langer Marsch durch die Wüste, Afrika ist groß. Überspringen wir die nächsten Jahre mit immer besser werdenden Ergebnissen und landen wir 2006, wo Luc der Sprung auf das oberste Treppchen der Dakar gelang. Damit war Alphand der erfolgreichste Quereinsteiger. Was ist schwieriger? Die Wüste zu bezwingen oder den Weltcup zu gewinnen? In einem Interview sagte Alphand:

„Der Weltcup-Gesamtsieg war mit Sicherheit schwieriger einzufahren. Die Kämpfe mit der alten Garde der Österreicher, das war richtig schwere Arbeit. Du brauchst so viel Erfahrung, um vorn zu sein ... von allem das Beste, nicht nur vom Material ... Ich habe die Sportart gewechselt, einfach um etwas anderes zu tun, eine neue Herausforderung zu suchen. Als ich mit Autorennen begann, dachte ich niemals auch nur im Entferntesten daran, die Dakar gewinnen zu können. Aber tief in mir zählt der Gewinn des Gesamt-Ski-Weltcups sicher mehr."

i

Geboren am 6. August 1965, Briançon
1x Gesamtweltcup 1997
3x Abfahrtsweltcup 1995, 1996, 1997
1x Super-G-Weltcup 1997

Erster Sieg am 13. Jänner 1995 bei der Abfahrt in Kitzbühel
12 Einzelsiege – 10x Abfahrt, 2x Super-G

Weitere Erfolge:
WM 1996 Sierra Nevada Bronze Abfahrt

Wir saßen wieder einmal vor der Glotze und hielten die Daumen für jeden Österreicher, egal mit welcher Startnummer. Und dann kam einer, mit gefletschten Zähnen, scheinbar fest entschlossen, alle Torstangen, die im Weg standen, einfach wegzubeißen. Ob Maier, Mayer, Meier oder Müller war uns vorerst noch egal, der Bursche aber nicht gleichgültig. Der Typ war ein Viech, erinnerte an den „Beißer" in James Bonds „Moonraker" oder an Schwarzenegger als „Terminator". Für die Medien war er ein Lottosechser. Seine Geschichte gleicht einem Groschenroman, wie er aus dem Team geflogen ist, wie er sich auf dem Hometrainer seine fast übermenschliche Kraft geholt hat, wie er über den Europa- zurück in den Weltcup fand, sein Weg vom Nirwana auf den Olymp.

Was über seinen Überschlag bei der Abfahrt in Nagano geschrieben wurde, wäre dicker als dieses Buch. Was über seinen Motorradunfall, der ihn fast sein Bein gekostet hat, berichtet wurde, mehr als zwei weitere. Sein unvorstellbarer

Wille, den Weg zurück an die Spitze zu schaffen, und dass er es geschafft hat, könnte eine ganze Bibliothek füllen. Hermann Maier war und ist einer der größten, der allergrößten Rennläufer aller Zeiten und wahrscheinlich das Beste, was dem Weltcup passieren konnte.

Der die Torstangen frisst

→ Hermann Maier, AUT

Seine Freudentränen über seinen ersten Sieg nach seinem Comeback in Kitzbühel sind den Fans genauso präsent wie sein vom Zorn über Niederlagen gezeichnetes Gesicht. Dieser Mann polarisiert, hat wahrscheinlich genauso viele Gegner wie Freunde. Und man muss kein Österreicher sein, um 53 Siege des Herminators zu bewundern.

i

Geboren am 7. Dezember 1972, Altenmarkt
4x Gesamtweltcup 1998, 2000, 2001, 2004
2x Abfahrtsweltcup 2000, 2001
5x Super-G-Weltcup 1998, 1999, 2000, 2001, 2004
3x Riesentorlaufweltcup 1998, 2000, 2001

Erster Sieg am 23. Februar 1997 beim Super-G in Garmisch-Partenkirchen
53 Einzelsiege – 15x Abfahrt, 23x Super-G, 14x RTL, 1x Kombi

24. August 2001 schwerer Motorradunfall
Jänner 2003 Rückkehr in den Weltcup und bereits am 27. Jänner Sieg im Super-G von Kitzbühel

Weitere Erfolge:
WM 1999 Vail Gold Abfahrt, Gold Super-G (ex aequo Lasse Kjus)
WM 2001 St. Anton Silber Abfahrt, Bronze Super-G
WM 2003 St. Moritz Silber Super-G (ex aequo Bode Miller)
WM 2005 Bormio Gold RTL
Olympia 1998 Nagano Gold Super-G, Gold RTL
Olympia 2006 Turin Silber Super-G, Bronze RTL

Viva la Innovation!

Als der Weltcup 1967 geboren wurde, war der Skisport schon längst erwachsen. Da fuhr schon lange niemand mehr im Stemmbogen mit wehenden Hosen und weiten Pullovern auf selbst geschnitzten Eschenholzlatten mit Riemenbindungen. Nein, nein, es war alles schon ganz modern. Aggressive Schwünge, Ski mit rasiermesserscharfen Stahlkanten, Sicherheitsbindungen und Schnallenskischuhe. Verglichen mit dem heutigen Material also gar nicht steinzeitlich. Höchstens mittelalterlich. Die Entwicklung wurde aber nicht nur von der Industrie vorangetrieben. Die Läufer selbst tüftelten an ihrem Material herum. Heini Messner etwa verbog seine Abfahrtsstöcke, um eine aerodynamisch bessere Abfahrtshaltung einnehmen zu können. Er polsterte seinen Slalompullover aus, damit er sich an den Torstangen keine blauen Flecken mehr holte. Aber der „Daniel Düsentrieb“, der genialste Erfinder von allen, war Erwin Stricker. Der Südtiroler hat zwar nie ein Weltcuprennen gewonnen, sich aber mit seinen Innovationen einen Platz in den Highlights der Weltcupgeschichte gesichert. Die wohl revolutionärste seiner Ideen war, eng anliegende, einteilige Nylonanzüge hauchdünn mit Plastik zu beschichten. Dies würde den Anzug luftundurchlässig und damit extrem windschlüpfrig machen. Da haben viele spöttisch den Kopf geschüttelt. Aber als die Idee serienreif war und die italienische Mannschaft 1970 als Erste die neuen Anzüge bekam und damit gleich einmal allen um die Ohren fuhr, da schauten sie alle. Damals waren noch zweiteilige Anzüge Standard. Und die ersten Einteiler aus Skihosenstoff waren steif und unbeweglich. Die Plastikanzüge passten wie eine zweite Haut, hatten aber auch gravierende Nachteile. Es ging keine Luft durch und daher auch keine raus. Nach spätestens zehn Minuten war man nassgeschwitzt. Unangenehm und in höchstem Maße ungesund. Zweiter Nachteil – im Sturz war man fast noch schneller als in der Abfahrtshocke. Daher wurden die Anzüge, bald nachdem sie endlich auch die anderen Teams bekamen, verboten.

Länger hielt sich eine andere Erfindung Strickers: die Geierschnäbel. Diese asymmetrischen Plastikaufsätze sind tatsächlich ein wirksamer Schutz gegen das verhängnisvolle Einfädeln, wobei die Torstange zwischen die beiden Skispitzen gerät, was wiederum zur Disqualifikation führt.

Erwin war nicht nur berühmt für seine abenteuerlichen, aerodynamischen Helmdesigns, sondern mindestens ebenso berüchtigt für seine fürchterlichen Stürze und seinen trockenen Südtiroler Schmäh. Franz Klammer erinnert sich, Erwin, der im Trainingslauf 35 Sekunden vor ihm gestartet war, überholt zu haben: „... In leicht gequälter Hocke deutete er mit dem Daumen frech das Anhalterzeichen. In vollem Renntempo brüllte ich zu ihm rüber: ‚Ich nehme keine Autostopper mit!‘“

In dieser Zeit gab es auch das Phänomen des „Lochskis“. Ein ostereigroßes Loch in der Schaufel sollte auf aerodynamischem Wege wertvolle Sekundenbruchteile bringen. Wenn es keine Fotos davon gäbe, man würde es nicht glauben.

Dann gab es ungefähr in den späten Siebzigern die Paraplacks. Das waren kleine Plastik-Torbögen, die in der Mitte des vorde-

ren Skis montiert waren. Die Dinger verhinderten zwar das bei der damaligen Fahrtechnik (der Fahrstil von Duvillard und Russel war das Maß der Dinge – weit hinten sitzend, Ski eng und parallel) häufige Überkreuzen der Ski. Waren die Ski aber doch mal über Kreuz (was in der Praxis trotz Paraplacks sehr oft vorkam), dann waren sie gleichermaßen hinderlich, wenn man den verirrten Ski wieder parallel bekommen wollte. Es wurde an einseitig abgeschrägten Varianten gearbeitet, aber Thönis Umsteigschwung machte die unseligen Paraplacks entbehrlich: „Ich konnte keinen ordentlichen Parallelschwung fahren, weil ich es nicht schaffte, meine Beine zusammenzuhalten. Deshalb fuhr ich ganz automatisch einen Schwung, beim dem ich das Gewicht mit einem richtigen Schritt auf den anderen Ski verlagerte. In diesem Bewegungsablauf hatte sogar noch ein Schlittschuhschritt Platz, um noch mehr zu beschleunigen.“
Der Umsteigschwung revolutionierte die Fahrtechnik für die nächsten 20 Jahre.

In den 1990ern fuhren Rudi Nierlich und Ole Kristian Furuseth extrem breitbeinig, ohne den Innenski wie beim Umsteigschwung bewusst zu heben. Sie kippten beide Ski einfach abwechselnd auf die Kante und fuhren so links-rechts, den Radius des Skis ausnützend. Was so kompliziert klingt, nennt heute jedes Kind „Carven“. Die Ski bekamen eine immer extremere Wespentaille, um möglichst enge Kurvenradien zuzulassen. Was dazu führt, dass die Slalomfahrer oft von der Fliehkraft regelrecht aus dem Kurs hinausgeschleudert werden. Man wird sehen, wie weit die Entwicklung noch geht, bevor Sportärzte in Sorge um die Knie der Renn- und Freizeitläufer „Alarm“ rufen.

Wenn wir vom Sicherheitsrisiko reden – Gustav Thöni hat sich seine Gedanken gemacht über gestern, heute und morgen: „Früher war das mit der Sicherheit noch ein bisschen anders. Die Steilhangeinfahrt auf der Streif beispielsweise war mit einem Staketenzaun abgesichert. Schon damals schossen die Läufer mit gut 100 km/h auf die Stelle zu. An den Pistenrändern gab es keine Fangnetze, sondern Strohballen. ... Die Pisten waren schwieriger, weil welliger, weil nicht so gut präpariert. Die Ski waren viel mehr in der Luft als auf dem Schnee. Das heißt nicht, dass es heute leichter ist. Nur haben sich die Schwierigkeiten verlagert. Bessere Pisten bedeuten wahnsinnig hohe Geschwindigkeiten. Das Material und die Fahrtechnik erlauben wesentlich höhere Kurvengeschwindigkeiten. Früher hat man in einer Kurve querstellen müssen und damit Zeit verloren. Heute fährt man voll auf Zug und hält das Tempo. Sogar auf einer brettelglatten Geraden sind die modernen Ski mit der Belagstechnologie um Sekunden (!) schneller. Spitzengeschwindigkeiten an die 150 sind keine Seltenheit. Vielleicht sollte man die Pisten wieder schwieriger machen durch engere Kurven und welligere Oberflächen. Das würde den Tempowahnsinn einbremsen.“

Kristian Ghedina, kein Kind von Langsamkeit, hat nicht auf irgendwelche Entscheidungen von oben gewartet, sondern für sich eine Lösung gefunden, die mittlerweile zur Standardausrüstung der flotten Truppe zählt: der Rückenprotektor, ganz einfach aus dem Motorradrennsport abgeschaut.

Plastikanzug

Geierschnäbel

Gebogene Abfahrtsstöcke

Lochski

Katja Seizinger nach ihrem schönsten Sieg zu fragen, heißt, sie in Verlegenheit zu bringen. Was soll sie sagen bei so vielen Erfolgen? Nach langem Nachdenken sagt sie: „Neben meinem ersten Olympiasieg in der Abfahrt in Lillehammer 1994 bleibt für mich meine erfolgreichste und zugleich letzte Saison 1997/98 unvergessen: sechs Siege in Folge, zweimal Gold und einmal Bronze in Nagano, Sieg im Gesamtweltcup inklusive die kleinen Kugeln in Abfahrt und Super-G. Ganz besonders zu erwähnen sind die zahlreichen Duelle mit der Speed Queen des neuen Jahrhunderts, Renate Götschl. Sie hat mich mit ihrem kompromisslosen Fahrstil gezwungen, an meine Grenzen zu gehen. Aber die wohl größte Herausforderung in meinem Leben heißt Finn und ist am 11. Dezember 2006 geboren!“

Die erfolgreichste deutsche Skirennläuferin

→ Katja Seizinger, GER

Selbst eine Bilderbuchkarriere wie die der Katja – mittlerweile Weber-Seizinger – hat ein paar dunkle Seiten. „Besonders schmerzvoll war meine Erfahrung, die ich bei meiner ersten Olympiaabfahrt 1992 in Albertville (kein Druckfehler: zwei Olympiaden innerhalb von zwei Jahren, wegen der neuen Abwechslungs-Regel WM/Olympia) machen musste: Nach einer zehnminütigen Rennunterbrechung wurde ich trotz Schneefall ohne einen weiteren Vorläufer ins Rennen geschickt. Ich wurde Vierte mit zwölf Hundertstel Rückstand auf Gold." Mit viel gutem Willen ist es möglich, sich damit abzufinden, dass Erfolg und Ruhm von einer momentanen Unpässlichkeit des Schicksals abhängen können. Wenn aber die Summe eines ganzen Jahres Arbeit nicht ausreicht, dann würgt das die Seele nachhaltig. „Prägend waren meine beiden ersten unglücklichen Anläufe auf den Gesamtweltcup 1993 und 1995, in denen ich mich beide Male knapp Anita Wachter und Vreni Schneider geschlagen geben musste." Doch Niederlagen machen stark, wie Katja 1998 (siehe oben) eindrucksvoll bewiesen hat.
1999 war dann trotzdem Schluss und Katja nahm eine längere Verletzungspause als guten Anlass für einen verdienten Rücktritt vom Rennsport.

i

Geboren am 10. Mai 1972, Datteln
2x Gesamtweltcup 1996, 1998
4x Abfahrtsweltcup 1992, 1993, 1994, 1998
5x Super-G-Weltcup 1993, 1994, 1995, 1996, 1998

Erster Sieg am 7. Dezember 1991 beim Super-G in Santa Caterina
36 Einzelsiege – 16x Abfahrt, 16x Super-G, 4x RTL

Weitere Erfolge:
WM 1993 Morioka Gold Super-G
WM 1996 Sierra Nevada Silber Abfahrt
WM 1997 Sestriere Silber Super-G, Silber Kombi
Olympia 1992 Albertville Bronze Super-G
Olympia 1994 Lillehammer Gold Abfahrt
Olympia 1998 Nagano Gold Abfahrt (erste Frau, die Olympia-Gold in der Abfahrt wiederholen konnte), Gold Kombi, Bronze RTL

„Hoppla, da bin ich!'", schien die 17-jährige Renate sagen zu wollen, als sie ihr erstes Weltcuprennen fuhr und mit der hohen Startnummer 42 auch gleich gewann. Der Sieg im Slalom von Hafjell 1993 blieb allerdings ihr einziger in dieser Disziplin. Götschl entwickelte sich zu der Größe in den schnellen Disziplinen, was ihr angesichts ihrer Erfolge den verdienten, respektvollen Namen „Speed Queen" eintrug. Mit ihren 46 Siegen ist die Steirerin nach Annemarie Moser-Pröll und Vreni Schneider die dritterfolgreichste Läuferin der Weltcupgeschichte.

Armin schwärmt: „... Renate ist eine der sensationellsten Rennfahrerinnen, die es gibt! Wirklich eine Rennfahrerin. Wenn sie den Helm aufsetzt, dann taucht sie weg in eine andere Dimension. Wenn man sie privat trifft, ist sie so eine ruhige, ausgeglichene Person, der man nie zutrauen würde, dass sie auf der Rennstrecke so eine Aggressivität entwickeln kann."

Einen besonders starken Eindruck hinterließ ihr fulminantes Comeback nach der schweren Verletzung von Lenzerheide im Frühjahr 2002.
Sofort nach ihrem Sturz wurde Renate mit dem Hubschrauber ins Krankenhaus

Die wahre Speed Queen

→ Renate Götschl, AUT

nach Schruns geflogen, wo sie noch am selben Tag operiert wurde. Die niederschmetternde Diagnose: im linken Knie Risse des inneren Seitenbandes, des vorderen Kreuzbandes und des äußeren Seitenbandes sowie einen Abriss und eine Einklemmung des äußeren Meniskus, darüber hinaus auch einen Bruch des linken Wadenbeins. Dazu auch einen Teilriss des inneren Seitenbandes sowie einen Abrissbruch des Kronenfortsatzes am linken Ellbogen. „Mit diesen schweren Verletzungen ist eine Rehabilitationszeit von sechs Monaten zu erwarten", meinte der Arzt.
In der nächsten Saison, als wäre nichts gewesen, nahm sie wieder ihren gewohnten Platz auf dem Stockerl ein. Und auch im letzten Winter war sie unglaublich hart zu sich selber. Nach einem Sturz im Training ging sie mit einem Defekt im Knie in den Weltcup-Super-G in Tarvis 2007 und gewann das Rennen und ihren dritten Super-G-Weltcup.

i

Geboren am 6. August 1975, Judenburg/Steiermark
1x Gesamtweltcup 2000
5x Abfahrtsweltcup 1997, 1999, 2004, 2005, 2007
3x Super-G-Weltcup 2000, 2004, 2007

Erstes Weltcuprennen am 14. März 1993 Slalom in Hafjell
Erster Sieg am 14. März 1993 Slalom in Hafjell
46 Einzelsiege – 24x Abfahrt, 17x Super-G, 4x Kombi, 1x Slalom

Weitere Erfolge:
WM 1997 Sestriere Gold Kombi
WM 1999 Vail/Beaver Creek Gold Abfahrt, Silber Super-G, Silber Kombi
WM 2001 St. Anton Silber Abfahrt
WM 2005 Bormio/Santa Caterina Silber Teambewerb, Bronze Abfahrt
WM 2007 Aare Gold Teambewerb, Bronze Super-G
Olympia 2002 Salt Lake City Silber Kombi, Bronze Abfahrt

„**2000/01** zählte ich zu den besten Piloten im Riesenslalom. Wir hatten innerhalb von nur wenigen Tagen zwei Rennen nacheinander. Nach meinem dritten Rang in Les Arcs (Frankreich) war mein Selbstvertrauen zwei Tage später für den Klassiker in Adelboden (Schweiz) sehr hoch.
Adelboden zählt zu den schwierigsten Strecken überhaupt. Diese Piste ist gespickt mit Richtungsänderungen, Übergängen und abfallendem Gelände. Böse Zungen behaupten, dass dieses Rennen jedes Jahr noch schwieriger wird, da der Bauer im Sommer die versch... Misthaufen nicht entfernt und somit eine zusätzliche Bodenwelle entstand. Trotzdem oder genau deswegen gefiel mir dieser Hang immer. Da mein gesamter Fanclub erstmals vollzählig dabei war, freute ich mich besonders.
Am Vorabend des Rennens gelang mir das Kunststück, bei der Startnummernauslosung die Nummer eins zu ziehen. Ich durfte also eröffnen, und so stand ich dann leicht nervös, aber mit geschwellter Brust, oben im Starthaus, meine Fans unten im Zielraum. Die letzten Sekunden Konzentration, und dann ging die Post ab. Raus aus der Hütte, attackieren wie wild, jedes Tor niederreißen, voll am Limit. Mein Herz lachte ob meiner genialen Fahrt, und auch über mein Gesicht huschte ein Lächeln, während ich den Berg hinunterraste.
Als ich dann die Ziellinie überquerte, überkam mich ein euphorisches Gefühl. Tausende Zuschauer jubelten, und ich riss meine Arme in die Luft. Ich war der erste Läufer im Ziel und es gab keine Zeit, an der ich mich orientieren konnte, aber mein inneres Gefühl sagte mir, dass ich schnell war. Ich öffnete die Bindung von meinem Ski, hob ihn auf und küsste ihn. Die andere Hand zeigte weiterhin in Jubelpose steil gegen den blauen Himmel. Zudem setzte ich ein breites Grinsen auf und strahlte in die TV-Kameras! Nur wahre Sieger jubeln so überzeugend!
So stand ich dann also unten im Zielraum, überzeugt, eine richtige Heldentat erbracht zu haben, an welcher sich alle weiteren Konkurrenten die Zähne ausbeißen würden. Oben am Start stand ein chancenloser Frederik Nyberg mit der Nummer zwei. Ich schaute ihm also gespannt zu und beobachtete auf der großen Leinwand, wie die Sekunden dahintickten. Als er sich der ersten Zwischenzeit näherte, war ich dann aber schon leicht angespannt. Bei seiner Zwischenzeit wollte ich meinen Augen nicht trauen. Konnte es sein, dass mir Nyberg auf den ersten 30 Fahrsekunden schon über eine Sekunde abgenommen hatte? Bis er dann endlich unten im Ziel angelangt war, war mein Rückstand auf weit über zwei Sekunden angestiegen! Oh mein Gott, wie hatte ich mich doch gerade vorhin zum totalen Deppen gemacht, mit meinen Jubelposen und meinem Siegergetue! Ich wollte unverzüglich im Boden versinken. Eine größere Peinlichkeit war mir bis anhin noch nie passiert.
Als Mike von Grünigen mit der Nummer drei unterwegs war, verließ ich schon den Zielraum. Mein Kopf ganz tief nach vorne geneigt. Ich hoffte einfach, dass mich niemand erkannte!
Schlussendlich reichte meine ‚Superfahrt' genau für den 26. Rang und ich konnte mich gerade noch für den zweiten Lauf qualifizieren. Aber eine wichtige Lektion habe ich aus diesem Vorfall gelernt. Juble niemals, wenn du die Startnummer eins auf deiner Brust trägst!"
Für so viel Ehrlichkeit und Selbstironie bekommt Marco von uns einen dicken roten Einser für seine Geschichte.

Der Zieljubel

→ Marco Büchel, LIE

i

Geboren am 4. November 1971, Walenstadt

3 Einzelsiege – 2x Abfahrt, 1x Super-G

Weitere Erfolge:
WM 1999 Vail Silber RTL

Die mit den 429 Weltcuprennen

→ Martina Ertl-Renz, GER

Martina Ertl-Renz war 15 Jahre ein Fixstern im Weltcup. Von 1991 bis 2006 bestritt sie 429 Rennen. Das ist einsamer Rekord bei den Damen. In dieser langen Zeitspanne hat sie wirklich alles erlebt, Siege, Niederlagen, Verletzungen, Tränen der Freude wie etwa beim Auftaktrennen in Sölden 2000, als sie vom 17. auf den ersten Platz vorfuhr, oder der Trauer, als sie 1998 bei den Olympischen Spielen einfach zu viel Pech hatte und in 24 Stunden zweimal „nur" Vierte wurde.

Wie eng Freud und Leid beieinanderliegen, lernte sie in der Saison 2000/01 kennen.

„Ich bin sehr gut in die neue Saison gestartet und führte den Gesamtweltcup an. Doch dann verletzte ich mich (Innenbandriss im rechten Knie. Mehr dazu im Kapitel ‚Stürze, Kracher und Kometen') und all meine Träume, endlich die große Kristallkugel zu gewinnen, waren in einem Sekundenbruchteil geplatzt! Nach Ansicht der Ärzte sollte ich nun sechs bis acht Wochen pausieren. Der Weltcupzug war zwar abgefahren, aber wenigstens bei der WM in St. Anton wollte ich dabei sein. Die war allerdings schon in vier Wochen. Es hat mich viel harte Rehab-Arbeit und Überredungskunst gekostet, die Ärzte und Therapeuten davon zu überzeugen, mich starten zu lassen. 30 Tage nach meiner Verletzung reiste ich direkt von der Klinik zur WM nach St. Anton. Zu meiner eigenen Überraschung gewann ich die Kombination souverän und somit auch meine erste Goldmedaille. Eine glänzende Entschädigung für die Enttäuschung im Weltcup. Es war für mich das erste Mal, dass ich vor Freude geweint habe ..."

i

Geboren am 12. September 1973, Bad Tölz
2x Riesentorlaufweltcup 1996, 1998

13 Einzelsiege – 2x Super-G, 9x RTL, 2x Slalom

Weitere Erfolge:
WM 1993 Morioka Bronze RTL
WM 1996 Sierra Nevada Bronze RTL
WM 2001 St. Anton Gold Kombi
WM 2005 Bormio Gold Teambewerb
Olympia 1994 Lillehammer Silber RTL
Olympia 1998 Nagano Silber Kombi
Olympia 2002 Salt Lake City Bronze Kombi

Kurioses und Rekordverdächtiges

Es gibt fünf Gründe, sich auf den ersten Blick „nutzloses" Wissen anzueignen. Erstens, um am Stammtisch der Klügste zu sein. Zweitens, um bei der „Millionenshow" (»Wer wird Millionär") viel Geld zu gewinnen. Drittens und viertens und fünftens, um am Stammtisch der Klügste zu sein. Wir haben einiges gehört, gelesen, im Internet gefunden und für Sie zusammengetragen. Ohne Anspruch auf Vollständigkeit und ohne Gewähr, auf jeden Fall aber verblüffend!

! Michael Walchhofer wurde mit 155,3 km/h auf der Streif gemessen und brach damit die 154 km/h von Rauffers vom Vortag im Training.

! Die höchste je in einem Skirennen erzielte Durchschnittsgeschwindigkeit liegt bei 112,37 km/h. Dieser Rekord, aufgestellt von Armin Assinger bei seiner Siegesfahrt in der Sierra Nevada 1993, fand Eingang ins Guiness Book of Records.

! Kristian Ghedina stand 29-mal auf dem Podium (auf 13 verschiedenen Stecken) bei einer Weltcupabfahrt. Hermann Maier aktuell 25-mal und Fritz Strobl 24-mal.

! Als erster und bisher einziger Abfahrtsspezialist gewann Luc Alphand 1997 den Gesamtweltcup.

! Am 25. November 2006 löste Marco Büchel mit seinem Sieg bei der Abfahrt in Lake Louise Stephan Eberharter mit 35 Jahren und 21 Tagen als ältesten Sieger eines Weltcuprennens ab.

! Die „älteste" Siegerin war Michaela Dorfmeister beim Super-G in Hafjell am 3. März 2006 nur zwölf Tage vor ihrem 33. Geburtstag. Anita Wachter war erst 32 Jahre und 11 Monate bei ihrem letzten Sieg.

! Noch Teenager waren Silvia Eder und Betsy Clifford, als sie mit 16 Jahren und 5 Monaten ihr jeweils erstes Weltcuprennen gewannen. Und Pamela Behr war bei ihrem Sieg im Slalom von Val d'Isère 1972 sogar noch einen Monat jünger.

! Der männliche Youngster war Piero Gros mit 18 Jahren und 2 Monaten. Pirmin Zurbriggen war schon fast 19.

! Das erste Weltcuprennen überhaupt gewann Heini Messner, die meisten Ingemar Stenmark (86). Annemarie Moser-Pröll 62, Vreni Schneider 55, Hermann Maier 53.

! Die meisten großen Kristallkugeln hamsterte Annemarie Moser-Pröll: sechs Stück.

! Apropos Moser-Pröll: 1973 in Chamonix hängte sie in der Abfahrt Wiltrud Drexel mit dem Rekordabstand von 2,96 Sekunden ab. Dafür bekam sie von Marie-Therese Nadig das „All-Time-High" von 5,2 Sekunden im Riesentorlauf von Furano in der Saison 1978/79 aufgebrannt.

! Bei den Herren betrugen die Rekordabstände 4,06 Sekunden zwischen Stenmark und Križaj im Riesentorlauf und 3,54 Sekunden zwischen Klammer und Plank in der Abfahrt.

! Der kleinste offiziell gemessene Abstand betrug eine Hundertstelsekunde. Was glauben Sie, wie oft zwei Rennläufer innerhalb eines Wimpernschlags die Ziellinie überquerten? 20-mal bei den Herren und 15-mal bei den Damen (Stand März 2007). Zwei Wimpernschläge trennten 18-mal die Ersten von den Zweiten.

! Nicht offiziell, aber dennoch korrekt gemessen, waren die drei Tausendstel (!) zwischen Klammer und Thöni in Kitzbühel, die wohl knappste Entscheidung in der Geschichte.

! Den größten Sprung aufs oberste Siegestreppchen machte der Schweizer Marc Berthod mit Startnummer 60 nach dem 26. Platz im ersten Durchgang des Slaloms in Adelboden 2007. Von Platz 23 auf Platz 1 kletterte Benni Raich in Schladming 1999.

! In der Superkombination vom Lauberhorn 2007 lag Mario Matt nach der Abfahrt an 34. Stelle. Mit seinem Sieg im Slalom gewann er auch die Kombination.

! Mit Startnummer 64 gewann Ivica Kostelic 2001 den Slalom in Aspen und der Liechtensteiner Markus Foser mit Nummer 66 die Abfahrt in Gröden 1993.

! Gleich drei Damen waren auf die Hundertstelsekunde gleich schnell beim Super-G in Hafjell 2006: Michaela Dorfmeister, Lindsey Kildow und Nadia Styger.

! Am häufigsten an einem Weltcuport war Renate Götschl siegreich. Sie gewann auf der Tofana in Cortina d'Ampezzo zehnmal! Ingemar Stenmark war achtmal in Madonna di Campiglio erfolgreich.

Das Glückskind

→ Isolde Kostner, ITA

„Damit ein junger Sportler Höchstleistungen erreichen kann, braucht er meiner Meinung nach drei fundamentale Elemente: große sportliche Begabung, unaufhörlichen Einsatz und eine große Portion Glück.
Meine große Begabung war das Gleiten, das Gefühl, den Ski laufen zu lassen, wann immer es nur ging. Ich bin damit geboren worden und habe es nie erlernen müssen.
Voller Einsatz kam spätestens dann, als ich zwölf Jahre alt war und beinahe mit dem Skifahren aufhören musste, weil ich bei einem Trainingslager nicht die Nachtruhe eingehalten hatte.
Und Glück hat mich meine ganze Karriere lang begleitet. In meiner 20-jährigen sportlichen Laufbahn erlitt ich keine größere Verletzung. Dabei hätte meine sportliche Laufbahn schon 1996 während der WM in Sierra Nevada ein schreckliches Ende finden können.
Ich war in der Abfahrtsweltrangliste ziemlich weit vorn und konnte mir fast immer die Startnummer aussuchen. Meine Lieblingsnummer war die 30 und die wählte ich auch fast ausnahmslos bei jedem Rennen, bei dem die hohe Startnummer Vorteile bringen würde. Und weil ich in dieser Saison mit der 30 schon oft Topergebnisse erreicht hatte, wollte ich beim letzten Trainingslauf für die WM-Abfahrt in Sierra Nevada wieder als Letzte der ersten Gruppe an den Start gehen. Mein ganzes Team war sich darüber einig.
Beim Abendessen sagte mir Valerio, mein Trainer, dass er bei der Mannschaftsführersitzung für mich die Nummer 29 genommen hätte. Auf meine sofortige Frage ‚Warum?' antwortete er: ‚Einfach so, um einmal mit einer anderen Nummer im Starthaus zu stehen.' Ich sagte nichts dazu, war aber nicht begeistert, dass er eigenmächtig diese Entscheidung getroffen hatte. ‚Aber was soll's!', dachte ich mir. ‚Es ist ja bloß ein Trainingslauf und die eine Nummer verändert bestimmt nicht mein Leben.' Erst am nächsten Tag sollte ich anders darüber denken.
Es war ein wunderschöner, typisch spanischer Februartag. Die Piste war in perfektem Zustand. Ich liebte sie. Vor wenigen Tagen war ich hier Weltmeisterin im Super-G geworden. Mit meiner Startnummer 29 stürzte ich mich aus dem Starthaus und beendete den Trainingslauf mit einer guten Zeit. Ich dachte noch eine Weile über meine Fahrt nach, als ich merkte, dass die Nummer 30, die Russin Tatyana Lebedeva, nicht ins Ziel kam. Schon bald sprach sich herum, dass jemand am San-Geronimo-Sprung ihren Weg gekreuzt hatte und es zu einem Zusammenstoß gekommen war. Lebedeva kam mit hoher Geschwindigkeit über die Kante und hatte in der Luft keine Chance mehr, die Richtung zu wechseln. Beide wurden bei dem Zusammenprall schwer verletzt. Mir blieb der Atem stehen. Ich konnte es nicht glauben. Die 30 wäre ja meine Nummer gewesen. Hatte Valerio eine Vorahnung gehabt? Seine Eigenmächtigkeit, über die ich mich so geärgert hatte, hat mich vor einem Unglück bewahrt.
Die unglückliche Russin kehrte nie wieder in den Weltcup zurück.
Meine Karriere dauerte noch zehn Jahre, dank meinem Schutzengel und dank Valerio, der mich als Trainer bis ans Ende meiner Laufbahn betreut hat.
Glück ist das Um und Auf im Leben. Ich bin der Meinung, dass man es suchen muss. Manchmal aber steuern ganz andere Kräfte unser Leben."

i

Geboren am 20. März 1975, Ortisei
2x Abfahrtsweltcup 2001, 2002

15 Einzelsiege – 12x Abfahrt, 3x Super-G

Weitere Erfolge:
WM 1996 Sierra Nevada Gold Super-G
WM 1997 Sestriere Gold Super-G
WM 2001 St. Anton Silber Super-G
Olympia 1994 Lillehammer Bronze Abfahrt, Bronze Super-G
Olympia 2002 Salt Lake City Silber Abfahrt

Bei der Beschreibung einer langen Rennläuferkarriere wird sehr gerne die Floskel „Er erlebte alle Höhen und Tiefen“ verwendet. Aber bei wenigen ist sie dermaßen zutreffend wie bei Stephan Eberharter! Steff stieg karrieremäßig auf wie eine Rakete. Ohne nur ein einziges Weltcuprennen gewonnen zu haben, wurde er gleich einmal Doppelweltmeister in Saalbach Hinterglemm 1991. So schnell so hoch hinauf, da ging der Rakete Eberharter offenbar der Sprit aus und es folgte ein nahezu ungebremster Sturz in die Erfolglosigkeit.

„Es war im Dezember 1993. Nach dem Erfolgsjahr 1991 befand ich mich in einem hartnäckigen Tief, hervorgerufen durch kleinere Verletzungen und Materialprobleme. Ich versuchte mich auf neuem Terrain – in der Abfahrt in Gröden! Dort hatten die später Startenden eigentlich immer recht gute Chancen. Und so war ich voller Optimismus, als ich mit hoher Startnummer ins Rennen ging. Ich suchte eine etwas direktere Linie – wollte wohl dem nachlassenden Pistenzustand ein Schnippchen schlagen! Das ging aber nur bis zur sogenannten ‚Mauer‘ gut. Dann wurde mir meine Unerfahrenheit zum Verhängnis. Ich stürzte schwer und wurde mit Verdacht eines Kreuzbandrisses zunächst ins Mannschaftsquartier abtransportiert. Als ich auf einem Bein in die Eingangshalle humpelte, kam Armin Assinger auf mich zu. Ich werde seine Worte nie vergessen. ‚So Steff, jetzt bisch a richtiger Abfahrer! Da muaß jeder durch!‘ Ich war mir nicht sicher, ob er mir Trost spenden wollte oder mich verarschen. In diesem Moment empfand ich das jedenfalls nicht als Balsam für meine zerkratzte Seele und dachte nur: ‚So ein A...!‘ Meine maßlose Enttäuschung ließ mich die wohlwollenden Worte falsch verstehen. Heute glaube ich, dass er gemeint haben könnte: ‚Steff, wenn du das überstehst und wieder zurückkommst, wirst du stärker sein als zuvor!‘ Wenn es so war, sollte er recht behalten!“

Und wie recht er hatte: Zunächst flog Steff zwar aus dem Weltcupkader, ließ sich aber nicht entmutigen und kämpfte sich über großartige Leistungen im Europacup zurück an die Weltspitze. 1998 gewann er endlich sein erstes, hart verdientes Weltcuprennen. 28 weitere und zwei Gesamtweltcupsiege folgten sowie einige WM- und Olympiamedaillen zum Drüberstreuen. Damit wurde er zu einem der erfolgreichsten Läufer des ÖSV.

Raketen-Steff

→ Stephan Eberharter, AUT

An welches Erlebnis in seiner Karriere erinnert sich Steff am liebsten? Weltcupsieg, WM- oder Olympia-Gold?
„... wie ich im Sommer 1989 als 21-jähriger, aufstrebender Rennläufer gemeinsam mit dem Nationalteam zu einem Konditionskurs in die Türkei durfte. Da waren so klingende Namen wie Günther Mader, Bernhard Gstrein oder Hans Enn dabei. Auf Einladung eines österreichischen Reiseunternehmens logierten wir feudal in einem Club nahe Antalia. Gleich am ersten Abend gab es einen Empfang mit allem Pipapo. Man plauderte und scherzte an der Poolbar, trank das eine oder andere Glaserl. Plötzlich wurde es etwas lauter und ich schaute neugierig, was da wohl los war. Bernie Gstrein versuchte unseren Trainer Franz Linser in den Pool zu werfen. Das erwies sich als äußerst schwierig, denn auch Linser war ein kräftiger Bursche. Erst mit Hilfe einiger anderer Rennläufer gelang es, den wehrhaften Trainer ins Wasser zu befördern. Allerdings kippte in dem Handgemenge auch Gstrein vom Beckenrand in den Pool. Der war echt sauer und sann nach Rache! Pech für die anderen Hotelgäste, die dem eben noch lustigen Gerangel lachend in festlicher Abendkleidung zugesehen hatten. Alles geriet außer Kontrolle und in den nächsten Minuten gingen rund 100 Leute nicht ganz freiwillig baden. Der erwartete Skandal blieb aus. Am nächsten Tag sprachen alle ‚Opfer' von einem wirklich gelungenen Abend. Einmal etwas ganz anderes. Nicht diese aufgesetzten Animateurabende wie sonst."

i

Geboren am 24. März 1969, Brixlegg
2x Gesamtweltcup 2002, 2003
3x Abfahrtsweltcup 2002, 2003, 2004
2x Super-G-Weltcup 2002, 2003

Erster Sieg am 14. März 1998 beim Riesentorlauf in Crans Montana
29 Einzelsiege – 18x Abfahrt, 6x Super-G, 5x RTL

Weitere Erfolge:
WM 1991 Saalbach Hinterglemm Gold Super-G, Gold Kombi
WM 2001 St. Anton Silber Super-G
WM 2003 St. Moritz Gold Super-G
Olympia 1998 Nagano Silber RTL
Olympia 2002 Salt Lake City Gold RTL, Silber Super-G, Bronze Abfahrt

Armin und Roland Assinger

Maria und Irene Epple

Irene Epple-Waigel

Irgendwie hat man das Gefühl, dass im Skisport das Talent besonders stark vererblich ist. Machen Serena und Venus Williams Tennis zum Familiensport, so sind es im Autorennsport die Schuhmacher-Brüder oder Vater und Sohn Andretti. Im Weltcup wimmelt es nur so von verwandten Siegern.

Familienbande

DIE GESCHWISTER

Armin und Roland Assinger, AUT

Roland und ich sind nicht oft gemeinsam gefahren, ich glaube, überhaupt nur ein Weltcuprennen in Hinterglemm, eine Abfahrt in zwei Durchgängen. Zu groß war der Altersunterschied von neun Jahren. Wir haben aber sehr viel miteinander trainiert, Konditions- als auch Skitraining, und ich glaube, dass er dabei einiges von mir hat abschauen können. Hart waren immer unsere Duelle auf dem Fahrrad und in der Kraftkammer, weil einfach keiner zurücksteckte. Gegenseitige Hänseleien standen an der Tagesordnung, trugen aber sehr zur Steigerung der Motivation bei.
Nie werde ich vergessen, als er 1995, ein Jahr nach meinem Sieg in Val d'Isère, ebenfalls auf dem Stockerl stand, ja sogar gewinnen hätte können. Allerdings war ihm das Glück nicht besonders hold, denn Luc Alphand siegte mit zwei Hundertstel Vorsprung auf meinen kleinen, vier Zentimeter größeren Bruder. Schade, denn mit zwei verschiedenen Assingern als Sieger auf der Oreiller-Killy, kurz OK-Piste, hätten's die Strecke wahrscheinlich umgetauft. Als Kommentator war ich bei jedem Rennen dabei und konnte so viel von meiner Erfahrung an Roland weitergeben, auf der anderen Seite war ich oft nervöser als er selbst. Da konnte ich sehr gut meiner Mutter nachfühlen, wie es ist, immer die Angst zu verspüren, dass dem eigenen Fleisch und Blut etwas zustoßen könnte. Letztendlich hatte Roland einige sehr gute Winter, allerdings blieb ihm der ganz große Wurf versagt. Nicht zuletzt deshalb, weil ihn der Verletzungsteufel ins Visier nahm. So wie im Jahr 1998 nach einem Sturz in Kitzbühel, der ihm nicht nur die Olympiachance nahm, sondern auch wesentlich daran beteiligt war, dass er nie mehr so richtig auf das Ausgangsniveau zurückkam. Schlimm war für mich besonders, ihn alles kommentierend stürzen zu sehen und nicht helfen zu können, als er einige Minuten reglos liegen blieb. Das war brutal, weil alles möglich war. Heute ist Roland Polizist im salzburgischen St. Johann, hat die Trainerausbildung absolviert und ist auf dem Weg, der erste Magister im Hause Assinger zu werden: Demnächst beendet er sein Sportstudium!

Thomas Bürgler, SUI

Geboren am 3. März 1960, Rickenbach
2 Einzelsiege – 2x RTL
Weitere Erfolge:
WM 1985 Bormio Bronze Kombi

Toni Bürgler, SUI

Geboren am 17. August 1957, Rickenbach
2 Einzelsiege – 2x Abfahrt

Barbara Cochran, USA

Geboren am 4. Jänner 1951, Richmond
3 Einzelsiege – 1x RTL, 2x Slalom
Weitere Erfolge:
WM Gröden 1970 Silber Slalom
Olympia 1972 Sapporo Gold Slalom

Bob Cochran, USA

Geboren am 11. Dezember 1951, Richmond
1 Einzelsieg – 1x RTL

Marylin Cochran, USA

Geboren am 7. Februar 1950, Richmond
3 Einzelsiege – 1x RTL, 2x Slalom
Weitere Erfolge:
WM Gröden 1970 Bronze Kombi

Paul Frommelt

Willi Frommelt

Goitschel

Adrien Duvillard, FRA
Geboren am 8. Februar 1969, Megève
3 Einzelsiege – 3x Abfahrt
Henri Duvillard, FRA
Geboren am 23. Dezember 1947, Megève
6 Einzelsiege – 3x Abfahrt, 2x RTL, 1x Slalom

Elfi Eder, AUT
Geboren am 5. Jänner 1970, Leogang
3 Einzelsiege – 3x Slalom
Weitere Erfolge:
WM 1993 Morioka Bronze Slalom
Olympia 1994 Lillehammer Silber Slalom
Elfi war eine sehr starke Slalomfahrerin, die auf der Suche nach weiteren Erfolgen einen Nationenwechsel vollzogen hat. Diese fragwürdige Entscheidung war der weiteren Karriere allerdings nicht dienlich.
Silvia Eder, AUT
Geboren am 24. August 1965, Leogang
2 Einzelsiege – 1x Abfahrt, 1x Super-G
Weitere Erfolge:
WM 1985 Bormio/Santa Caterina Silber Kombi
WM 1987 Crans Montana Silber Kombi
WM 1993 Morioka Silber Super-G
Silvia war mit 16 Jahren das jüngste Dirndl, das je einen Abfahrtslauf gewonnen hat.

Irene Epple-Waigel, GER
Geboren am 18. Juni 1957, Seeg
1x Riesentorlaufweltcup 1982
1x Kombi-Weltcup 1982
11 Einzelsiege – 1x Abfahrt, 1x Super-G, 6x RTL, 3x Kombi
Weitere Erfolge:
Olympia 1980 Lake Placid Silber RTL
Maria Epple-Beck, GER
Geboren am 11. März 1959, Seeg
5 Einzelsiege – 4x RTL, 1x Slalom
Weitere Erfolge:
WM 1978 Garmisch-Partenkirchen Gold RTL, Silber Abfahrt

Blanca Fernández-Ochoa, SPA siehe Seite 50
Francisco Fernández-Ochoa, SPA

Paul Frommelt, LIE
Geboren am 9. August 1957, Schaan
4 Einzelsiege – 4x Slalom
Weitere Erfolge:
WM 1978 Garmisch-Partenkirchen Bronze Slalom
Olympia 1988 Calgary Bronze Slalom
Willi Frommelt, LIE
Geboren am 18. November 1952, Schaan
Kein Weltcupsieg, aber Olympia 1976 Innsbruck Bronze Slalom, WM-Silber Kombi

Christine Beranger-Goitschel, FRA
Geboren am 9. Juni 1944, Sainte-Maxime
1 Einzelsieg – 1x RTL
Marielle Goitschel, FRA
Geboren am 28. September 1945, Sainte-Maxime
7 Einzelsiege – 2x Abfahrt, 5x Slalom
Weitere Erfolge:
Olympia 1968 Grenoble Gold Slalom, WM-Silber Kombi
Für Presserummel sorgte sie, als sie ihre baldige Heirat mit Jean-Claude Killy bekanntgab. Allerdings war dies bloß ein Scherz, den sie zusammen mit ihrer Schwester Christine ausgeheckt hatte, um sich über die Journalisten lustig zu machen.

Stephan Görgl, AUT
Geboren am 5. Juni 1978, Bruck an der Mur
2 Einzelsiege – 1x Super-G, 1x RTL
Elisabeth Görgl, AUT
Geboren am 20. Februar 1981, Bruck an der Mur
Bisher noch kein Weltcupsieg
Mutter Traudl Hecher war ebenfalls eine erfolgreiche Skirennläuferin.

Elisabeth Görgl

Stephan Görgl

Kostelic

Ivica Kostelic, CRO
Geboren am 23. November 1979, Zagreb
1x Slalomweltcup 2002
8 Einzelsiege – 7x Slalom, 1x Kombi
Weitere Erfolge:
WM 2003 St. Moritz Gold Slalom
Olympia 2006 Turin Silber Kombi
Vom harten Vater Ante an die Weltspitze herangeführt, ist Ivica einer, den wir im kommenden Winter auch im Hinblick auf den Gesamtweltcup nicht aus den Augen lassen dürfen. Sein Highlight wird aber bestimmt der Heimslalom in Zagreb sein, in dem er versuchen wird, seinen Fans das höchste der Gefühle zu vermitteln. Danach können sich schon alle auf eine Jamsession des passionierten Gitarristen freuen.

Janica Kostelic, CRO
Geboren am 5. Jänner 1982, Zagreb
3x Gesamtweltcup 2001, 2003, 2006
3x Slalomweltcup 2001, 2003, 2006
4x Kombi-Weltcup 2001, 2003, 2005, 2006
Erster Sieg am 5. Dezember 1999 beim Slalom in Serre Chevalier
30 Einzelsiege – 1x Abfahrt, 1x Super-G, 2x RTL, 20x Slalom, 6x Kombi
Weitere Erfolge:
WM 2003 St. Moritz Gold Slalom, Gold Kombi
WM 2005 Bormio Gold Abfahrt, Gold Slalom, Gold Kombi
Olympia 2002 Salt Lake City Gold RTL, Gold Slalom, Gold Kombi, Silber Super-G
Olympia 2006 Turin Gold Kombi, Silber Super-G
Dass Janica im Frühjahr 2007 mit nur 25 Jahren ihren Rücktritt bekanntgab, war für die Fans schlichtweg ein Albtraum. Ist aber verständlich, wo sie doch wegen ihrer Knieverletzung schon die Saison davor aussetzen musste. „... Ich will zwar immer noch Ski fahren. Es ist kein Problem der Motivation. Ich habe ganz einfach Angst vor möglichen neuen Verletzungen, wenn ich weitermache. Die Schmerzen, die ich während des größten Teils meiner Karriere verspürte, möchte ich nicht mehr aushalten müssen."
Aber wer weiß, vielleicht überlegt sie es sich nach einer ausgedehnten Erholungsphase noch anders.

Lara Magoni, ITA
Geboren am 29. Jänner 1969, Selvino
1 Einzelsieg – 1x Slalom
Weitere Erfolge:
WM 1997 Sestriere Silber Slalom

Paoletta Magoni, ITA
Geboren am 14. September 1964, Selvino
1 Einzelsieg – 1x Slalom
Weitere Erfolge:
WM 1985 Bormio/Santa Caterina Bronze Slalom
Olympia 1984 Sarajevo Gold Slalom

Annemarie Moser-Pröll, AUT siehe Seite 36

Cornelia Pröll, AUT
Geboren am 21. Jänner 1961, Kleinarl
Annemaries jüngste Schwester
1 Einzelsieg – 1x Abfahrt

Franck Piccard, FRA
Geboren am 17. September 1964, Les Saisies
4 Einzelsiege – 1x Abfahrt, 2x Super-G, 1x RTL
Weitere Erfolge:
WM 1991 Saalbach Hinterglemm Bronze Super-G
Olympia 1988 Calgary Gold Super-G, Bronze Abfahrt
Olympia 1992 Albertville Silber Abfahrt
Hatte wie Aamodt mit eher kürzeren Beinen einen sehr tiefen Schwerpunkt, wodurch er nur schwer aus der Bahn zu werfen war. Ein hervorragender Allrounder, allerdings mit einer Slalomschwäche. Obwohl er von den Franzosen auf Gesamtweltcup programmiert war, blieb ihm die große Kristallkugel versagt.

Leila Piccard, FRA
Geboren am 11. Jänner 1971, Les Saisies
1 Einzelsieg – 1x Parallelslalom
Weitere Erfolge:
WM 1997 Sestriere Bronze RTL
Zwei weitere Piccard-Brüder, Ian (*1968) und Jeff (*1976), blieben im Weltcup sieglos.

Heidi Zurbriggen

Steve und Phil Mahre

Andreas und Hanni Wenzel

Heidi Zurbriggen, SUI
Geboren am 16. März 1967, Saas Almagell
4 Einzelsiege – 4x Abfahrt
Weitere Erfolge:
WM 1996 Sierra Nevada Silber Super-G
WM 1997 Sestriere Silber Abfahrt
Pirmin Zurbriggen, SUI siehe Seite 71

Gustav Thöni, ITA siehe Seite 46 und 98
Cousin Roland Thöni, ITA
Geboren am 17. Jänner 1950, Trafoi
2 Einzelsiege – 2x Slalom
Weitere Erfolge:
Olympia 1972 Sapporo Bronze Slalom

HOPPLA, ZWILLINGE!

Britt Lafforgue, FRA
Geboren am 5. November 1948, Luchon
2x Slalomweltcup 1971, 1972
7 Einzelsiege – 2x RTL, 5x Slalom
Ingrid Lafforgue, FRA
Geboren am 5. November 1948, Luchon
1x Slalomweltcup 1970
7 Einzelsiege – 1x RTL, 6x Slalom
Weitere Erfolge:
WM Gröden 1970 Gold Slalom, Silber RTL

Phil Mahre, USA siehe Seite 65
Steve Mahre, USA siehe Seite 64

Dorota Mogore-Tlalka, POL/FRA
Geboren am 27. April 1963, Zakopane
1 Einzelsieg – 1x Slalom
Malgorzata Mogore-Tlalka, POL/FRA
Geboren am 27. April 1963, Zakopane
Die beiden polnischen Zwillingsschwestern heirateten ein französisches Zwillingsbrüderpaar.

ETWAS KOMPLIZIERTER

Evi Mittermaier, GER
Geboren am 16. Februar 1952, Reit im Winkl
Rosis kleine Schwester
2 Einzelsiege – 2x Abfahrt
Rosi Mittermaier-Neureuther, GER
Geboren am 5. August 1950, Reit im Winkl
1x Gesamtweltcup 1976
1x Slalomweltcup 1976
1x Kombi-Weltcup 1976
Erster Sieg am 16. Jänner 1969 beim Slalom in Schruns
10 Einzelsiege – 1x RTL, 8x Slalom, 1x Kombi
Weitere Erfolge:
Olympia 1976 Innsbruck Gold Abfahrt, Gold Slalom, WM-Gold Kombi, Silber RTL
Rosi ist verheiratet mit
Christian Neureuther, GER
Geboren am 28. April 1949, Garmisch-Partenkirchen
6 Einzelsiege – 6x Slalom
Sohn Felix Neureuther steht knapp vor seinem ersten Weltcupsieg.

Andreas Wenzel, LIE siehe Seite 58 und 33
ist der Bruder von
Hanni Wenzel-Weirather, LIE
Geboren am 14. Dezember 1956, Straubing
2x Gesamtweltcup 1978, 1980
2x Riesentorlaufweltcup 1974, 1980
1x Slalomweltcup 1978
2x Kombi-Weltcup 1980, 1983
Erster Sieg am 20. Dezember 1973 beim Riesentorlauf in Zell am See
33 Einzelsiege – 2x Abfahrt, 12x RTL, 11x Slalom, 8x Kombi
Weitere Erfolge:
WM 1974 St. Moritz Gold Slalom, Silber Kombi
WM 1978 Garmisch-Partenkirchen Silber Kombi
Olympia 1976 Innsbruck Bronze Slalom, WM-Bronze Kombi
Olympia 1980 Lake Placid Gold RTL, Gold Slalom, Silber Abfahrt, WM-Gold Kombi

Harti Weihrather

Fabienne Serrat

Peter Lüscher

Hanni Wenzel ist verheiratet mit

Harti Weirather, AUT

Geboren am 25. Jänner 1958, Reutte
1x Abfahrtsweltcup 1981
6 Einzelsiege – 6x Abfahrt
Weitere Erfolge:
WM 1982 Schladming Gold Abfahrt
Ist im Leben nach dem Rennsport als Manager ebenso Weltspitze wie früher als Abfahrer. Hat schon in den Achtzigern sein Talent, Geld aufzustellen, unter Beweis gestellt, als er als Erster für sich und für seine Kollegen Sponsoren für Helme und andere Kopfbedeckungen fand.
Die beiden haben gemeinsam Tochter Tina (geboren am 24. Mai 1989), die auf dem Sprung zur erfolgreichen Weltcupläuferin durch einen schweren Sturz vorerst gestoppt wurde.

Françoise Macchi, FRA

Geboren am 12. Juli 1951, Le Sentier
1x Riesentorlaufweltcup 1970 (gemeinsam mit Michèle Jacot)
10 Einzelsiege – 2x Abfahrt, 6x RTL, 2x Slalom
Weitere Erfolge:
WM Gröden 1970 Bronze RTL
ist verheiratet mit

Jean-Noël Augert, FRA

Geboren am 17. August 1949, Saint-Jean-de-Maurienne
3x Slalomweltcup 1969, 1971, 1972
15 Einzelsiege – 2x RTL, 13x Slalom
Weitere Erfolge:
WM 1970 Gröden Gold Slalom
Die Slalomtechnik des Franzosen beeindruckte viele junge Möchtegernfahrer – enorme Rückenlage und dadurch bedingte hohe, ja bis in die Kniekehlen reichende Skischuhe. Daher wahrscheinlich der Ausdruck „Skistiefel", der bei den deutschen Skitouristen heute noch gerne verwendet wird.
und die Tante von

Jean-Pierre Vidal, FRA

Geboren am 24. Februar 1977, Saint-Jean-de-Maurienne
2 Einzelsiege – 2x Slalom
Weitere Erfolge:
Olympia 2002 Salt Lake City Gold Slalom

WEITERE PAARUNGEN

Peter Lüscher, SUI

Geboren am 14. Oktober 1956, Romanshorn
1x Gesamtweltcup 1979
Erster Sieg am 10. Dezember 1978 Kombi in Schladming
6 Einzelsiege – 1x Abfahrt, 1x Super-G, 1x Slalom, 3x Kombi
Weitere Erfolge:
WM 1982 Schladming Silber Kombi
Peter Lüscher war ein Weltcupsieger, der nach seinem großen Triumph an und für sich in der Versenkung verschwunden ist und von dem man zumindest außerhalb der Schweiz nicht mehr viel gehört hat bzw. hört. Allerdings ist sein sportlicher Fingerprint ein unvergessener – er verstand es damals vortrefflich, in allen Disziplinen Punkte zu sammeln wie ein Eichhörnchen Eicheln vor dem Winter. Und er hat sich eine der Allerschönsten des Weltcupzirkus für die langen Winternächte geschnappt:

Fabienne Serrat, FRA

Geboren am 5. Juli 1956, Le Bourg-d'Oisans
3 Einzelsiege – 1x RTL, 2x Slalom
Weitere Erfolge:
WM 1974 St. Moritz Gold RTL, Gold Kombi
WM 1978 Garmisch-Partenkirchen Bronze Kombi
Zwei Kinder Iris und Tim

Anita Wachter, AUT

Geboren am 12. Februar 1967, Bartholomäberg
1x Gesamtweltcup 1993
2x Riesentorlaufweltcup 1990, 1994
3x Kombi-Weltcup 1990, 1993, 1996
Erster Sieg am 20. November 1987 beim Slalom in Courmayeur
19 Einzelsiege – 2x Super-G, 14x RTL, 1x Slalom, 2x Kombi
Weitere Erfolge:
WM 1991 Saalbach Hinterglemm Bronze Super-G
WM 1993 Morioka Silber RTL, Bronze Kombi
WM 1996 Sierra Nevada Silber Kombi
WM 1999 Vail/Beaver Creek Bronze RTL
Olympia 1988 Calgary Gold Kombi

Anita Wachter

Armin Bittner

Marlies Schild und Benni Raich

Olympia 1992 Albertville Silber RTL, Silber Kombi (ex aequo Diann Roffe)
Wenn man zwei Frauen mit so unterschiedlichen Figuren wie Anja Pärson und Anita Wachter nebeneinanderstellt, würde man ganz automatisch die kräftige Anja als Abfahrerin und die zart gebaute Anita als Slalomfahrerin einordnen. Wie wir aber wissen, bewegt sich die Schwedin trotz ihrer Leibesfülle äußerst behände zwischen den Slalomstangen. Bei Anita ist besonders beeindruckend, wie sie trotz ihrer Zierlichkeit unglaubliche Power, auch in den schnellen Disziplinen, entwickeln konnte. Dazu kommt, dass sie in allen Disziplinen gestartet ist, denn da findet ein unglaublicher Kräfteverschleiß während einer Saison statt. Das von der Substanz her durchzuhalten, ist mehr als bewundernswert.
Anita Wachter ist liiert mit dem Vizeweltmeister von Morioka Rainer Salzgeber und hat zwei Töchter.

Armin Bittner, GER

Geboren am 28. November 1964, Garmisch-Partenkirchen
2x Slalomweltcup 1989, 1990
7 Einzelsiege – 7x Slalom
Weitere Erfolge:
WM 1987 Crans Montana Bronze Slalom
WM 1989 Vail Silber Slalom
Armin Bittner als pflegeleicht zu bezeichnen, würde bedeuten, zerknitterte Leinenhemden zu bügeln, mache Spaß. Der Urbayer hatte den Nimbus des ewig grantelnden Zeitgenossen, aber einmal losgelassen, konnte Bittner kaum eingefangen werden. Aufbauend auf seine ungemein solide Slalomtechnik und seine Robustheit war er jahrelang eine fixe Größe der Slalomwelt. Mittlerweile widmet er sich der Nachwuchsarbeit, organisiert Kinderrennen und ist als Analytiker für das ZDF ein äußerst innovativer Geist.
Verheiratet mit

Regine Mösenlechner, GER

Geboren am 1. April 1961, Inzell
1 Einzelsieg – 1x Super-G
Weitere Erfolge:
WM 1987 Crans Montana Bronze Abfahrt

Antoine Dénériaz, FRA

Geboren am 6. März 1976, Bonneville
3 Einzelsiege – 3x Abfahrt
Weitere Erfolge:
Olympia 2006 Turin Gold Abfahrt
Wird immer als Wundergleiter bezeichnet, der er auch zweifellos ist, darüber hinaus hat er sich aber auch technisch sehr stark verbessert. Bei ihm konnte man auch sehen, wie eng zusammen Sieg und Niederlage liegen. Nach dem Olympia-Gold kam er nur drei Wochen später in Aare schwer zu Sturz, von dem er sich den ganzen letzten Winter nicht so recht erholen konnte. Im Privatleben ist es aber super gelaufen, denn mit Austro-Kiwi Claudia Riegler (siehe „Highlights“ und „Die Exoten“) schwelgt er im Eheglück.

Atle Skaardal (siehe Kapitel „Die Elche“) ist verheiratet mit der österreichischen Slalomläuferin Karin Köllerer (vier Podestplätze im Weltcup). Gemeinsam haben sie zwei Kinder.

Und zum Schluss noch ein herzliches Toi, toi, toi! auf der Piste und im Leben an das Dream-Team Marlies Schild und Benni Raich!

Hundertstel-Hansi

→ Hans Knauss, AUT

„Viele bezeichnen mich ‚nicht unbegründet' als den ‚Hundertstel-Hansi' des Skisports. Hier ein kleiner ‚Auszug' aus meinen knappen Entscheidungen: Olympia Nagano 1998 Riesenslalom Bronze um zwei Hundertstel verfehlt, WM 1999 in Vail/Beaver Creek Abfahrt zwei Hundertstel Rückstand hinter Bronze, WM St. Moritz Rang zwei hinter Bode Miller mit drei Hundertstel Rückstand und die absolute Krönung war Rang drei beim WM-Super-G in Vail/Beaver Creek 1999 mit einem Hundertstel Rückstand hinter den Doppelweltmeistern Lasse Kjus und Hermann Maier. Im Nachhinein gesehen waren diese knappen Entscheidungen für mich auch eine gewisse Prüfung, mit Erfolg und Misserfolg so umzugehen, dass es meine grundsätzliche, lockere Lebenseinstellung nicht verändert. Auch das ungewollte Ende meiner Skikarriere hat mich einiges gelehrt, so werde ich in Zukunft genau prüfen, wem ich mein volles Vertrauen schenke."

i

Geboren am 9. Februar 1971, Schladming

7 Einzelsiege – 1x Abfahrt, 3x Super-G, 3x RTL

Weitere Erfolge:
WM 1999 Vail Bronze Super-G
WM 2003 St. Moritz Silber RTL
Olympia 1998 Nagano Silber Super-G (ex aequo Didier Cuche)

Was Hans hier anspricht, war ein im alpinen Skisport bisher wohl einmaliger Skandal. Bei einer der im Spitzensport üblichen Dopingproben Ende 2004 wurde bei Hans Knauss ein leicht erhöhter Nandrolonwert nachgewiesen. Haben wir dich, Dopingsünder, Haderlump! 24 Monate Sperre für das schwarze Schaf verhängen die Sportbehörden rund um die FIS. Hans Knauss versteht die Welt nicht mehr. „Etwa 2,5 Nanogramm an anabolen Substanzen produziert der menschliche Körper selbst. Ich hatte 4,2 Nanogramm." Na immerhin fast das Doppelte, du Gauner! „Mediziner sprechen aber erst ab 100 Nanogramm von Doping. Und bei den Gewichthebern haben sie schon Gedopte mit 1000 bis 2000 Nanogramm erwischt. Und das Witzigste ist: Wenn ich auch 2000 Nanogramm gehabt hätte, wäre meine Sperre auch nicht viel länger ausgefallen." Hans ist sauer und kann nachweisen, dass der erhöhte Wert von einer verunreinigten Zusatznahrung herrührt. Ein Vitaminpräparat, das jeder frei erwerben kann und normalerweise nichts anderes enthält als Vitamine von A bis E, Magnesium und Zink. Dem Vernehmen nach dürfte der Hersteller von seinen Zulieferern bereits verunreinigte Zutaten bekommen haben. Na also, alles geklärt. Denkste. Knauss wird von der Vorsätzlichkeit freigesprochen, seine Sperre von 24 auf 18 Monate herabgesetzt. „Was aber nur eine Augenauswischerei war, weil damit trotzdem zwei Saisonen im Popo waren." Die Medien sprechen von einem Machtdemonstrationsversuch des FIS gegen den ÖSV mit seinem rebellischen Präsidenten. Knauss könnte ein Bauernopfer gewesen sein.

Knauss macht das Richtige, er haut den Hut drauf auf den Skizirkus und setzt sich hinter das Lenkrad eines Rennautos und gast damit auf den Rennstrecken so mächtig an, dass die neue Karriere sehr vielversprechend aussieht.

PS: Bei einem Rennen in Silverstone im Mai 2007 hatte er sich nach schlechtem Start mit seinem Lamborghini weit nach vorne gekämpft, da war plötzlich die Strecke aus und er knallte mit der Fahrerseite gegen eine Mauer. „Ich hab gewusst, jetzt tuscht's gleich fürchterlich, und Rumms! Das war genau wie beim Skifahren. Du weißt, jetzt fliegst gleich, dann der Schepperer. Sogar die Verletzung war gleich – Prellungen und Zerrung im Bein!"
Schön zu wissen, dass Hans im zweiten Leben genauso viel Spaß hat.
„Es lebe der Sport mit all seinen Höhen und Tiefen!"

Das Kombi-Talent

→ Marlies Schild, AUT

Marlies begann ihre Karriere als Abfahrtsspezialistin. Eine Reihe von Verletzungen zwang sie, ins zumindest ein wenig ungefährlichere technische Fach zu wechseln. Von den Ergebnissen her war diese Entscheidung völlig in Ordnung. Interessanterweise hat sich die Saalfeldnerin ihre Abfahrtsstärke bewahrt. Diese Kombination von Talenten machte sie zum idealen Talent für die Kombination, wie ihre Erfolge zeigen. Wenn Marlies so scheinbar locker von Sieg zu Sieg fährt, dann hat diese Lockerheit eine eher verkrampfte Vergangenheit.

„Durch viele Verletzungen habe ich mich immer wieder mühsam zurückkämpfen müssen. Das macht zwar stark, aber der Wille, unbedingt wieder den Anschluss zu schaffen, lässt dich unbewusst verkrampfen. Das ist allerdings gar nicht gut, wenn du gefühlvoll auf dem Ski stehen sollst. Dazu muss man ganz locker sein. Das ist für mich das Schwierigste im Skisport: etwas unbedingt erreichen zu wollen und volle Risikobereitschaft zu zeigen, gleichzeitig aber loslassen zu können und völlig locker zu sein.
Ein gutes Beispiel dafür ist für mich die Saison 2003/04. Ich wollte unbedingt den ersten Sieg! Ich war oft nahe dran, aber eben nie ganz. Dann eine Verletzung mitten in der Saison. Ich musste mich einer Operation unterziehen. Es war zwar nur eine kleine, aber trotzdem musste ich durch eine anstrengende Rehab, um schon zwei Wochen später wieder auf den Ski stehen zu können. Ich trainierte einige Tage und fühlte mich eigentlich wieder ganz gut in Form. In Levi standen zwei Slaloms an. Dort oben herrschten damals für mich ungünstige Bedingungen: Auf dem durch die Eiseskälte (minus 35 Grad!) trockenen und aggressiven Schnee und auf dem langen Flachstück hatte man keine Chance, wenn man zu verkrampft schnell sein will. Und ich wollte zu sehr schnell sein und war daher zu langsam. Ich war natürlich sehr enttäuscht und mein erster Sieg rückte für mich in scheinbar weite Ferne.
Zwei Wochen später war das Weltcupfinale in Sestriere. Ich bekam von den Trainern den Auftrag, einfach locker zu fahren. Das klingt ja sooo leicht, wird aber immer schwieriger, je mehr man dran denkt. Ich stand also am Start und versuchte an meine Lockerheit zu denken, ohne dabei zu verkrampfen. Den Lauf kannte ich auswendig, deshalb konzentrierte ich mich nicht auf Torkombinationen oder Schlüsselstellen, sondern nur auf locker, locker, locker. Und ich fuhr tatsächlich ganz locker, hatte einen guten Zug am Ski und schaffte Bestzeit im ersten Durchgang! Juhu! Der Knopf war aufgegangen.
Im zweiten Durchgang dasselbe: kein Gedanke daran, was sein könnte, dass ich gewinnen könnte und dass ich das unbedingt will! Einfach locker bleiben und ich schaffte es. Es hatte für meinen ersten Sieg zwar bis zum letzten Rennen der Saison gedauert, aber dafür war das Gefühl umso schöner."

i

Geboren am 31. Mai 1981, Admont
1x Slalomweltcup 2007
1x Kombi-Weltcup 2007

Erster Sieg am 13. März 2004 in Sestriere im Slalom
15 Einzelsiege – 1x RTL, 13x Slalom, 1x Kombi

Weitere Erfolge:
WM 2003 St. Moritz Silber Slalom
WM 2005 Bormio Bronze Kombi
WM 2007 Aare Silber Slalom, Bronze Kombi
Olympia 2006 Turin Silber Kombi, Bronze Slalom

Der wilde Mustang

→ Bode Miller, USA

Bei Bode liegen offensichtlich Genie und Wahnsinn wirklich sehr eng beieinander. Auf eine sensationelle Leistung folgt ein unglaublich billiger Fehler, speziell im Slalom mit dem Ausfall „gekrönt". Ansonsten bringt der Amerikaner aber all das mit, was in der heutigen Zeit vielen Sportstars abgeht: Charisma, Ausstrahlung, Präsenz! Vielleicht liegt es auch daran, aus welchen Verhältnissen er kommt. Seine Eltern führten mit ihren vier Kindern ein „Hippie-Leben" in einem Haus ohne Fließwasser und Elektrizität in den Bergen. Wenn seine Biografie stimmt, ist es kein großes Wunder, dass er doch ziemlich eigen ist. Die schärfste Geschichte von ihm ist jene, als er vor ein paar Jahren in Wengen im Rennen an den Start ging, ohne die Strecke unmittelbar vorher zu besichtigen. Erstens war er ein wenig „übernachtig" – vor drei Uhr früh wird er es nicht ins Bett geschafft haben – und zweitens gab es schon drei Trainingsläufe mit den dazugehörigen drei Besichtigungen. Was gibt es also da für ihn noch zu besichtigen? Leider weiß ich nicht mehr, wie er in diesem Rennen abgeschnitten hat, aber so schlecht wird's schon nicht gewesen sein. Dieser Miller ist wie ein wilder Mustang, den man einfach nicht zähmen kann. Und tut man es doch, dann ist der Mustang traurig, leer und ohne Herz. Somit ist klar, dass der Mustang Miller eine große Koppel braucht, mit einem Zaun drumherum, den er zwar nicht sieht, der aber doch da ist.

i

Geboren am 12. Oktober 1977, Easton, New Hampshire
1x Gesamtweltcup 2005
2x Super-G-Weltcup 2005, 2007
1x Riesentorlaufweltcup 2004
2x Kombi-Weltcup 2003, 2004

Erster Sieg am 9. Dezember 2001 im Riesentorlauf in Val d'Isère
25 Einzelsiege – 4x Abfahrt, 5x Super-G, 9x RTL, 5x Slalom, 2x Kombi

Weitere Erfolge:
WM 2003 St. Moritz Gold RTL, Gold Kombi, Silber Super-G (ex aequo Hermann Maier)
WM 2005 Bormio Gold Abfahrt, Gold Super-G
Olympia 2002 Salt Lake City Silber RTL, Silber Kombi
Olympia 2006 Turin „Vielleicht fahre ich nur hin, mache Party und trinke Bier."

Der Kitz-Fan

→ Michael Walchhofer, AUT

„Der Wievielte bin ich eigentlich, der seine wichtigste Weltcup-Erinnerung an Kitzbühel hat?", fragte Michael Walchhofer. Nicht der Einzige, lieber Michael. Aber du bist in bester Gesellschaft! Wie bei so vielen seiner Kollegen und Konkurrenten nimmt die Streif eine ganz besondere Stellung ein.

„Bormio ist eine anspruchsvolle Abfahrt, und auch Beaver Creek gilt als sehr schwierig. Doch die Streif hat von allen alles. Brutal steil, elendslange Gleitpassage, hängende Kurven, gewaltige Sprünge und eine Atmosphäre, die kaum zu vergleichen ist. Bei der WM in Sestriere fuhren wir vor fast leeren Tribünen, die Siegerehrung fand gleich nach dem Rennen im Ziel ohne Zuschauer statt. Bei den Mädchen haben's sogar die falsche Hymne gespielt. Und in Kitzbühel? Da säumen zigtausend Menschen die Strecke. Gut, das kriegt man beim Rennen selbst nicht so mit, aber du weißt von der Besichtigung her, dass da unglaubliche Massen im Ziel warten und dich runterkommen sehen wollen. Allein schon deshalb war mein Sieg dort 2006 mein emotional größter. Als Österreicher in Österreich vor all den Österreichern. Und erst die Siegesfeier. Am Abend als Riesenfest mit 25.000 begeisterten Fans."

2001 bestritt Michael Walchhofer seine erste Weltcupabfahrt. Ausgerechnet auf der Streif. Die als besonders bockig gefürchtete Piste warf den jungen Abfahrer im Training auch prompt ab. Walchhofer flog ab und landete im Netz, wobei er sich beider Ski entledigte. „Ich hab ein besonderes Paar Ski getestet, aber in der kurzen Fahrzeit konnte ich nicht feststellen, ob sie was taugen. Also bin ich wieder rein in die Bindung und weitergefahren. (Das ist eigentlich verboten. Wenn man einen Ski verliert, muss man die Piste verlassen. Aber ich war damals ja noch ein absoluter ‚No-name', deshalb hat man keine große Sache draus gemacht und mich einfach fahren lassen.) Da ich erst wieder Schwung holen musste, bin ich recht langsam aus dem Steilhang in den Hohlweg eingefahren. Die Leute, die nicht wussten, dass es mich eben erst zerrissen hatte, wunderten sich, was für ein Schleicher da daherkommt. Doch ich wurde immer schneller und schneller und legte im Teilstück bis zum Ziel die viertbeste Zeit hin. Das war vor allem deshalb so bemerkenswert, weil ein Ski hinter der Bindung beim Sturz gebrochen war. Zum Glück hab ich das erst ihm Ziel bemerkt, denn wenn ich das gewusst hätte, wäre ich nie mit einem kaputten Ski volle Kanne gefahren!"

i

Geboren am 28. April 1975, Altenmarkt
2x Abfahrtsweltcup 2005, 2006

Erster Sieg Kombi in Kitzbühel 2003
11 Einzelsiege – 8x Abfahrt, 1x Super-G, 2x Kombi

Weitere Erfolge:
WM 2003 St. Moritz Gold Abfahrt
WM 2005 Bormio Silber Super-G, Bronze Abfahrt
Olympia 2006 Turin Silber Abfahrt

Wie der Blitz aus Pitz das erste Mal eingeschlagen hat:
„Der Start in meine erste Weltcupsaison 1998/99 verlief für mich super. Ein achter Platz, was will man mehr. Danach ging es allerdings nicht nur auf der Piste bergab, sondern auch ergebnismäßig. Speziell im Slalom lief es schlecht. In drei Rennen kam ich insgesamt nur 25 Tore weit! Ich versuchte mit intensivem Training wieder in Form zu kommen, was mir aber nicht gelang, da ich so gut wie nie durchkam. So etwas zehrt an den Nerven und bringt nicht gerade Selbstvertrauen für die nächsten Rennen. Also machte ich einfach eine Woche Pause, um an etwas anderes zu denken.
Im Jänner begann ich dann wieder mit dem Training und merkte, dass zumindest das Tempo passt, das Problem lag nur noch am Durchkommen. Das neue Jahr fing dann wieder gut an. Bei den ersten Rennen in Kranjska Gora schaffte

Ei, potz Pitz

→ Benjamin Raich, AUT

ich den vierten Rang im Riesentorlauf und den dritten Platz im Slalom. Super! Zwei Tage später, am 7. Jänner 1999, der Nachtslalom in Schladming. Das Medieninteresse an mir war für mich ungewohnt groß. Jeder wollte den jungen Wilden sehen. Ich hatte zwar davor schon öfter mit Reportern zu tun gehabt, aber nie in diesem Ausmaß. Dazu kam, dass mich ein Fotograf ertappte, als ich im Superman-T-Shirt durch die Hotelhalle spazierte. Natürlich ein gefundenes Fressen für die Medien.

Bei der Besichtigung waren schon sehr viele Zuschauer, ungewohnt viele Zuschauer. Das machte mir großen Druck. Im ersten Lauf erreichte ich dann den 23. Platz mit einem Rückstand von 1,2 Sekunden. Überflüssig zu sagen, dass ich mit meiner Leistung alles andere als zufrieden war. Nach der Besichtigung für den zweiten Durchgang fuhr ich alleine mit der Gondel hinauf. Endlich konnte ich ungestört nachdenken und sagte zu mir selbst: ‚Ich kann das Rennen gewinnen!' (Kein schlechter Gedanke für einen auf dem 23. Platz.) ‚Ich trainiere doch nur dafür! Der Rummel ist das Problem. Bin ich dem gewachsen? Was muss ich tun? Im Kopf umschalten und nur auf den Lauf konzentrieren …' Aufruf zum Start, 50.000 Menschen jubelten. Ich fuhr wie in Trance, alles ging wie von selbst ... Und durchs Ziel mit klarer Bestzeit. Ein super Lauf, alles ist aufgegangen. Nun begann die lange Zeit des Wartens. Ich stand im Ziel und jeder Läufer blieb hinter mir. Ganze 22 Läufer, darunter große Vorbilder wie der Aamodt. Langsam wurde mir bewusst, was ich da geschafft hatte. Der beste Zeitpunkt für den ersten Sieg: zu Hause, die vielen Zuschauer, die super Stimmung, von Rang 23 auf Rang 1, das hatte noch keiner vor mir geschafft, und das Ganze zur Primetime live im TV!

Bei der Pressekonferenz nach dem Rennen wurde ich nach meinem Superman-T-Shirt gefragt. Ich schaute unter meinen Pullover, und da war es wieder! Eigentlich ganz unbewusst und zufällig, aber doch ein Detail, das diesen Sieg nicht nur für mich, sondern auch für viele andere so speziell und unvergessen machte."

i

Geboren am 28. Februar 1978, Arzl im Pitztal
1x Gesamtweltcup 2006
2x Riesentorlaufweltcup 2005, 2006
2x Slalomweltcup 2005, 2007
2x Kombi-Weltcup 2005, 2006

29 Einzelsiege – 11x RTL, 13x Slalom, 5x Kombi

Weitere Erfolge:
WM 2001 St. Anton Silber Slalom
WM 2005 Bormio Gold Slalom, Gold Kombi, Silber RTL, Silber Teambewerb, Bronze Super-G
WM 2007 Aare Silber Kombi
Olympia 2002 Salt Lake City Bronze Slalom, Bronze Kombi
Olympia 2006 Turin Gold RTL, Gold Slalom

2006 Österreichs Sportler des Jahres

Die Siegesserie

→ Giorgio Rocca, ITA

Giorgio fing seine Karriere im Weltcup (erstes Rennen Riesentorlauf in Flachau 1996, ausgeschieden) mit einer beeindruckenden Ausfallserie an. In seinen ersten 17 Weltcuprennen kam er 14-mal nicht ins Ziel. Erst drei Jahre später schaffte er in Kitzbühel erstmals den Sprung aufs Podest. Von da an machte Rocca mit dem ‚Hopp-oder-dropp-Stil' weiter. Entweder aufs Stockerl oder ins Nirwana. Das brachte ihm beachtliche Erfolge ein. Aber in die Geschichtsbücher schrieb er sich erst in der Saison 2005/06 endgültig ein. Mit einer Siegesserie der Extraklasse. Fünf Slaloms en suite haben noch nicht viele gewonnen.

„Einen Slalom zu gewinnen, ist eine extrem schwierige Aufgabe. Der kleinste Fehler kostet nicht nur wertvolle Zeit, sondern kann zum sofortigen Ausscheiden führen. Und auf Sicherheit zu fahren macht keinen Sinn, weil es noch 70 andere Läufer gibt, die alle siegen wollen. Und die geben volles Risiko! Wenn ich daran denke, in fünf aufeinanderfolgenden Rennen erfolgreich gewesen zu sein, scheint es mir noch immer wie ein Traum.

... Beaver Creek, USA, am 4. Dezember 2005 der erste Sieg der sagenhaften Reihe. Dann Madonna di Campiglio am 12. Dezember bei starkem Schneefall und Scheinwerferlicht in einem Skistadion voll italienischer Fans. Der Weihnachtssieg in Kranjska Gora, 22. Dezember. Adelboden, 8. Jänner. Die Piste lang und wellig, die Anstrengungen der Weihnachtszeit, das Autogrammeschreiben, die Interviews, die Fotografen, das Training, ich war an meinen Grenzen angelangt. Der Platzsprecher nannte mich ‚Maestro', das spornte mich an. Wengen, 15. Jänner. Die Kulisse und der Schnee waren atemberaubend. Drei Jahre zuvor gelang mir hier mein erster Weltcupsieg. Und hier legte ich den Grundstein für meine Kristallkugel im Slalom."

i

Geboren am 6. August 1975, Livigno
1x Slalomweltcup 2006

11 Einzelsiege – 11x Slalom

Weitere Erfolge:
WM 2003 St. Moritz Bronze Slalom
WM 2005 Bormio Bronze Slalom, Bronze Kombi

Strobl hat zwei Spitznamen. „Fritz the Cat“, weil der Fritz sich wie eine Katze geschmeidig in die Kurven schmiegt, über die Wellen duckt. Und seit Kurzem auch „Mozart von der Mausefalle“, weil der Fritz mit dem Lied gleichen Namens (aus einem Werbespot) die österreichische Hitparade gestürmt hat. Das war eigentlich mehr als Gag gedacht, aber den Leuten hat es gefallen. Genauso wie den Leuten die Aktion zu seinem Abschied vom Weltcupzirkus getaugt hat: Da ist der Fritz als Wolferl Amadeus verkleidet beim Weltcupfinale 2007 die Abfahrtspiste von Lenzerheide hinuntergefahren. Unter tosendem Applaus der Menschen vor Ort und vor den TV-Geräten. Wenn er nicht schon wegen seiner Erfolge unvergesslich war, dann spätestens wegen dieser großartigen Abschiedsvorstellung und dem höchstemotionalen Interview im Zielraum, das der ganzen Nation die Tränen der Rührung in die Augen trieb.

Und was fällt dem Mozart-Katzen-Fritz spontan zum Thema Weltcup ein? Das Rad-Duell vom Pitztal.
„Trainingslager der ÖSV-Abfahrtsmannschaft im Tiroler Pitztal Anfang der Neunziger. Für mich jungen Rennfahrer eine riesige Freude – ich inmitten der österreichischen Abfahrtselite: Stock, Ortlieb, Höflehner, Assinger und Co. ... Konditionstraining am Nachmittag, während die einen Fußball spielten, setzte sich mein Kärntner Landsmann Armin Assinger auf sein Mountainbike

Das Rad-Duell

→ Fritz „The Cat“ Strobl, AUT

und nahm mich so quasi als Sparringpartner ins Schlepptau. Ich war gut trainiert und für mich war das Tempo eher gemütlich. Nach einiger Zeit allerdings erhöhte Asso (Armins Spitzname im Team) das Tempo. Aber ich hielt weiter mit. Der letzte Ort am Ende des Pitztales lag schon eine Weile hinter uns, Asso redete Gott sei Dank nichts, denn ich hätte kein Wort mehr sagen können, das Tempo war irrsinnig hoch und ich traute meinen Augen nicht: Ritsch, ratsch, schaltete er noch einen Gang weiter und verschärfte das Tempo! Mit letzter Kraft und am ‚letzten Zacken‘ blieb ich an seinem Hinterrad. Mir war schon schwindlig und ich sah noch immer kein Ende der Forststraße, nur der Gletscher kam immer näher. Gerade als mir ‚Schluss, aus! Ich mag nimmer!‘ durch den Kopf schoss, drehte Asso sich zu mir um und schrie mich auf Kärntnerisch an: ‚Jo he, weast nit bold obreiss'n – oda wos, des gibt's jo nit!‘ (ungefähre Übersetzung: Ja, willst du dich denn nicht endlich abhängen lassen?) ‚Geht schon noch!‘, log ich, und versuchte meine Erschöpfung hinter einem lässigen Lächeln zu verbergen. Assinger hätte genauso gut Radrennfahrer sein können. Keine Minute zu früh war nach der nächsten Biegung der Forstweg zu Ende. Für mich war das mein erster großer Sieg im Weltcupzirkus.“

i

Geboren am 24. August 1972, Steinfeld

9 Einzelsiege – 7x Abfahrt, 2x Super-G

Weitere Erfolge:
WM 2007 Aare Gold Teambewerb, Silber Super-G
Olympia 2002 Salt Lake City Gold Abfahrt

Rainer Schönfelder wird von den Medien gern „Der Petzen-Bär“ genannt. Dabei hat der Rainer so gar nichts von einer gemütlich-brummigen Kasperltheater-Figur. Eher was von einem Papagei oder einem Äffchen nach der siebten Tasse Espresso. Aufklärung: Die „Petzen“ ist die einzige nennenswerte landschaftliche Erhebung in Schönfelders Kärntner Heimatgebiet. Dort hat Klein-Rainer das Skifahren zuerst einmal hassen und später erst lieben gelernt. Daher „Petzen-Bär“. „Petzen-Papagei“ klingt irgendwie auch gut und würde den schrillsten Vogel des Weltcupzirkus trefflicher beschreiben. Rainers Extravaganzen sind mindestens ebenso bekannt wie seine sportlichen Erfolge. Wenn nicht sogar noch mehr. Sein Luftgitarrespiel im Siegestaumel, seine Gesangskarriere, sein Auftritt als Model beim Life Ball, seine flockigen Sprüche, seine Frisuren, Hauben, Brillen ... und seine Skandälchen wie „Die nackte Kanone 2 – Frei von Zwängen in Wengen“.

„‚Die Gesundheit schätzt man am meisten, wenn man sie vermisst‘, hat meine Oma, die stolze 101 Jahre alt geworden ist, immer gesagt. Am Nachmittag des 9. Jänner 2007 ächzte ich vor Schmerzen auf der Massageliege meines Physiotherapeuten Alexander Fröis. Seit Saison-

beginn plagte mich ein zähes Leistenproblem; ein böses Schleudertrauma nach einem Trainingssturz. Ich wollte eigentlich nur weg aus Wengen – heim in ein dunkles Zimmer und, bitte, eine Infusion gegen diese Schmerzen. ‚Jetzt pass auf – I probier jetzt wos, donn isch da morgn viel leichter!', war Therapeut Fröis, diese Frohnatur von einem Menschen, zuversichtlich. ‚Fröisi: Wenn's hilft und ich morgen weniger Schmerzen habe, fahr ich nackert vom Lauberhorn runter …' Drauf er: ‚Gilt schon!'
Fröis' manualtherapeutischer Kunstgriff tat heftig weh, dafür nur kurz. Und am nächsten Morgen, siehe da, war ich voll motiviert für das angesetzte Abfahrtstraining. Allein: Es wurde abgesagt! Kein Training bedeutete keine Leute auf und neben der Strecke. Kein Grund, mich vor dem Einlösen meiner Wettschuld zu drücken.
Hoch droben im Startbereich der Lauberhornabfahrt drückte ich meinem Physiotherapeuten mein gesamtes Skioutfit in die Hand, gab mir selbst Startsignal und zog – frei von Schmerz und Textilien – lange Schwünge über den Hang neben der Abfahrtsstrecke.
Eine Stunde später rief mich mein PR-Manager Michael Holzer an, ob bei mir ‚eh alles in Ordnung sei', mit einer Stimme, die besorgt klang. ‚Ja, alles bestens, wesentlich besser als gestern, hier in Wengen ist es so warm, dass man nackert Ski fahren kann!', sagte ich ihm, ohne das Gefühl zu haben, dass er das wörtlich verstanden hatte. ‚Schöni, kann es sein, dass du heute nackert das Lauberhorn runtergefahren bist?', fragte er mit einem Anflug von Strenge. ‚Ja, bin ich. Eine Wette mit dem Fröisi …' Drauf er, schon etwas gestresst: ‚Ist dir bewusst, dass es davon angeblich Fotos gibt …!?' Dass die Aktion ein Soldat des Pistenkommandos gesehen und einen Pressefotografen auf den nackerten Skifahrer aufmerksam gemacht hat, war nicht geplant. Ich stellte mich der ‚Inquisition' durch Peter Schröcksnadel, Hans Pum und Toni Giger, Mike den Journalisten aus Amerika, Russland, Mexiko, Japan, Australien und ganz Europa. Unglaublich, welche (witzigerweise vor allem positive) Reaktionen, auch von meinen Chefs, meine (N)aktion am Lauberhorn ausgelöst hatte.
Nach der Saison habe ich – das war der Deal nach meiner zwanglosen Einlage in Wengen – einen Nachmittag mit den CliniClowns bei kranken Kindern verbracht. Ein lehrreicher Tag, mit der Erkenntnis, dass man die Gesundheit am meisten schätzt, wenn man sie vermisst – nicht nur bei sich selbst."

Die nackte Kanone

→ Rainer Schönfelder, AUT

„Die nackte Kanone 1 – 15 Jahre früher" finden Sie im Kapitel „Hinter den Kulissen".

i

Geboren am 13. Juni 1977, Wolfsberg
1x Slalomweltcup 2004

Erstes Weltcuprennen: 1996 beim Saisonfinale in Kvitfjell
Erster Sieg im Februar 2000 beim Weltcupslalom in Todtnau im Schwarzwald
5 Einzelsiege – 5x Slalom

Weitere Erfolge:
WM 2005 Bormio Silber Slalom
Olympia 2006 Turin Bronze Slalom, Bronze Kombi

Der Jung-Elch

→ Aksel Lund Svindal, NOR

Der Dominator der letzten Saison ist unwahrscheinlich weit für seine jungen Jahre. Er hatte einen sehr guten, kontinuierlichen Aufbau und hat es verstanden, die Lücke, die Kjus und Aamodt hinterlassen haben, perfekt auszufüllen.

Aksel ist in einer mörderischen körperlichen Verfassung. Die kommt aber nicht von ungefähr. Im Holmenkollen-Stadion verbringt er alljährlich im Sommer seine „Höllenwochen", in denen er sich nicht schont, sondern nur eines gibt: Gas. Weil er genau weiß, die Saison ist lang und wenn du jedes Rennen fährst, hast du kaum Zeit, dich zu regenerieren. Da musst du schon im Sommer so viel Kondition tanken, dass die Füllung für den ganzen Winter reicht. Und wer weiß, welche Früchte das gemeinsame Training mit Julia Mancuso in diesem Sommer noch bringen wird! Zwinker, zwinker! (Vielleicht finden die beiden ja im nächsten Buch ihren Platz im Kapitel „Familienbande"!)

Wenn er gesund bleibt, hat er das Potenzial, noch viele Jahre um die große Kristallkugel zu fahren und sein Medaillenkonto auf das Niveau der großen „alten Elche" Aamodt und Kjus zu bringen.

i

Geboren am 26. Dezember 1982, Kjeller
1x Gesamtweltcup 2007
1x Super-G-Weltcup 2006
1x Riesentorlaufweltcup 2007
1x Kombi-Weltcup 2007

Erster Sieg Super-G in Lake Louise 2005
7 Einzelsiege – 2x Abfahrt, 2x Super-G, 2x RTL, 1x Kombi

Weitere Erfolge:
WM 2005 Bormio Silber Kombi
WM 2007 Aare Gold Abfahrt, Gold RTL

Das Weltcupfinale 2007 war ein an Spannung kaum zu überbietender Krimi. Gleich vier Rennläuferinnen hatten reale Chancen auf den Gesamtweltcup – Julia Mancuso, Renate Götschl, Marlies Schild und Niki Hosp. In den Wochen zuvor hatte nach beinahe jedem Rennen eine andere bei den Buchmachern die Nase vorn. Der Druck, unter dem die Mädchen in Lenzerheide standen, war enorm.

„In der letzten Woche hieß es noch einmal alle letzten Reserven aktivieren und kämpfen bis zum Schluss. Die Speed-Rennen waren technisch enorm schwer, was mir normalerweise entgegenkommen sollte. Trotzdem verlor ich in der Abfahrt und am nächsten Tag im Super-G speziell auf Marlies Schild, die wirklich ein tolles ‚Speed-Finish' geschafft hatte, wichtige Punkte. Für die letzten beiden technischen Bewerbe hatte Marlies einen beneidenswerten 70-Punkte-Polster. Da sie sieben von acht Slaloms dieser Saison für sich entschieden hatte, war für mich eigentlich ziemlich klar, dass sie am samstägigen Rennen auch wieder 100 Punkte machen würde und ich mindestens 30 Zähler schaffen müsste, um nur den Hauch einer Chance zu wahren. Irgendwo war für mich klar, dass sich der Gesamtweltcup für mich erledigt hatte, waren meine Chancen doch mehr theoretisch als wirklich. Andererseits wollte mein Kämpferherz sich nicht einfach so geschlagen geben.
Also riskierte ich im Slalom einfach alles. Als ich im ersten Durchgang knapp vor Marlies lag, war nicht nur ich überrascht … Denn somit, denke ich, konnte ich sie in sportlicher Hinsicht ein bisschen unter Druck setzen und sie eventuell zu Fehlern im zweiten Lauf zwingen.
Am Start zum zweiten Durchgang hörte ich von Marlies' schwerem Fehler. Das war meine Chance, die Weltcupführung zurückzuholen! Aber ich hatte noch einen perfekten Lauf zu meistern, und jeder weiß, wie tückisch das oft sein kann. Ein ‚dosiertes' Rennen zu fahren, war enorm schwierig für mich, weil meine Slalomform in diesem Winter doch des Öfteren zu wünschen übrig ließ. Ein nervöses Kribbeln war nicht mehr zu leugnen. Das ist meine Chance! Hoffentlich nur keine Fehler! Na gut, einfach Skifahr'n und nix denken … Das funktionierte wunderbar, ich konnte das Rennen für mich entscheiden und die Weltcupführung zurückerobern.
Für das letzte Rennen hatte ich gute Karten, denn der Riesentorlauf war meine Paradedisziplin. Doch hatten wir am Tag zuvor bei Marlies gesehen, wie schnell etwas danebengehen kann.
Die Nervosität befiel mich schon am frühen Morgen. Es machte mich schier wahnsinnig, weil ich normalerweise nie nervös war. Aber wie soll man noch locker bleiben, wenn es an einem Tag gleich um zwei ‚große Entscheidungen' – Riesentorlaufweltcup und Gesamtweltcup – geht.
Ich hoffte auf eine ordentliche Portion Glück. Im ersten Durchgang meinte Fortuna es gut mit mir – Bestzeit. Aber es gibt ja noch einen Lauf. Was sollte ich nur machen, so nervös kann ich keinen einzigen vernünftigen Schwung fahren, und das bei der schwierigen Piste! Als ich vor dem alles entscheidenden Lauf in den Startbereich kam, wollte ich am liebsten gleich meine Sachen packen und einfach abhauen. Ich hielt es schier nicht aus, die Spannung wurde fast unerträglich. Aufgefallen ist mir, dass nicht nur mir das Herz fast in die Hose gerutscht wäre, auch meine Betreuer wirkten ziemlich ‚zerstreut'.
Endlich im Starthaus. Ich war ein nervliches Wrack. Ich halt's hier oben einfach nicht mehr aus. Ich will nur runter und schon im Ziel sein!
Kurz darauf war ich endlich unten. Als ich die Ziellinie überquerte, den roten Strich noch kurz sah und dann auf die Zeittafel blickte – man müsste eigentlich noch in Australien gehört haben, wie mir der Stein vom Herzen gefallen ist. Für solche Glücksmomente, für diese unendliche Erleichterung findet man keine passenden Worte. Ich war einfach sehr, sehr glücklich."

Die Krimi-Niki

→ Nicole Hosp, AUT

i

Geboren am 6. November 1983, Ehenbichl
1x Gesamtweltcup 2007
1x Riesentorlaufweltcup 2007

Erster Sieg in Sölden 2002 im Riesentorlauf
9 Einzelsiege – 1x Super-G, 5x RTL, 2x Slalom, 1x Kombi

Weitere Erfolge:
WM 2003 St. Moritz Silber Kombi, Bronze Slalom
WM 2007 Aare Gold Super-G
Olympia 2006 Turin Silber Slalom

Die Sieger von A–Z

Lieber Armin,

Du hast mir gesagt, Du willst eigentlich gar nicht in unserem Buch vorkommen. Weil es Dir peinlich wäre, wenn wir etwas Nettes über Dich schrieben. Weil das dann wie Eigenlob rüberkommen könnte. Und außerdem hättest Du ja nur vier Weltcuprennen gewonnen. Also nichts im Vergleich zu den Stenmarks, Thönis, Maiers, Schneiders oder Prölls. Zumindest Deiner Meinung nach. Nun, meine Meinung sieht da anders aus. Ich sehe es prinzipiell als riesige Leistung an, überhaupt im Weltcup mitfahren zu dürfen. Dort gibt es keinen Platz für Nudelaugen und Weicheier. Dort fahren nur echte Burschen und Burschinnen. Und in diesem Umfeld der Härtesten unter den Harten ein oder mehrere Rennen gewinnen zu können, ist eine Großtat, die mir den allerhöchsten Respekt abverlangt. Das ist auch der Grund, warum wir alle Rennläufer, die jemals ein Weltcuprennen gewonnen haben, in diesem Buch anführen. Sie haben es verdient. Das musste einmal gesagt werden. Und noch was muss ich sagen: Wenn Du Deine vier Siege so runterspielst, dann erzähle ich eben, warum ich Deine vier Siege für so besonders halte.
Deine Karriere ließ sich mit einigen Top-10-Platzierungen inklusive zwei zweiten Plätzen gerade so richtig gut an, da passierte der Horrorcrash in Wengen 1989. Beide Knie komplett zerstört, sieben Bänderrisse, sogar die Amputation des rechten Beines wurde erwogen. Das sah gar nicht gut und wie das sichere Karriereende aus.
Aber Dr. Benedetto leistete ausgezeichnete Arbeit und Du entwickeltest einen unglaublichen Ehrgeiz und Kampfeswillen. Zwei Jahre nach Deinem Unfall wurdest Du auf der Streif Elfter. Damit nicht genug. Als 25-prozentiger Invalide hast Du dann noch Deine vier Weltcupsiege errungen. Wer weiß, wie viele es noch geworden wären, wenn Deine Knie nicht gemeint hätten, es wäre jetzt doch endlich genug.
So, und das schreibe ich jetzt in unser Buch. Ob es Dir passt oder nicht.

Liebe Grüße
Claus

Wie es zu diesem fürchterlichen Sturz in Wengen kam, beschreibt Armin (nach mehrmaligem gutem Zureden) im Kapitel „Stürze, Kracher und Kometen".

Nach seinem Rücktritt 1995 würzte Armin Assinger als Kokommentator die Weltcup-Berichterstattung des österreichischen Fernsehens mit markigen Sprüchen, die legendär wurden, wie etwa „Da pfeifen die Komantschen!", wenn ein Läufer besonders rasant daherkam. Seine Bildschirmauftritte gefielen dem Publikum. Daher bekam Armin 2002 den Job des Moderators für den TV-Quiz-Hit „Millionenshow".

Vom Weltcup zur Millionenshow

→ Armin Assinger, AUT

Geboren am 7. Juni 1964, Graz

Erstes Weltcuprennen Dezember 1984 in Gröden (30. Platz)
Erster Sieg am 21. Dezember 1992 beim Super-G in Bad Kleinkirchheim
4 Einzelsiege – 3x Abfahrt, 1x Super-G

A-Z

Karl Alpiger, SUI
Geboren am 27. April 1961, Wildhaus
5 Einzelsiege – 5x Abfahrt
Weitere Erfolge:
WM 1987 Crans Montana Bronze Abfahrt
WM 1989 Vail Bronze Abfahrt

Armin: „Alpiger, AJ Kitt, Heinzer und Assinger: diesen Vieren war eines gemein: Sobald der hautenge Rennanzug übergestreift war und die Startzeit näher rückte, setzte eine ausgesprochen rege Darmtätigkeit ein! Bei jedem, aber auch wirklich jedem Rennen trafen sie sich zur selben Zeit an einem gewissen Ort, ohne sich vorher verabreden zu müssen. Natürlich nützten wir diese Stelldicheins für Besprechungen der Renntaktiken, aber Karli, AJ, Franz und mir war viel daran gelegen, sich vor dem Rennen von unnötigem Ballast zu trennen – und nicht während des Rennens."

Sebastien Amiez, FRA
Geboren am 6. Mai 1972, Pralognan
1 Einzelsieg – 1x Slalom
Weitere Erfolge:
WM 1997 Sestriere Silber Slalom
Olympia 2002 Salt Lake City Silber Slalom

Kristina Anderson, SWE
Geboren am 20. Mai 1965, Frösön
1 Einzelsieg – 1x Slalom

Stefano Anzi, ITA
Geboren am 22. Mai 1949, Bormio
1 Einzelsieg – 1x Abfahrt

In Kitzbühel 1974 landeten zur Verwunderung aller „... zwei aufrecht fahrende ‚Spaghetti' (in den plastifizierten Anzügen) hinter Collombin ex aequo auf Platz 2: Stefano Anzi und Giuliano Besson, die kurioserweise später eine gemeinsame Bekleidungsfirma gründeten und mit ‚Anzi-Besson' unter anderem Ausstatter des österreichischen Nationalteams sind." Zitat Franz Klammer.

Caroline Attia, FRA
Geboren am 4. Juli 1960, Paris
1 Einzelsieg – 1x Abfahrt
Talent fehlte ihr nicht, aber die für eine erfolgreiche Abfahrerin hilfreichen Kilos.

Andrzej Bachleda, POL
Geboren am 21. Jänner 1947, Zakopane
1 Einzelsieg – 1x Slalom
Weitere Erfolge:
WM 1970 Gröden Bronze Kombi
WM 1974 St. Moritz Silber Kombi

Trine Bakke, NOR
Geboren am 11. Februar 1975, Trondheim
2 Einzelsiege – 2x Slalom
Weitere Erfolge:
WM 1999 Vail/Beaver Creek Bronze Slalom

Pamela Behr, GER
Geboren am 21. August 1956, Hindelang
1 Einzelsieg – 1x Slalom
Weitere Erfolge:
WM 1978 Garmisch-Partenkirchen Silber Slalom

Felix Belczyk, CAN
Geboren am 11. August 1961, Vancouver
1 Einzelsieg – 1x Super-G

Grega Benedik, YU/SLO
Geboren am 11. Mai 1962, Žirovnica
1 Einzelsieg – 1x Slalom

Hubert Berchtold, AUT
Geboren am 28. Juli 1950, Alberschwende
1 Einzelsieg – 1x RTL

Sergio Bergamelli, ITA
Geboren am 16. August 1970, Trescore
1 Einzelsieg – 1x RTL

Marc Berthod, SUI
Geboren am 24. November 1983, St. Moritz
1 Einzelsieg – 1x Slalom
Weitere Erfolge:
WM 2007 Aare Bronze Kombi

Sylviane Berthod, SUI
Geboren am 25. April 1977, Salins
1 Einzelsieg – 1x Abfahrt
Besonders ehrgeizige Rennläuferin, mit einem ziemlichen Sturschädel ausgestattet. Stieß immer wieder mit dem mindestens ebenso sturen Kotrainer der Schweizerinnen, Ex-Abfahrtsass Peter Müller, zusammen, dass die Funken flogen.

William Besse, SUI
Geboren am 10. März 1968, Bruson
4 Einzelsiege – 4x Abfahrt
Sein Spitzname war „Alles-gut-Willi", weil er auf die Frage, wie es ihm denn ginge, als Französischschweizer in gebrochenem Deutsch immer diesen Satz zum Besten gab. Willi war jahrelang fixer Bestandteil der ersten Startgruppe, ein begnadeter Springer und verwegener Abfahrer. Kein Sprung konnte ihm zu weit gehen, keine Kurve war ihm schnell genug. Mittlerweile werkt er als Kokommentator beim Schweizer Fernsehen.

Patrice Bianchi, FRA
Geboren am 10. April 1969, Val d'Isère
2 Einzelsiege – 2x Slalom

Franco Bieler, ITA
Geboren am 6. Dezember 1950, Gressoney-Saint-Jean
1 Einzelsieg – 1x RTL

Armin Bittner, GER
Seite 123

Massimiliano Blardone, ITA
Geboren am 26. November 1979, Pallanzeno
3 Einzelsiege – 3x RTL

Werner Bleiner, AUT
Geboren am 26. Mai 1946, Tschagguns
2 Einzelsiege – 2x RTL
Weitere Erfolge:
WM 1970 Gröden Silber RTL

Fernande Bochatay, SUI
Geboren am 23. Jänner 1946, Les Marécottes
3 Einzelsiege – 2x RTL, 1x Slalom
Weitere Erfolge:
Olympia 1968 Grenoble Bronze RTL

Natasa Bokal, SLO
Geboren am 9. Mai 1967, Škofja Loka
1 Einzelsieg – 1x Slalom
Weitere Erfolge:
WM 1991 Saalbach Hinterglemm Silber Slalom

Therese Borssén, SWE
Geboren am 12. Dezember 1984, Rättvik
1 Einzelsieg – 1x Slalom

Pierrick Bourgeat, FRA
Geboren am 28. Jänner 1976, Grenoble
3 Einzelsiege – 3x Slalom

Chantal Bournissen, SUI
Geboren am 6. April 1967, Arolla
1x Abfahrtsweltcup 1991
7 Einzelsiege – 6x Abfahrt, 1x Super-G
Weitere Erfolge:
WM 1991 Saalbach Hinterglemm Gold Kombi

Beeindruckte durch ihre positive Einstellung zum Sport und zum Leben, war stets fröhlich und versprühte überall gute Laune.

Didier Bouvet, FRA
Geboren am 6. März 1961, Abondance
1 Einzelsieg – 1x Slalom
Weitere Erfolge:
Olympia 1984 Sarajevo Bronze Slalom

Nathalie Bouvier, FRA
Geboren am 31. August 1969, Les Rousses
1 Einzelsieg – 1x RTL
Weitere Erfolge:
WM 1991 Saalbach Hinterglemm Silber Abfahrt

Robb Boyd, CAN
Seite 72

Henry Brechu, FRA
Geboren am 1. Dezember 1947, Gap
1 Einzelsieg – 1x Slalom

Todd Brooker, CAN
Geboren am 24. November 1959, Ontario
3 Einzelsiege – 3x Abfahrt
Was ist das? Es hat einen gelben Rennanzug an, ist 130 km/h schnell und überschlägt sich 13-mal? Todd Brooker am Hausberg in Kitzbühel in den 80er-Jahren! Mein Gott, war das ein Kapitalsturz, aber der stämmige Kanadier, der Jüngste aus der Ära der Crazy Canucks, überstand auch diesen Crash. Auch Todd ist mittlerweile hinter das Mikrofon gewechselt und analysiert und kommentiert die Leistungen seiner Nachfolger für das Fernsehen.

Edmund Bruggmann, SUI
Geboren am 15. April 1943, Flums
5 Einzelsiege – 4x RTL, 1x Slalom
Weitere Erfolge:
Olympia 1972 Sapporo Silber RTL

Marco Büchel, LIE
Seite 112

Karin Buder, AUT
Geboren am 28. Juli 1964, St. Gallen/Steiermark
1 Einzelsieg – 1x Slalom
Weitere Erfolge:
WM 1993 Morioka Gold Slalom

Hans Petter Buraas, NOR
Geboren am 20. März 1975, Bærum
1 Einzelsieg – 1x Slalom
Weitere Erfolge:
Olympia 1998 Nagano Gold Slalom
In seiner Sturm-und-Drang-Zeit war der Norweger ein ausgesprochener Exzentriker, der auch nicht davor zurückschreck-

te, mit grellrot lackierten Fingernägeln in der Kraftkammer aufzutauchen, mit dem Ergebnis, dass er Olympiasieger wurde. Somit war er der erste Metrosexuelle, lange bevor Beckham und Schönfelder wussten, was das überhaupt ist.

Thomas Bürgler, SUI
Seite 118

Toni Bürgler, SUI
Seite 118

Nicolas Burtin, FRA
Geboren am 15. Jänner 1972, Bonneville
1 Einzelsieg – 1x Abfahrt

Jens Byggmark, SWE
Geboren am 22. August 1985, Tärnaby
2 Einzelsiege – 2x Slalom
Verkörpert den typischen jungen, wilden skandinavischen Rennfahrer: lange, ungebändigte Mähne, höchster Einsatz, Kampfgeist, nur Vollgas und den Schritt der Jeans auf Höhe Kniekehle. Der wird heuer wieder immens gefährlich werden, insbesondere auf seinen Lieblingshängen in Kitzbühel und Schladming.

Conradin Cathomen, SUI
Geboren am 2. Juni 1959, Laax
2 Einzelsiege – 2x Abfahrt
Weitere Erfolge:
WM 1982 Schladming Silber Abfahrt
Conradin war ein starker Abfahrer, der es immer wieder verstand, sich vorne in den Ergebnislisten zu klassieren. Besonders auffallend war der Gewinn der Silbermedaille in Schladming 1982 hinter Weirather und vor Resch („Einstock-Erwin"), weil er dadurch den Doppelsieg der Österreicher in ihrer Heimat verhindern konnte.

Régine Cavagnoud, FRA
Geboren am 27. Juni 1970, Thônes, gestorben 2001
1x Super-G-Weltcup 2001
8 Einzelsiege – 3x Abfahrt, 4x Super-G, 1x RTL
Weitere Erfolge:
WM 2001 St. Anton Gold Super-G
Am 29. Oktober 2001 trainierten die deutschen und französischen Skirennläuferinnen zugleich auf dem Pitztaler Gletscher Abfahrt. Obwohl der deutsche Trainer Markus Anwander gerade auf der Piste war, weil er dort die Rennstrecke präparieren wollte, wurde Régine Cavagnoud auf die Piste geschickt. Mit hoher Geschwindigkeit raste sie in den Deutschen. Laut Polizeibericht stießen Cavagnoud und Anwander frontal mit den Köpfen zusammen und stürzten rund 100 Meter über einen Steilhang ab. In der Unfallklinik Innsbruck verloren die Ärzte schließlich zwei Tage später den Kampf gegen die schweren Kopfverletzungen der Athletin. Anwander überlebte schwer verletzt.

Olga Charvatova, SLK
Geboren am 11. Juni 1962, Gottwaldov
2 Einzelsiege – 1x Slalom, 1x Kombi
Weitere Erfolge:
Olympia 1984 Sarajevo Bronze Abfahrt

Elisabeth Chaud, FRA
Geboren am 7. Dezember 1960, Puy Saint Vincent
1 Einzelsieg – 1x RTL

Patricia Chauvet, FRA
Geboren am 11. Mai 1967, Paris
1 Einzelsieg – 1x Slalom
Weitere Erfolge:
WM 1996 Sierra Nevada Silber Slalom

Joël Chenal, FRA
Geboren am 10. Oktober 1973, Moûtiers
1 Einzelsieg – 1x RTL
Weitere Erfolge:
Olympia 2006 Turin Silber RTL

Kirsten Clark, USA
Geboren am 23. April 1977, Raymond
1 Einzelsieg – 1x Abfahrt
Weitere Erfolge:
WM 2003 St. Moritz Silber Super-G

Elizabeth „Betsy" Clifford, CAN
Geboren am 15. Oktober 1953, Ottawa
3 Einzelsiege – 1x RTL (mit 17 Jahren jüngste RTL-Siegerin), 2x Slalom
Weitere Erfolge:
WM Gröden 1970 Gold RTL
WM 1974 St. Moritz Silber Abfahrt

Anneliese Coberger, NZE
Seite 50

Barbara Cochran, USA
Seite 118

Bob Cochran, USA
Seite 118

Marylin Cochran, USA
Seite 118

Roland Collombin, SUI
Seite 39

Deborah Compagnoni, ITA
Geboren am 4. Juni 1970, Bormio
1x Riesentorlaufweltcup 1997
16 Einzelsiege – 2x Super-G, 13x RTL, 1x Slalom
Weitere Erfolge:
WM 1996 Sierra Nevada Gold RTL
WM 1997 Sestriere Gold RTL, Gold Slalom
Olympia 1992 Albertville Gold Super-G
Olympia 1994 Lillehammer Gold RTL
Olympia 1998 Nagano Gold RTL, Silber Slalom
Deborah war eine der ersten Damen, die das Carven in einer Perfektion beherrschten, sodass sie die Vorteile dieser Technik auch zum Siegen nützen konnten. In Italien hatte sie bei den Damen Starstatus wie Alberto Tomba bei den Herren. Hat in den Benetton-Clan eingeheiratet.

Christin Cooper, USA
Geboren am 8. Oktober 1959, Sun Valley
5 Einzelsiege – 1x RTL, 2x Slalom, 2x Kombi
Weitere Erfolge:
WM 1982 Schladming/Haus Silber RTL, Silber Slalom, Bronze Kombi
Olympia 1984 Sarajevo Silber RTL

Karl Cordin, AUT
Seite 28

Frédéric Covili, FRA
Geboren am 14. November 1975, Moûtiers
1x Riesentorlaufweltcup 2002
2 Einzelsiege – 2x RTL
Weitere Erfolge:
WM 2001 St. Anton Bronze RTL

Didier Cuche, SUI
Geboren am 16. August 1974, Le Pâquier
1x Abfahrtsweltcup 2007
Erster Sieg Abfahrt in Kitzbühel 1998
6 Einzelsiege – 3x Abfahrt, 2x Super-G, 1x RTL
Weitere Erfolge:
WM 2007 Aare Bronze RTL
Olympia 1998 Nagano Silber Super-G (ex aequo Hans Knauss)
Didier ist ein Rennfahrer mit Leib und Seele, der sich auch nicht davor scheut, im Moment des höchsten Glücks, aber auch der tiefsten Enttäuschung, Tränen zu zeigen. So geschehen bei seinem Sieg in Adelboden und nach seinem Trainingssturz ebendort. Er ist ein würdiger Abfahrtsweltcupsieger, der mit einer sensationellen Konstanz die kleine Kugel holen konnte. Seine gewaltigen konditionellen Fähigkeiten gepaart mit hohem technischen Vermögen und dem richtigen Ski an seinen Füßen bilden das Paket Cuche. Und der hat sicher noch nicht genug.

Christin „Kiki" Cutter, USA
Geboren am 1. Jänner 1951, Bend
Die erste US-Amerikanerin, die ein Weltcuprennen gewonnen hat – den Slalom in Oslo 1968!
5 Einzelsiege – 1x RTL, 4x Slalom

Jean Daniel Daetwyler, SUI
Geboren am 12. April 1945, Villars-sur-Ollon
2 Einzelsiege – 2x Abfahrt

Pierre Emmanuel Dalcin, FRA
Geboren am 15. Februar 1977, Saint-Jean-de-Maurienne
1 Einzelsieg – 1x Abfahrt

Leonardo David, ITA
Geboren am 27. September 1960, Gressoney-Saint-Jean, gestorben 1985
1 Einzelsieg – 1x Slalom
David galt als vielversprechendes Talent im italienischen Team. Aber nur eine Woche nach seinem Sieg stürzte er am 16. Februar 1979 bei den italienischen Meisterschaften in Cortina d'Ampezzo in der Abfahrt schwer. Zwar klagte er über starke Kopfschmerzen, aber der Neurologe konnte keine Verletzungen des Gehirns feststellen. Nach einer zweiwöchigen Erholungsphase ging er bei der Weltcupabfahrt am 3. März 1979 an den Start. Kurz vor dem Zieldurchlauf kam er zu Sturz, stand gleich wieder auf und fuhr über die Ziellinie. Nur wenige Minuten später brach er im Zielraum bewusstlos zusammen. Aus dieser Bewusstlosigkeit wachte David nie wieder auf. Er starb am 26. Februar 1985, im Alter von 24 Jahren, an Herzversagen.

Doris de Agostini, SUI
Geboren am 28. April 1958, Airolo
1x Abfahrtsweltcup 1983
8 Einzelsiege – 8x Abfahrt
Weitere Erfolge:
WM 1978 Garmisch-Partenkirchen Bronze Abfahrt

Bei Doris de Agostini kamen Generationen von Männern ins Schwärmen. Schwarz gelocktes Haar, lange Beine. Armin behauptet, sich vor allem an ihre aerodynamisch besonders günstige Abfahrtsposition zu erinnern: breite Skiführung und tiefe Hocke.

Danielle Debernard, FRA

Geboren am 21. Juli 1954, La Plagnes
5 Einzelsiege – 3x RTL, 2x Slalom
Weitere Erfolge:
Olympia 1972 Sapporo Silber Slalom
Olympia 1976 Innsbruck Bronze RTL, WM-Silber Kombi

Didier Defago, SUI

Geboren am 2. Oktober 1977, Morgins
1 Einzelsieg – 1x Super-G

Giustina Demetz, ITA

Geboren am 27. April 1941, Santa Cristina
1 Einzelsieg – 1x Abfahrt

Antoine Dénériaz, FRA

Seite 123

Martial Donnet, SUI

Geboren am 22. September 1956, Morgins
1 Einzelsieg – 1x Slalom

Michaela Dorfmeister, AUT

Geboren am 25. März 1973, Wien
1x Gesamtweltcup 2002
2x Abfahrtsweltcup 2003, 2006
2x Super-G-Weltcup 2005, 2006
1x Riesentorlaufweltcup 2000
Erstes Weltcuprennen 1991
Erster Sieg am 16. Dezember bei der Abfahrt in St. Anton
25 Einzelsiege – 7x Abfahrt, 10x Super-G, 8x RTL
Weitere Erfolge:
WM 1999 Vail/Beaver Creek Silber Abfahrt, Bronze Super-G
WM 2001 St. Anton Gold Abfahrt
WM 2003 St. Moritz Gold Super-G
Olympia 1998 Nagano Silber Super-G
Olympia 2006 Turin Gold Abfahrt, Gold Super-G

Michis Karriere verlief sehr atypisch, denn sie kam nicht aus den Bergen, sondern aus dem flachen Osten Österreichs. Daher musste sie von klein auf große Reisestrapazen auf sich nehmen, um in die guten Trainingsgebiete im Westen, speziell im Sommer auf die Gletscher, zu kommen.
Aber gerade solche Athleten, die das gewisse Talent mitbringen und gegen außergewöhnliche Schwierigkeiten kämpfen müssen, entwickeln einen besonderen Ehrgeiz. Allzu oft werden solche Menschen hart und unnahbar. Nicht so Michi Dorfmeister. Zwar ist sie ein sehr starker Charakter, weiß genau, was sie will. Sie ist aber auch genau der viel zitierte Typ, mit dem man Pferde stehlen kann. Und sie zeigt ihre Emotionen. Besonders beeindruckend war die Szene bei der Siegerehrung bei den Olympischen Spielen in Turin, als sie nach Gold in der Abfahrt und im Super-G in Tränen ausgebrochen ist, oder bei der Bekanntgabe ihres Rücktritts 2006. Ein echt klasser Typ.

Alenka Dovžan, SLO

Geboren am 11. Februar 1976, Mojstrana
1 Einzelsieg – 1x Super-G
Weitere Erfolge:
Olympia 1994 Lillehammer Bronze Kombi

Wiltrud Drexel, AUT

Geboren am 16. August 1950, Feldkirch
5 Einzelsiege – 5x Abfahrt
Weitere Erfolge:
WM 1974 St. Moritz Bronze Abfahrt
Olympia 1972 Sapporo Bronze RTL

Adrien Duvillard, FRA Seite 119

Henri Duvillard, FRA Seite 119

Stephan Eberharter, AUT Seite 116

Ivano Edalini, ITA
Geboren am 20. August 1961, Zug
1 Einzelsieg – 1x Slalom

Elfi Eder, AUT Seite 119

Silvia Eder, AUT Seite 119

Sabine Egger, AUT
Geboren am 22. April 1977, Klagenfurt
1x Slalomweltcup 1999
Erster Sieg am 8. Jänner 1999 beim Slalom in Berchtesgaden
2 Einzelsiege – 2x Slalom
Sabines gute Leistungen waren über die Jahre genauso konstant wie leider auch ihre Rückenschmerzen, die ihre Karriere zunächst einschränkten und schließlich beendeten.

Patricia Emonet, FRA
Geboren am 22. Juli 1956, Sallanches
4 Einzelsiege – 1x RTL, 3x Slalom

Hans Enn, AUT Seite 54

Irene Epple-Waigel, GER Seite 119

Maria Epple-Beck, GER Seite 119

Lars-Börje Eriksson, SWE
Geboren am 21. Oktober 1966, Aare
2 Einzelsiege – 1x Super-G, 1x RTL
Weitere Erfolge:
Olympia 1988 Calgary Bronze Super-G

Roberto Erlacher, ITA
Geboren am 16. September 1963, Colfosco
1 Einzelsieg – 1x RTL

Martina Ertl-Renz, GER Seite 113

Burg Faerbinger, GER
Geboren: schon länger her
1 Einzelsieg – 1x Slalom 1967

Annie Famose, FRA
Geboren am 16. Juni 1944, Jurançon
2 Einzelsiege – 2x Slalom
Weitere Erfolge:
Olympia 1968 Grenoble Silber RTL, Bronze Slalom, WM-Bronze Kombi

Elena Fanchini, ITA
Geboren am 25. September 1986, Lovere
1 Einzelsieg – 1x Abfahrt
Weitere Erfolge:
WM 2005 Bormio Silber Abfahrt

Alessandro Fattori, ITA
Geboren am 21. Juni 1973, Parma
2 Einzelsiege – 1x Abfahrt, 1x Super-G

Blanca Fernández-Ochoa, SPA Seite 50

Fransisco Fernández-Ochoa, SPA Seite 50

Sepp Ferstl, GER
Geboren am 6. April 1954, Vogling
2 Einzelsiege – 2x Abfahrt

Michela Figini, SUI
Geboren am 7. April 1966, Prato
2x Gesamtweltcup 1985, 1988
4x Abfahrtsweltcup 1985, 1987, 1988, 1989
1x Super-G-Weltcup 1988
Erster Sieg bei der Abfahrt in Megève 1984
26 Einzelsiege – 17x Abfahrt, 3x Super-G, 2x Riesentorlauf, 4x Kombi
Weitere Erfolge:
WM 1985 Bormio/Santa Caterina Gold Abfahrt
WM 1987 Crans Montana Silber Abfahrt, Silber Super-G
Olympia 1984 Sarajevo Gold Abfahrt
Olympia 1988 Calgary Silber Super-G
Michela war eine sehr kraftvolle Läuferin aus der italienischen Schweiz, die es sehr gut verstand, diese Kräfte auch zu konzentrieren und stets im richtigen Moment in Hochform zu sein. Gemeinsam mit Maria Walliser führte sie ein starkes Schweizer Team an. Wie die Geschichte immer wieder beweist, ist so ein starkes Team Grundvoraussetzung für den Erfolg, weil die interne Rivalität die Leistungsspirale immer weiter nach oben dreht. Dieser Effekt führte dazu, dass Figini und Walliser die Kristallkugeln in der zweiten Hälfte der 1980er unter sich aufteilten.

Abigail Fisher, USA
Geboren am 20. August 1957, South Conway
1 Einzelsieg – 1x Slalom

Merete Fjeldavli, NOR
Geboren am 13. August 1968, Skin/Oslo
1 Einzelsieg – 1x Super-G

Holly Flanders, USA
Geboren am 26. Dezember 1957, Manchester, New Hampshire
3 Einzelsiege – 3x Abfahrt

Andrine Flemmen, NOR
Geboren am 29. Dezember 1974, Molde
3 Einzelsiege – 3x RTL
Weitere Erfolge:
WM 1999 Vail/Beaver Creek Silber RTL

Pam-Ann Fletcher, USA
Geboren am 30. Jänner 1963, Acton
1 Einzelsieg – 1x Abfahrt
Pam-Ann hat einmal ein Weltcuprennen gewonnen, dafür aber mehrmals geheiratet. Mehr als ihre Erfolge glänzte ihr Privatleben, vor allem ihr Verlobungsring, den sie nur zu gerne jedem stolz unter die Nase hielt.

Thomas Fogdö, SWE
Seite 90

Markus Foser, LIE
Geboren am 31. Jänner 1968, Balzers
1 Einzelsieg – 1x Abfahrt

Werner Franz, AUT
Geboren am 8. März 1972, Weißbriach
2 Einzelsiege – 1x Abfahrt, 1x Super-G
Der Kärntner Werner Franz erinnerte in seinen jungen Jahren extrem an einen anderen Franz – den großen Klammer. Verwegen sein Stil, ständig in Sturzgefahr, immer volle Wäsch unterwegs. Nicht immer war Werner jedoch vom Glück gesegnet, und so waren viele Verletzungen seine Wegbegleiter. Die schlimmste erwischte ihn nach seinem größten Erfolg, auf den er so lange hingearbeitet hat, dem Sieg in Val d'Isère 2004. Der Sturz mit der fürchterlichen Verletzung beim Sommertraining 2005 in Chile war schlimm genug, die Heimreise noch viel schlimmer. Einem Martyrium gleich quälte sich der Weißbriacher nur ein paar Tage nach seiner schweren Operation annähernd 24 Stunden zurück in die Heimat, die riesige Wunde am Schienbein „saftelnd" (nässend), allein und ohne Betreuung! Und die Zeit heilt fast alle Wunden! Das Comeback, das Franz darauf startete, sucht seinesgleichen. Mit unzähmbaren Willen kämpfte sich der Kärntner wieder zurück in die Weltcupmannschaft, konnte sich im Training in Lake Louise noch einmal ganz vorne platzieren und so die Qualifikation für das Rennen schaffen. Allein, die von einer ganzen Saison zu erwartenden Schmerzen überstiegen auch die Vorstellungskraft des toughen Kärntners und so entschloss er sich zum Rücktritt – was nicht heißt, dass es keinen Werner Franz mehr im Weltcup geben wird: Sein Sohn heißt natürlich auch Werner Franz, ist ein vielversprechendes Talent und auf dem besten Weg, dem Vater nachzufolgen.

Paul Frommelt, LIE
Seite 119

Ole Kristian Furuseth, NOR
Seite 86

Gertrud Gabl, AUT

Geboren am 26. August 1948, St. Anton, gestorben 1976
1x Gesamtweltcup 1969
1x Slalomweltcup 1969
Erster Sieg am 11. Jänner 1968 Slalom in Grindelwald
7 Einzelsiege – 2x Riesentorlauf, 5x Slalom
Was für ein Moment für Österreich: Gertrud Gabl und Karl Schranz gewinnen im Doppelpack die ersten großen Kristallkugeln für Rot-Weiß-Rot.
Nach ihrem Rücktritt vom Leistungssport mit erst 23 Jahren heiratete sie einen wohlhabenden britischen Geschäftsmann. Das Glück der beiden währte nur vier Jahre. Bei einer Skitour auf ihrem Hausberg wurde das Paar von einer Lawine verschüttet, aus der Gertrud nur mehr tot geborgen werden konnte. Der „Gertrud-Gabl-Weg“ in St. Anton erinnert an die erste österreichische Gesamtweltcupsiegerin.

Beatrice Gafner, SUI

Geboren am 19. November 1964, Beatenberg
2 Einzelsiege – 2x Abfahrt

Joël Gaspoz, SUI

Seite 73

Bartl Gensbichler, AUT

Geboren am 9. September 1956, Hinterglemm
1 Einzelsieg – 1x Abfahrt

Hilde Gerg, GER

Geboren am 19. Oktober 1975, Lenggries
2x Super-G-Weltcup 1997, 2002
2x Kombi-Weltcup 1998, 1999
20 Einzelsiege – 7x Abfahrt, 8x Super-G, 1x Slalom, 1x Parallelslalom, 3x Kombi
Weitere Erfolge:
WM 1997 Sestriere Bronze Super-G, Bronze Kombi
WM 2001 St. Anton Bronze Super-G
Olympia 1998 Nagano Gold Slalom, Bronze Kombi
Ihr Kampfname war „Die Wilde Hilde“ und das zu Recht, denn sie war gemeinsam mit Martina Ertl die Trägerin des deutschen Skiteams, das in diesen Jahren ohne die beiden Damen ziemlich traurig dagestanden wäre. Hätten nicht Verletzungen im ungünstigsten Moment noch mehr Erfolge verhindert, wäre ihre Karriere höchstwahrscheinlich mit dem Gewinn des Gesamtweltcups gekrönt worden.

Michaela Gerg-Leitner, GER

Geboren am 10. November 1965, Lenggries
4 Einzelsiege – 3x Abfahrt, 1x RTL
Weitere Erfolge:
WM 1989 Vail/Beaver Creek Bronze Super-G

Kristian Ghedina, ITA

Seite 88

Sabine Ginther, AUT

Geboren am 3. Februar 1970, Vordenhornbach
2x Kombi-Weltcup 1991 (gemeinsam mit Florence Masnada), 1992
6 Einzelsiege – 3x Abfahrt, 1x Slalom, 2x Kombi

Sabine war eine starke Allrounderin aus dem Tiroler Außerfern, der leider der Verletzungsteufel übel mitgespielt hat. Wer weiß, ob sonst nicht auch eine große Kristallkugel bei ihr zu Hause stehen würde. Das Zeug dazu hätte sie gehabt.

Claudia Giordani, ITA
Geboren am 27. Oktober 1955, Mailand
3 Einzelsiege – 1x RTL, 2x Slalom
Weitere Erfolge:
Olympia 1976 Innsbruck Silber Slalom

Dumeng Giovanoli, SUI
Geboren am 23. Jänner 1941, Sils
1x Slalomweltcup 1968
5 Einzelsiege – 3x RTL, 2x Slalom
Weitere Erfolge:
WM 1970 Gröden Bronze RTL
Olympia 1968 Grenoble WM-Silber Kombi

Marc Girardelli, LUX Seite 78

Svetlana Gladysheva, SOV/RUS Seite 50

Christine Beranger-Goitschel, FRA Seite 119

Marielle Goitschel, FRA Seite 119

Stephan Görgl, AUT Seite 119

Renate Götschl, AUT Seite 110

Laurie Graham, CAN
Geboren am 30. März 1960, Inglewood
6 Einzelsiege – 5x Abfahrt, 1x Super-G
Weitere Erfolge:
WM 1982 Schladming/Haus Bronze Abfahrt
„Einmal Sportler, immer Sportler!", das trifft auf Laurie Graham ganz besonders zu. Beim American Ski Classic in Vail zählt sie nach wie vor alljährlich zu den Favoritinnen des dortigen Legend Race. Verheiratet mit einem kanadischen Bobfahrer.

Thomas Grandi, CAN
Geboren am 27. Dezember 1972, Bozen
2 Einzelsiege – 2x RTL

Christian Greber, AUT
Geboren am 8. Februar 1972, Mellau
1 Einzelsieg – 1x Abfahrt

Nancy Greene, CAN Seite 24

Werner Grissmann, AUT
Geboren am 21. Jänner 1952, Lienz
1 Einzelsieg – 1x Abfahrt
Es wird überliefert, dass der schnellste Rauchfangkehrer der Welt in seiner besten Zeit die Stadionrunde, das sind 400 Meter, unter 50 Sekunden gelaufen sei. Und das ist ein Zeichen dafür, dass Grizzly vom Skigott schon mit ziemlich viel Dampf ausgestattet worden ist. Allerdings hatte der Osttiroler mit längeren Distanzen seine Probleme, sowohl beim Laufen als auch auf der Skipiste. Grizzly galt als einer der besten Gleiter seiner Zeit. Allerdings nützte ihm sein Talent nur bis zur Zwischenzeit, dann ging ihm die Luft aus. Mehr als ein einziger Sieg war nicht drinnen. „Trainieren tun nur die, die etwas nicht können!", lautete sein Wahlspruch. Mit seinen lockeren Sprüchen und seinen vielen Zwischenbestzeiten hat er sich dennoch seinen Platz in der Ruhmeshalle des Skisports gesichert.
Mittlerweile organisiert Werner gemeinsam mit seiner umtriebigen Frau Sandra höchst erfolgreich den „Dolomitenmann", natürlich „Men only" und nur für „die Härtesten unter der Sonne!" Zitat Grissmann – Ende!

Piero Gros, ITA Seite 40

Marie-Cécile Gros-Gaudenier, FRA
Geboren am 18. Juni 1960, Scionzier
1x Abfahrtsweltcup 1982
1 Einzelsieg – 1x Abfahrt
Die französisch-schweizerische Doppelbürgerin gewann für ihr Geburtsland Frankreich den Abfahrtsweltcup, nachdem sie ursprünglich als krasse Außenseiterin in die Saison 1981/82 gegangen war.

Christoph Gruber, AUT
Geboren am 25. März 1976, Schwaz
4 Einzelsiege – 3x Super-G, 1x RTL

Franz Gruber, AUT
Geboren am 8. November 1959, Kirchdorf
1 Einzelsieg – 1x RTL

Hans Grugger, AUT
Geboren am 13. Dezember 1981, Bad Hofgastein
4 Einzelsiege – 2x Abfahrt, 2x Super-G

Bernhard Gstrein, AUT
Geboren am 19. September 1965, Vent
1 Einzelsieg – 1x Slalom
Weitere Erfolge:
Olympia 1988 Calgary Silber Kombi

Erik Guay, CAN
Geboren am 5. August 1981, Montreal
1 Einzelsieg – 1x Abfahrt

Christelle Guignard, FRA
Geboren am 27. September 1962, Les Deux Alpes
2 Einzelsiege – 2x Slalom
Weitere Erfolge:
WM 1985 Bormio/Santa Caterina Silber Slalom

Katharina Gutensohn, GER Seite 81

Anja Haas, AUT
Geboren am 30. Mai 1971, Gerlos
3 Einzelsiege – 3x Abfahrt
Weitere Erfolge:
WM 1993 Morioka Bronze Abfahrt

Zoë Haas, SUI
Geboren am 24. Jänner 1962, Engelberg
2 Einzelsiege – 1x Abfahrt, 1x Super-G

Brigitte Habersatter-Totschnig, AUT
Geboren am 30. August 1954, Filzmoos
2x Abfahrtsweltcup 1976, 1977
8 Einzelsiege – 7x Abfahrt, 1x RTL
Weitere Erfolge:
Olympia 1976 Innsbruck Silber Abfahrt
Gitti war Mitte der 1970er-Jahre das Maß der Dinge auf den Abfahrtspisten. Zwei kleine Kristallkugeln stehen im „Apart-hotel Olympia", das die Filzmooserin nach ihrem Rücktritt 1979 in ihrem Heimatort gebaut hat.

Traudl Hächer, GER
Geboren am 31. Dezember 1962, Schleching
4 Einzelsiege – 2x Super-G, 2x RTL
Weitere Erfolge:
WM 1991 Saalbach Hinterglemm Bronze RTL
Bildete gemeinsam mit Regine Mösenlechner und Christa Kinshofer das „Deutsche Dreimäderlhaus" im Weltcupzirkus. Was besonders beeindruckte an dieser deutschen Damen-mannschaft, war die gute Stimmung, die sie verbreitete.

Erik Haker, NOR
Geboren am 4. März 1952, Opdal
5 Einzelsiege – 1x Abfahrt, 4x RTL

Petra Haltmayer, GER
Geboren am 16. September 1975, Rettenberg
2 Einzelsiege – 1x Abfahrt, 1x Super-G

Martin Hangl, SUI
Geboren am 17. Juni 1962, Samnaun
3 Einzelsiege – 2x Super-G, 1x RTL
Weitere Erfolge:
WM 1989 Vail Gold Super-G

Regina Häusl, GER
Geboren am 17. Dezember 1973, Bad Reichenhall
1x Abfahrtsweltcup 2000
1 Einzelsieg – 1x Abfahrt
Gehört auch zu den „Stehaufmanderln" oder in ihrem Fall besser „Stehaufweiberln", die sich nach unglaublich vielen und schweren Verletzungen immer wieder aufgerichtet haben. Besonders teuflisch ging die beste Saison ihrer Karriere zu Ende. Beim Weltcupfinale 2000 in Bormio stürzte sie schwer. Viele erinnern sich noch an die grausigen Bilder, als ihr Fuß um 180 Grad gedreht in die verkehrte Richtung schaute. Für dieses Pech wurde Regina aber mit der kleinen Kristallkugel für den Abfahrtsweltcup getröstet.

Birgit Heeb-Batliner, LIE
Geboren am 14. Oktober 1972, Mauren
1 Einzelsieg – 1x RTL

Klaus Heidegger, AUT
Geboren am 19. August 1957, Götzens
5 Einzelsiege – 2x RTL, 3x Slalom
Viele Zeitgenossen des nach seiner Skikarriere nach Amerika ausgewanderten Tirolers haben gar nicht gewusst, dass er mit einer derart feinen Nase ausgestattet ist. Klaus war viele Jahre im Kosmetikgeschäft. Mit der gleichen Konsequenz wie im Skirennsport arbeitete er sich als Schwiegersohn eines Amerikaners in New York nach oben, brachte Ideen in den Betrieb ein, förderte und forderte Entwicklungen. Schließlich erreichte die Firma einen immensen Marktanteil, sodass ein großer Kosmetikkonzern die mittlerweile von Klaus übernommene und geleitete Firma erstand. Das Märchen vom Bauernsohn aus Tirol, der auszog, die Skiwelt zu erobern, und in der Geschäftwelt den Thron bestieg, war somit Wirklichkeit geworden. Als fanatischer Radsportler ist Heidegger alljährlich aktiver Zuschauer bei der Tour de France und bringt nach wie vor viel Kraft und Energie auf die Straße und ins Geschäftleben.

Franz Heinzer, SUI Seite 85

Heini Hemmi, SUI
Geboren am 17. Jänner 1949, Churwalden
1x Riesentorlaufweltcup 1977 (gemeinsam mit Ingemar Stenmark)
4 Einzelsiege – 4x RTL
Weitere Erfolge:
Olympia 1976 Innsbruck Gold RTL

Niklas Henning, SWE
Geboren am 6. März 1964, Aare
1 Einzelsieg – 1x Super-G

Reinfried Herbst, AUT
Geboren am 11. Oktober 1978, Salzburg
1 Einzelsieg – 1x Slalom
Weitere Erfolge:
Olympia 2006 Turin Silber Slalom

Erika Hess, SUI
Geboren am 6. März 1962, Engelberg
2x Gesamtweltcup 1982, 1984
4x Slalomweltcup 1981, 1982, 1983, 1985
1x Riesentorlaufweltcup 1984
1x Kombi-Weltcup 1984
Erster Sieg am 13. Jänner 1981 Slalom in Schruns
35 Einzelsiege – 5x RTL, 22x Slalom, 8x Kombi
Weitere Erfolge:

WM 1982 Schladming/Haus Gold RTL, Gold Slalom, Gold Kombi
WM 1985 Bormio/Santa Caterina Gold Kombi
WM 1987 Crans Montana Gold Slalom, Gold Kombi
Olympia 1980 Lake Placid Bronze Slalom
Einen Trainer, der zu so einer Erfolgsbilanz verholfen hat, den darf man nicht hergeben. Deshalb hat die so erfolgreiche Schweizer Rennläuferin Erika Hess ihren früheren Trainer Jaques Reymond sicherheitshalber gleich geheiratet. Mit ihren drei Söhnen Fabian, Nicolas und Marco leben sie in Saint-Légier-La Chiésaz im Kanton Waadt. Erika organisiert heute Rennen und Trainingslager für Nachwuchs-Skirennfahrer.

Monika Hess, SUI
Geboren am 24. Mai 1964, Grafenort
1 Einzelsieg – 1x Kombi

Hansi Hinterseer, AUT
Geboren am 2. Februar 1954, Kitzbühel
1x Riesentorlaufweltcup 1973
6 Einzelsiege – 3x RTL, 3x Slalom
Weitere Erfolge:
WM 1974 St. Moritz Silber RTL
Wenn Sie, geschätzter Leser, einmal im August Zeit haben, dann fahren Sie nach Kitzbühel zur Hansi-Hinterseer-Woche und schauen Sie sich das dort gebotene Spektakel an. Sie werden Ihren Augen nicht trauen, wie groß die Menschenmasse ist, die Hansi mobilisieren und glücklich machen kann. Überall strahlende Gesichter und gute Stimmung! Sollte es regnen, keine Angst, denn Hansi hat auch einen guten Draht nach oben. Sobald er auftritt, verziehen sich die Regenwolken und die Sonne lacht vom azurblauen Tiroler Himmel. Bärig. Abgesehen davon war Hansi ein exzellenter Skifahrer, gewann die kleine Kristallkugel im RTL, und es sollte 20 Jahre dauern, bis wieder ein Österreicher in dieser Disziplin reüssieren konnte: Christian Mayer, 1994. Das allein zeigt schon die Klasse, die Hinterseer darstellte.

Helmut Höflehner, AUT
Geboren am 24. November 1959, Gumpenberg
1x Abfahrtsweltcup 1985
10 Einzelsiege – 10x Abfahrt
Der Steirer Heli Höflehner war ein Abfahrer, der alles konnte: das Gleiten genauso wie das Kurvenfahren und das Springen. Nicht zuletzt deshalb gewann er auch den Abfahrtsweltcup und ist somit einer der erfolgreichsten Skisportler Österreichs. Heute ist Heli erfolgreicher Unternehmer in der Steiermark, betreibt mehrere Lifte in Gumpenberg in der Nähe von Haus und bevorzugt mittlerweile als Fortbewegungsmittel den eigenen Pistenbully. Das Technische hat den Tüftler schon immer interessiert – auf und neben der Piste. Was Höfi an den Skischuhen herumgebastelt hat, würde jedem Schuhmacher zur Ehre gereichen.

Patrick Holzer, ITA
Geboren am 23. März 1970, Sesto Pusteria
2 Einzelsiege – 1x Super-G, 1x RTL

Nicole Hosp, AUT
Seite 135

Urska Hrovat, SLO
Geboren am 18. Februar 1974, Ljubljana
5 Einzelsiege – 5x Slalom
Weitere Erfolge:
WM 1996 Sierra Nevada Bronze Slalom

Herbert Huber, AUT
Geboren am 4. Dezember 1944, Kitzbühel, gestorben 1970
3 Einzelsiege – 2x RTL, 1x Slalom
Weitere Erfolge:
Olympia 1968 Grenoble Silber Slalom
Litt nach seinem Rücktritt unter Depressionen und nahm sich 1970 das Leben.

Corinne Imlig, SUI
Geboren am 7. September 1979, Schwyz
1 Einzelsieg – 1x Abfahrt

Dave Irwin, CAN Seite 44

Michèle Jacot, FRA Seite 29

Ingrid Jacquemod, FRA
Geboren am 23. September 1978, Val d'Isère
1 Einzelsieg – 1x Abfahrt

Finn Christian Jagge, NOR Seite 87

Andrej Jerman, SLO
Geboren am 30. September 1978, Trži
1 Einzelsieg – 1x Abfahrt

Bill Johnson, USA Seite 69

Greg Jones, USA
Geboren am 3. Dezember 1953, Tahoe City
1 Einzelsieg – 1x RTL
Weitere Erfolge:
Olympia 1976 Innsbruck WM-Bronze Kombi

Max Julen, SUI
Geboren am 15. März 1961, Zermatt
1 Einzelsieg – 1x RTL
Weitere Erfolge:
Olympia 1984 Sarajevo Gold RTL

Urs Kaelin, SUI
Geboren am 26. Februar 1966, Bennau
3 Einzelsiege – 3x RTL
Weitere Erfolge:
WM 1991 Saalbach Hinterglemm Silber RTL
WM 1996 Sierra Nevada Silber RTL
Olympia 1994 Lillehammer Silber RTL

Denise Karbon, ITA
Geboren am 16. August 1980, Castelrotto
1 Einzelsieg – 1x RTL
Weitere Erfolge:
WM 2003 St. Moritz Silber RTL

Truls Ove Karlsen, NOR
Geboren am 25. April 1975, Oslo
1 Einzelsieg – 1x Slalom

Monika Kaserer, AUT
Geboren am 11. Mai 1952, Neukirchen
1x Riesentorlaufweltcup 1973
1x Kombi-Weltcup 1973
10 Einzelsiege – 8x RTL, 1x Slalom, 1x Parallelslalom
Weitere Erfolge:
WM St. Moritz 1974 Bronze Kombi
WM 1978 Garmisch-Partenkirchen Bronze Slalom
Ein österreichischer Rennkommentator, wahrscheinlich Heinz Prüller, hat immer wieder ihren „schleichenden Fahrstil" betont, mit dem sie aber ungeheuer schnell unterwegs war. Immerhin schlich Monika so zu zehn Siegen.

Bruno Kernen 1, SUI
Geboren am 25. März 1961, Schönried
1 Einzelsieg – 1x Abfahrt

Bruno Kernen 2, SUI Seite 82

Marina Kiehl, GER
Geboren am 12. Jänner 1965, München
1x Riesentorlaufweltcup 1985
1x Super-G-Weltcup 1986
7 Einzelsiege – 6x Super-G, 1x RTL
Weitere Erfolge:
Olympia 1988 Calgary Gold Abfahrt
Mit 19 Jahren gewann die Deutsche ihr erstes Weltcuprennen,

den Super-G von Mont Sainte Anne in Kanada. Mit 20 ihre erste kleine Kristallkugel, mit 21 ihre zweite, mit 23 Olympia-Gold und danach war sie auch schon wieder aus dem Skizirkus verschwunden. Für so einen kurzen Auftritt hat sie aber ganz schön tiefe Spuren hinterlassen.

William Kidd, USA
Geboren am 13. April 1943, Stowe
2 Einzelsiege – 2x Slalom
Weitere Erfolge:
WM 1970 Gröden Gold Kombi, Bronze Slalom

Lindsey C. Kildow, USA
Geboren am 18. Oktober 1984, Saint Paul
7 Einzelsiege – 5x Abfahrt, 2x Super-G
Weitere Erfolge:
WM 2007 Aare Silber Abfahrt, Silber Super-G
Die amerikanische Flachländerin aus Minnesota übersiedelte erst mit elf Jahren in den Wintersportort Vail, wo sie beste Trainingsbedingungen vor ihrer Haustür vorfand. Nach anfänglichen Rückschlägen in ihrer jungen Weltcupkarriere entwickelte sie sich zu einer der stärkeren Konkurrentinnen von Renate Götschl. Kildow, Götschl, Mancuso und Pärson bildeten ja in letzter Zeit in den schnellen Disziplinen eine eigene Liga, in der sie sich Matches auf allerhöchstem Niveau liefern.
Nachdem sich Lindsey 2007 in Aare zwei Silbermedaillen geholt hatte, verletzte sie sich beim Training für den WM-Slalom und musste die Saison vorzeitig beenden.

Jean-Claude Killy, FRA Seite 23

Christa Kinshofer, GER Seite 56

Michaela Kirchgasser, AUT
Geboren am 18. März 1985, Filzmoos
1 Einzelsieg – 1x RTL

Elisabeth Kirchler, AUT Seite 57

AJ Kitt, USA
Geboren am 13. September 1968, Rochester, N.Y.
1 Einzelsieg – 1x Abfahrt
Weitere Erfolge:
WM 1993 Morioka Bronze Abfahrt

Lasse Kjus, NOR Seite 86

Franz Klammer, AUT Seite 48

Hans Knauss, AUT Seite 124

Ursula Konzett, LIE
Geboren am 16. November 1959, Triesen
2 Einzelsiege – 2x Slalom
Weitere Erfolge:
WM 1982 Schladming/Haus Bronze RTL
Olympia 1984 Sarajevo Bronze Slalom

Katja Koren, SLO
Geboren am 6. August 1975, Maribor
1 Einzelsieg – 1x Super-G
Olympia 1994 Lillehammer Bronze Slalom

Jure Kosir, SLO
Geboren am 24. April 1972, Mojstrana
3 Einzelsiege – 3x Slalom
Weitere Erfolge:
Olympia 1994 Lillehammer Bronze Slalom
Der legitime Nachfolger von Križaj als Nationalheld Sloweniens. Was all diese slowenischen Stars von Križaj bis Kosir, von Svet bis Maze gemeinsam haben, ist die Tatsache, dass sie alle das Skifahren in Österreich gelernt haben: auf dem Mölltaler Gletscher und dem Nassfeld.

Ivica Kostelic, CRO Seite 120

Janica Kostelic, CRO Seite 120

Isolde Kostner, ITA Seite 115

Kristina Koznick, USA
Geboren am 24. November 1975, Brunsville
6 Einzelsiege – 6x Slalom

Kathy Kreiner, CAN
Geboren am 4. Mai 1957, Timmins
1 Einzelsieg – 1x RTL
Weitere Erfolge:
Olympia 1976 Innsbruck Gold RTL

Bojan Križaj, SLO
Geboren am 3. Jänner 1957, Kranj
1x Slalomweltcup 1987
8 Einzelsiege – 8x Slalom

Weitere Erfolge:
WM 1982 Schladming Silber Slalom
Oft kamen die früheren jugoslawischen Skigrößen Križaj, Strel und Kuralt zu Skirennen nach Kärnten, insbesondere ins Rosental, weil sie von ihrer Skifirma Elan dazu verpflichtet wurden. Groß waren die Augen der jungen Kärntner Talente, die diesen weltcuperfahrenen Stars auf die Beine schauen durften und chancenlos etliche Sekunden aufrissen (Rückstand hatten). Das waren immer besondere Feiertage für die Veranstalter, die Jugendlichen und deren Eltern! Die Luft geschwängert vom Duft der scharfen Cevapcici und der g'schmackigen Pleskavica! Danach konnte man voll Stolz den Freunden zu Hause verkünden, dass der große Bojan neben einem gestanden und sogar mit einem gesprochen hat. Križaj kann perfekt Deutsch und ist ein ausgesprochen sympathischer Zeitgenosse.

Richard Kröll, AUT
Geboren am 15. März 1968, Ginzling, gestorben 1996
3 Einzelsiege – 1x Super-G, 2x RTL
Kröll kam bei einem Autounfall ums Leben.

Petra Kronberger, AUT Seite 83

Anni Kronbichler, AUT
Geboren am 22. März 1963, Walchsee
3 Einzelsiege – 3x Slalom

John Kucera, CAN
Geboren am 17. September 1984, Calgary
1 Einzelsieg – 1x Super-G

Lilian Kummer, SUI
Geboren am 8. Juli 1975, Riederalp
1 Einzelsieg – 1x RTL

Mitja Kunc, SLO
Geboren am 12. November 1971, Črna na Koroškem
1 Einzelsieg – 1x Slalom
Weitere Erfolge:
WM 2001 St. Anton Bronze Slalom

Ida Ladstätter, AUT
Geboren am 13. Februar 1965, St. Jakob in Defereggen
1 Einzelsieg – 1x Slalom

Britt Lafforgue, FRA Seite 121

Ingrid Lafforgue, FRA Seite 121

Markus Larsson, SWE
Geboren am 9. Jänner 1979, Karlstadt
2 Einzelsiege – 2x Slalom

Steven Lee, AUS Seite 50

Ted Ligety, USA
Geboren am 31. August 1984, Salt Lake City
1 Einzelsieg – 1x RTL
Weitere Erfolge:
Olympia 2006 Turin Gold Kombi

Hilary Lindh, USA
Geboren am 10. Mai 1969, Juneau
3 Einzelsiege – 3x Abfahrt
Weitere Erfolge:
WM 1996 Sierra Nevada Bronze Abfahrt
WM 1997 Sestriere Gold Abfahrt
Olympia 1992 Albertville Silber Abfahrt

Steve Locher, SUI
Geboren am 19. September 1967, Salins
3 Einzelsiege – 1x Super-G, 2x RTL
Weitere Erfolge:
WM 1999 Vail Bronze Super-G
Olympia 1992 Albertville Bronze Kombi

Peter Lüscher, SUI Seite 122

Françoise Macchi, FRA Seite 122

Günther Mader, AUT
Geboren am 24. Juni 1964, Matrei am Brenner
1x Riesentorlaufweltcup 1990 (gemeinsam mit Ole Kristian Furuseth)
1x Kombi-Weltcup 1996
14 Einzelsiege – 1x Abfahrt, 6x Super-G, 2x RTL, 1x Slalom, 4x Kombi
Weitere Erfolge:
WM 1987 Crans Montana Silber Slalom, Bronze Kombi
WM 1989 Vail Bronze Kombi
WM 1991 Saalbach Hinterglemm Bronze Kombi
WM 1996 Sierra Nevada Bronze Kombi
WM 1997 Sestriere Bronze Super-G
Olympia 1992 Albertville Bronze Abfahrt

Günther Mader war ein großer, hell strahlender Fixstern am österreichischen Skihimmel und lange Jahre einer der heißesten Anwärter auf die große Kristallkugel. Leider ist ihm das nicht geglückt. Aber geglückt ist ihm, in allen Disziplinen zu gewinnen: Slalom, Riesentorlauf, Super-G, Abfahrt und Kombination! Günther Mader war ein Gewinner, der sogar die schwerste Prüfung nach seiner Karriere bestand: Er besiegte einen Schlaganfall und hat sich davon prächtig und zur Gänze erholt.

Lara Magoni, ITA
Seite 120

Paoletta Magoni, ITA
Seite 120

Phil Mahre, USA
Seite 65

Steve Mahre, USA
Seite 64

Daniel Mahrer, SUI
Seite 70

Hermann Maier, AUT
Seite 104

Ulrike Maier, AUT
Geboren am 22. Oktober 1967, Rauris, gestorben 1994
5 Einzelsiege – 2x Super-G, 3x RTL
Weitere Erfolge:
WM 1989 Vail/Beaver Creek Gold Super-G
WM 1991 Saalbach Hinterglemm Gold Super-G, Silber RTL
Ulis Todessturz am 29. Jänner 1994 in Garmisch-Partenkirchen war genauso tragisch, wie es jeder Unfall ist, der einen jungen Menschen plötzlich und unerwartet aus dem Leben reißt. Besonders traurig, wenn ein Kind dabei die Mutter verliert. Was aber diesen Unfall so besonders tragisch macht: Wir mussten alle live im TV sehen, wie es Maier bei 120 km/h den Ski verriss und sie zu Tode stürzte.

Monika Maierhofer, AUT
Geboren am 10. Jänner 1967, Trofaiach
1 Einzelsieg – 1x Slalom

Michael Mair, ITA
Geboren am 13. Februar 1962, Bruneck
3 Einzelsiege – 2x Abfahrt, 1x Super-G
Michael „Much" Mair war viele Jahre derjenige, der die längsten Skier auf der Abfahrt verwendete: 230 Zentimeter lange Rossignol-Latten. Bei seinem Gewicht und seiner Größe auch kein Wunder.

Julia Mancuso, USA
Geboren am 9. März 1984, Squaw Valley
4 Einzelsiege – 2x Abfahrt, 1x Super-G, 1x Kombi
Weitere Erfolge:
WM 2005 Bormio Bronze Super-G, Bronze RTL
WM 2007 Aare Silber Kombi
Olympia 2006 Turin Gold RTL
Julia wuchs mit ihren zwei Schwestern beneidenswert abwechselnd in den Bergen des kalifornischen Ski-Resorts Lake Tahoe und an den Sandstränden der Hawaii-Insel Kauai auf. Von dort kommt auch ihre typische „American-Girl"-Art – immer gut aufgelegt, immer lustig, immer tralala, aber auch immer hochkonzentriert und die Kräfte bündelnd. Es zeichnet amerikanische Rennfahrer und Rennfahrerinnen aus, dass sie auch eine ordentliche Portion Lockerheit mitbringen. Beim Weltcupfinale 2007 in Lenzerheide wurde sie von Klatschreporter Armin A. in einem Restaurant beobachtet, wie sie mit Aksel Lund Svindal intensive Gespräche führte. Vermutlich über scharfe Kurven auf der Piste und lässige Manöver auf dem Surfbrett in der Brandung von Kauai.

Ingeborg Helen Marken, NOR
Geboren am 23. Jänner 1975, Eggedal
1 Einzelsieg – 1x Super-G

Didrik Markstein, NOR
Geboren am 1. März 1971, Oslo
1 Einzelsieg – 1x RTL

Michaela Marzola, ITA
Geboren am 21. Februar 1966, Wolkenstein
1 Einzelsieg – 1x Super-G

Florence Masnada, FRA
Geboren am 16. Dezember 1968, Vizille
1 Einzelsieg – 1x Super-G
Weitere Erfolge:
WM 1999 Vail/Beaver Creek Bronze Kombi
Olympia 1992 Albertville Bronze Kombi
Olympia 1998 Nagano Bronze Abfahrt

Alfred Matt, AUT
Geboren am 11. Mai 1948, Zams
2 Einzelsiege – 2x Slalom
Weitere Erfolge:
Olympia 1968 Grenoble Bronze Slalom

Mario Matt, AUT

Geboren am 9. April 1979, Flirsch
8 Einzelsiege – 7x Slalom, 1x Kombi
Weitere Erfolge:
WM 2001 St. Anton Gold Slalom, Silber Kombi
WM 2007 Aare Gold Slalom
„Supermario 2“
Der Pferdeflüsterer vom Arlberg hat auch schon einiges mitmachen müssen. Auf den frühen WM-Titel und den damit verbundenen kometenhaften Aufstieg folgte ein verletzungsbedingter Absturz, eine Fahrt durch ein Wellental und seit dem letzten Winter ist Mario wieder der Supermario, der er schon Anfang dieses Jahrtausends war. Nach erfolgreicher Umstellung der Technik ist Mario nun bereit für weitere Höhenflüge, nicht zuletzt deshalb, weil er auch privat auf Stabilität setzt. Sein Arbeiten mit den Pferden wirkt sich äußerst positiv auf seine Psyche aus, das gibt ihm Kraft, aber auch Ausgeglichenheit und Ruhe für den stressigen Rennwinter.

Werner Mattle, SUI

Geboren am 6. November 1949, Oberriet
1 Einzelsieg – 1x RTL
Weitere Erfolge:
Olympia 1972 Sapporo Bronze RTL

Georges Mauduit, FRA

Geboren am 3. Dezember 1942, Chambery
1 Einzelsieg – 1x RTL

Tina Maze, SLO

Geboren am 2. Mai 1983, Črna na Koroškem
5 Einzelsiege – 5x RTL

Christian Mayer, AUT

Seite 91

Helmut Mayer, AUT

Geboren am 4. März 1966, Verditz
1 Einzelsieg – 1x RTL
Weitere Erfolge:
WM 1989 Vail Silber RTL
Olympia 1988 Calgary Silber Super-G

Tamara McKinney, USA

Geboren am 16. Oktober 1962, Lexington, Kentucky
1x Gesamtweltcup 1983
1x Slalomweltcup 1984
2x Riesentorlaufweltcup 1981, 1983
Erster Sieg am 22. Jänner 1981 beim Riesentorlauf in Haute Nendaz
18 Einzelsiege – 9x RTL, 9x Slalom
Weitere Erfolge:
WM 1985 Bormio/Santa Caterina Bronze Kombi
WM 1987 Crans Montana Bronze Kombi
WM 1989 Vail/Beaver Creek Gold Kombi, Bronze Slalom
Die erste und einzige US-Gesamtweltcupsiegerin attackierte in jedem Rennen schon hart an der Grenze zur Rücksichtslosigkeit. Das war auch notwendig, um den Gesamtweltcup 1983 zu holen. Immerhin waren es die Weltcupsiegerinnen Hanni Wenzel und Erika Hess, die sie bezwingen musste.
Tamaras Leistungen verdienen zusätzliche Bewunderung, wenn man weiß, vor welchem Hintergrund sie erbracht wurden. Während ihrer Karriere hatte sie mehrere Schicksalsschläge zu verkraften. Ihre ältere Schwester, Sheila, fiel nach einem bösen Sturz bei der Weltcupabfahrt von Heavenly Valley 1977 für Wochen ins Koma. In den folgenden Jahren musste sie beide Eltern und zwei ihrer Brüder (Steve, der als Speed-Skier als Erster die 200 km/h-Schallmauer durchbrach, starb in einem Autounfall) zu Grabe tragen.
Tamara, inzwischen Mutter einer entzückenden Francesca (*1997), fand Aufnahme in der „Kentucky Athletic Hall of Fame“, wo sie unter vielen Basket-, Base- und Footballspielern vermutlich die einzige Skirennläuferin ist.

Christina Meier, GER
Geboren am 20. Februar 1966, Rottach-Egern
2 Einzelsiege – 2x RTL

Alexandra Meissnitzer, AUT
Geboren am 18. Juni 1973, Abtenau
1x Gesamtweltcup 1999
1x Super-G-Weltcup 1999
1x Riesentorlaufweltcup 1999
Erster Sieg am 7. Dezember 1995 Super-G Val d'Isère
14 Einzelsiege – 2x Abfahrt, 7x Super-G, 5x RTL
Weitere Erfolge:
WM 1999 Vail/Beaver Creek Gold Super-G, Gold RTL
WM 2003 St. Moritz Silber Abfahrt (ex aequo Corinne Rey-Bellet)
Olympia 1998 Nagano Silber RTL, Bronze Super-G
Olympia 2006 Turin Bronze Super-G
Alexandras Karriere entwickelte sich ziemlich zäh. Nach einem schweren Sturz 1992, ziemlich früh am Beginn ihrer Weltcuplaufbahn, hatte sie mit mentalen Problemen zu kämpfen und wurde schon als „ewiges Talent" abgeschrieben. Doch „Meisi" rappelte sich langsam wieder hoch und bestätigte den hohen Trainingsaufwand im Dezember 1995 mit ihren ersten zwei Siegen. Was wie der große Durchbruch aussah, war leider nur ein Auflodern ihres Talents. Eine Verletzung und das nächste Formtief brachten sie zurück an den Start. Wieder arbeitete sich Alexandra verbissen zurück an die Spitze. Und dann kam die Saison 1998/99. Das Jahr der Alexandra Meissnitzer. Eine große, zwei kleine Kristallkugeln und zweimal WM-Gold – Herz, was willst du mehr. Das war aber auch schon Alexandras Highlight. Danach ging es ähnlich zäh wie am Anfang weiter. Verletzungspech – die Pause nützte sie, um ihre Ausbildung zur Polizistin abzuschließen – und einige leichte Anzeichen von Erfolg während der nächsten Jahre. 2005/06 erlebte die schnellste Polizistin Österreichs ihren (verdienten!) zweiten Frühling. So wie es aussieht, werden wir mit der mittlerweile 34-jährigen Meisi noch eine Saison mitfiebern dürfen.

Carole Merle, FRA
Geboren am 24. Jänner 1964, Super Sauze
4x Super-G-Weltcup 1989, 1990, 1991, 1992
2x Riesentorlaufweltcup 1992, 1993
22 Einzelsiege – 13x Super-G, 9x RTL
Weitere Erfolge:
WM 1989 Vail/Beaver Creek Silber RTL
WM 1991 Saalbach Hinterglemm Silber Super-G
WM 1993 Morioka Gold RTL
Olympia 1992 Albertville Silber Super-G
Carole Merle war die Grande Dame im Skizirkus, eine echte Persönlichkeit. Die Seriensiegerin im Riesentorlauf und Super-G hatte sogar ihren eigenen Trainer- und Betreuerstab.

Heini Messner, AUT
Seite 22

Andrej Miklavc, SLO
Geboren am 5. Juni 1970, Žabnica
1 Einzelsieg – 1x Slalom

Bode Miller, USA
Seite 126

Malcolm Milne, AUS
Seite 50

Joos Minsch, SUI
Geboren: ja
1 Einzelsieg – 1x Abfahrt
Gab einer Schlüsselstelle der Lauberhornabfahrt nach seinem fürchterlichen Sturz 1965 den Namen „Minsch-Kante".

Isabelle Mir, FRA
Geboren am 2. März 1949, Saint-Lary-Soulan
1x Abfahrtsweltcup 1970
9 Einzelsiege – 8x Abfahrt, 1x RTL
Weitere Erfolge:
WM 1970 Gröden Silber Abfahrt
Olympia 1968 Grenoble Silber Abfahrt

Evi Mittermaier, GER Seite 121

Rosi Mittermaier-Neureuther, GER Seite 121

Christiane Mitterwallner, AUT
Geboren am 10. Juli 1974, Pichl
1 Einzelsieg – 1x Super-G

Tommy Moe, USA
Geboren am 17. Februar 1970, Anchorage
1 Einzelsieg – 1x Super-G
Weitere Erfolge:
Olympia 1994 Lillehammer Gold Abfahrt, Silber Super-G

Carole Montillet, FRA
Geboren am 7. April 1973, Villard-de-Lans
1x Super-G-Weltcup 2003
8 Einzelsiege – 4x Abfahrt, 4x Super-G
Weitere Erfolge:
Olympia 2002 Salt Lake City Gold Abfahrt
Mit ihrer stämmigen Figur war Carole geradezu prädestiniert für die Abfahrt und den Super-G. Mit ihrer enormen Kraft konnte sie Radien fahren, die für andere unmöglich waren. Im Privatleben ist sie sehr sozial engagiert. Carole ist ganz einfach eine sehr nette und liebenswerte Person.

Lise-Marie Morerod, SUI
Geboren am 16. April 1956, Rachy
1x Gesamtweltcup 1977
3x Riesentorlaufweltcup 1976, 1977, 1978
2x Slalomweltcup 1975, 1977
1x Kombi-Weltcup 1978
Erster Sieg am 4. Jänner 1975 in Garmisch
24 Einzelsiege – 14x Riesentorlauf, 10x Slalom
Weitere Erfolge:
WM 1974 St. Moritz Bronze Slalom
WM 1978 Garmisch-Partenkirchen Silber RTL
Am 22. Juli 1978 erlitt Lise-Marie bei einem Autounfall einen 14-fachen Beckenbruch, zwei gebrochene Halswirbel und diverse andere Knochenbrüche sowie schwere Kopfverletzungen. Drei Wochen lang lag sie im Koma und konnte das Krankenhaus erst nach sechs Monaten wieder verlassen. Entgegen allen Prophezeiungen schaffte sie es wieder auf die Weltcuppisten (Saison 1979/80). Allerdings waren die Narben tiefer als gedacht und sie konnte nicht mehr an ihre alten Erfolge anschließen. Auf Anraten der Ärzte beendete sie mit Saisonende schließlich ihre Rennlaufkarriere.

Regine Mösenlechner, GER Seite 123

Annemarie Moser-Pröll, AUT Seite 36

Peter Müller, SUI Seite 70

Cary Mullen, CAN
Geboren am 12. Oktober 1969, Banff
1 Einzelsieg – 1x Abfahrt

Andre Myhrer, SWE
Geboren am 11. Jänner 1983, Bergsjoe
1 Einzelsieg – 1x Slalom

Marie-Therese Nadig, SUI Seite 38

Judy Nagel, USA
Geboren am 27. August 1951, Seattle
3 Einzelsiege – 1x RTL, 2x Slalom

Sonja Nef, SUI
Geboren am 19. April 1972, Grub
2x Riesentorlaufweltcup 2001, 2002
15 Einzelsiege – 13x RTL, 2x Slalom
Weitere Erfolge:
WM 2001 St. Anton Gold RTL
Olympia 2002 Salt Lake City Bronze RTL
Bewundernswert, wie sie mit bösen Knorpelproblemen im Knie so viele Erfolge herausfahren konnte. Andere wären ob der Schmerzen maximal aus der Haut gefahren.

Cindy Nelson, USA
Geboren am 19. August 1955, Lusten
6 Einzelsiege – 3x Abfahrt, 1x Super-G, 1x RTL, 1x Kombi
Weitere Erfolge:
WM 1982 Schladming/Haus Silber Abfahrt
Olympia 1976 Innsbruck Bronze Abfahrt
Olympia 1980 Lake Placid WM-Silber Kombi

Gerhard Nenning, AUT
Geboren am 29. September 1940, Lech am Arlberg, gestorben 1996
1x Abfahrtsweltcup 1968
3 Einzelsiege – 3x Abfahrt
Nach seinem Sturz in Kitzbühel 1969 ließ sich Gerhard im Hotel das Essen von Kollege Egon Zimmermann servieren. Kameradschaft nicht nur für die Fotografen.

Christian Neureuther, GER
Seite 121

Rudi Nierlich, AUT
Geboren am 20. Februar 1966, St. Wolfgang, gestorben 1991
8 Einzelsiege – 3x RTL, 5x Slalom
Weitere Erfolge:
WM 1989 Vail Gold RTL, Gold Slalom
WM 1991 Saalbach Hinterglemm Gold RTL
Wenn's laft, donn laft's! Die kryptische Aussage des Rudl, wie er genannt wurde, beinhaltet die einzig gültige Wahrheit für alle Lebensbereiche. Genau so ging Rudi auch an den Start. Sein Gefühl war legendär, und in Wahrheit haben er und Ole Kristian Furuseth das breitbeinige Carven erfunden. Leider hat das Schicksal, als beim Rudl gerade alles so gut lief, mit einem Autounfall einen tragischen Schlusspunkt gesetzt.

Stine Nilsen-Hofgard, NOR
Geboren am 24. September 1979, Bergen
1 Einzelsieg – 1x RTL

Camilla Nilsson, SWE
Geboren am 3. August 1967, Östersund
1 Einzelsieg – 1x Slalom

Jonas Nilsson, SWE
Geboren am 7. März 1963, Hedemora
2 Einzelsiege – 2x Slalom
Weitere Erfolge:
WM 1985 Bormio Gold Slalom

Ylva Nowén, SWE
Geboren am 5. Jänner 1970, Östersund
4 Einzelsiege – 4x Slalom

Fredrik Nyberg, SWE
Geboren am 23. März 1969, Sundsvall
7 Einzelsiege – 1x Super-G, 6x RTL
Ein alter Schwede im wahrsten Sinne, denn der Fredi Nyberg ist genauso wie Jahrgangskollege Patrik Järbyn einer, der schon sehr, sehr lange dabei ist. Die kann man durchaus als Dinosaurier des Skirennsports bezeichnen. Zum anderen kann man sie auch mit dem Wein vergleichen – je älter, umso besser. Heuer hat der Fredrik zum Schluss Pech gehabt, hat sich sehr schwer verletzt, aber in der guten Tiroler Luft seiner Wahlheimat schon wieder erholt.
Der dreifache Vater engagiert sich stark für den Nachwuchsrennsport in Schweden. Hat eine eigene Rennschule in Aare eingerichtet und wird in Zukunft seinen Lebensmittelpunkt von Seefeld in Tirol zurück nach Schweden verlegen.

Steven Nyman, USA
Geboren am 12. Februar 1982, Provo
1 Einzelsieg – 1x Abfahrt

Brigitte Obermoser, AUT
Geboren am 2. Juli 1976, Altenmarkt
3 Einzelsiege – 1x Abfahrt, 1x Super-G, 1x RTL

Brigitte Oertli, SUI
Geboren am 10. Juni 1962, Egg
4x Kombi-Weltcup 1985, 1987, 1988, 1989
9 Einzelsiege – 1x Abfahrt, 1x Slalom, 7x Kombi
WM 1989 Vail/Beaver Creek Bronze Kombi
Olympia 1988 Calgary Silber Abfahrt, Silber Kombi
Irgendwie ein Widerspruch: Brigitte Oertli war zwar Allrounderin, aber gleichzeitig Spezialistin. Und zwar für die Kombination.

Marlies Oester, SUI
Geboren am 22. August 1976, Adelboden
1 Einzelsieg – 1x Slalom
Weitere Erfolge:
WM 2003 St. Moritz Bronze Kombi

Bernard Orcel, FRA
Geboren am 2. April 1945, Alpe d'Huez
1 Einzelsieg – 1x Abfahrt

Christian Orlainsky, AUT
Geboren am 17. Februar 1962, Tschagguns
1 Einzelsieg – 1x RTL
Ist mit hohen Startnummern jenseits der 60 ganz nach vorne gefahren und hat die arrivierten Fahrer das Fürchten gelehrt. Mit Einführen der Kippstangen war seine Zeit allerdings abgelaufen, weil er sich auf die neue Technik einfach nicht umstellen konnte oder wollte. Hat sich dann dem Profizirkus in Amerika angeschlossen und dort seinen Weg gemacht.

Patrick Ortlieb, AUT
Geboren am 20. Mai 1967, Lech
4 Einzelsiege – 3x Abfahrt, 1x Super-G
Weitere Erfolge:
WM 1996 Sierra Nevada Gold Abfahrt
Olympia 1992 Albertville Gold Abfahrt

War einer der besten Abfahrer aller Zeiten. Ein begnadeter Gleiter mit unheimlich viel Gefühl, der seine Kilos „gewinnbringend" einzusetzen wusste. Seine Teamkameraden nannten ihn „Faxe", weil er mit seiner kräftigen Figur an den gleichnamigen Wikinger aus der Kinderfernsehserie „Wicki und die starken Männer" erinnerte.

Anna Ottosson, SWE
Geboren am 18. Mai 1976, Frösön
1 Einzelsieg – 1x RTL
Weitere Erfolge:
Olympia 2006 Turin Bronze RTL

Kate Pace, CAN
Geboren am 13. Februar 1969, North Bay
2 Einzelsiege – 2x Abfahrt
Weitere Erfolge:
WM 1993 Morioka Gold Abfahrt

Kalle Palander, FIN
Geboren am 2. Mai 1977, Tornio
1x Slalomweltcup 2003
13 Einzelsiege – 3x RTL, 10x Slalom
Weitere Erfolge:
WM 1999 Vail Gold Slalom

In einem Werbespot für eine seiner Ausrüsterfirmen wurde er so in Szene gesetzt, wie man sich einen echten Finnen vorstellt: Tiefster Winter irgendwo in der finnischen Einöde. Kalle kommt nackt aus der Sauna, stapft durch den Schnee hinunter zum See, hackt ein Loch ins Eis und springt ins saukalte Wasser. Der Gag dabei? Kein Gag. So ist Palander wirklich. Beinhart und unerbittlich zu sich selbst genauso wie seinen Gegnern gegenüber.

Olga Pall, AUT Seite 25

Tyler Palmer, USA
Geboren am 22. Juni 1950, Kearsarge
2 Einzelsiege – 2x Slalom

Sabina Panzanini, ITA
Geboren am 16. Februar 1972, Meran
3 Einzelsiege – 3x RTL

Engelhard Pargätzi, SUI
Geboren am 31. Juli 1949, Luen
1 Einzelsieg – 1x RTL

Julie Parisien, USA
Geboren am 2. August 1971, Auburn
3 Einzelsiege – 1x RTL, 2x Slalom
Weitere Erfolge:
WM 1993 Morioka Silber Slalom

Anja Pärson, SWE
Geboren am 25. April 1981, Tärnaby
2x Gesamtweltcup 2004, 2005
3x Riesentorlaufweltcup 2003, 2004, 2006
1x Slalomweltcup 2004
Erster Sieg am 3. Dezember 1998 beim Slalom in Mammoth Mountain
35 Einzelsiege – 3x Abfahrt, 3x Super-G, 11x RTL, 18x Slalom
Weitere Erfolge:
WM 2001 St. Anton Gold Slalom, Bronze RTL
WM 2003 St. Moritz Gold RTL
WM 2005 Bormio Gold Super-G, Gold RTL, Silber Kombi
WM 2007 Aare Gold Abfahrt, Gold Super-G, Gold Kombi, Bronze Slalom
Olympia 2002 Salt Lake City Silber RTL, Bronze Slalom
Olympia 2006 Turin Gold Slalom, Bronze Abfahrt, Bronze Kombi
170 Zentimeter, 80 Kilo – gebündelte Kraft der Extraklasse. Mit diesem Körper knallt Anja, die Schwedenbombe, ja fast zwangsläufig Bestzeiten auf die Abfahrtspisten. Aber überraschenderweise bewegt sich die dralle Schwedin ebenso wieselflink und behände zwischen den Slalomstangen. Kraft ist halt nicht alles – es kommt darauf an, was man damit macht. Und Anja weiß das ganz offensichtlich am besten. Ihr Markenzeichen ist ihr Bauchplatscher im Zielraum, wenn sie ein Rennen gewonnen hat. Anja lebt in Monaco, ihre Lieblingspiste ist Sestriere, ihre Idole sind Vreni Schneider und Ingemar Stenmark, sie hasst Fischbällchen und Bananen, fürchtet sich vor Schlangen, mag Mozart und Metallica und alles dazwischen, spielt auf den Slalompisten die erste Geige und privat Gitarre und hat einen Hund namens Tarras.

Perrine Pelen, FRA
Geboren am 3. Juni 1960, Grenoble
1x Slalomweltcup 1980
Erster Sieg am 26. Jänner 1977 beim Slalom in Crans Montana
15 Einzelsiege – 15x Slalom
Weitere Erfolge:
WM 1982 Schladming/Haus Silber Kombi
WM 1985 Bormio/Santa Caterina Gold Slalom
Olympia 1980 Lake Placid Bronze RTL
Olympia 1984 Sarajevo Silber Slalom, Bronze RTL
Die Journalisten nannten sie wegen ihres Haarschnitts und ihres spitzbübischen Lächelns gerne „Der Lausbub“, was irgendwie zu verharmlosend war. Denn dieses Lausmädel fuhr in den späten Siebzigern und frühen Achtzigern im Slalom alle in Grund und Boden.

Alain Penz, FRA
Geboren am 30. Oktober 1947, Sallanches
1x Salomweltcup 1970 (gemeinsam mit Patrick Russel)
5 Einzelsiege – 1x RTL, 4x Slalom

Laure Péquegnot, FRA
Geboren am 30. September 1975, Échirolles
1x Slalomweltcup 2002
3 Einzelsiege – 3x Slalom
Weitere Erfolge:
Olympia 2002 Salt Lake City Silber Slalom

Werner Perathoner, ITA
Geboren am 21. September 1967, Wolkenstein
2 Einzelsiege – 2x Super-G

Bibiana Perez, ITA
Geboren am 31. Oktober 1970, Sterzing
1 Einzelsieg – 1x Kombi

Guy Perillat, FRA
Geboren am 24. Februar 1940, La Clusaz
2 Einzelsiege – 2x Slalom
Weitere Erfolge:
Olympia 1968 Grenoble Silber Abfahrt

Rok Petrovic, SLO
Geboren am 5. Februar 1966, Ljubljana, gestorben 1993
1x Slalomweltcup 1986
5 Einzelsiege – 5x Slalom
Rok war in seiner Entwicklung unglaublich beschleunigt. Das heißt, er war schon in sehr jungen Jahren hervorragend austrainiert und bereits mit 16 oder 17 ausgewachsen. Wie das bei den Slowenen vor allem früher üblich war, hat er auf dem Nassfeld in Kärnten Skifahren gelernt. Die Siege fuhr er noch für das damalige Jugoslawien ein. Weitere Erfolge verhinderte ein Tauchunfall in der Adria, bei dem Rok viel zu früh ums Leben kam.

Gerhard Pfaffenbichler, AUT
Geboren am 26. März 1961, Unken
1 Einzelsieg – 1x Abfahrt

Franck Piccard, FRA
Seite 120

Leila Piccard, FRA
Seite 120

Herbert Plank, ITA
Geboren am 3. September 1954, Sterzing
5 Einzelsiege – 5x Abfahrt
Weitere Erfolge:
Olympia 1976 Innsbruck Bronze Abfahrt
Von einem italienischen Reporter wurde Plank als „Heriberto Planko“ tituliert. Der waschechte Südtiroler darauf: „Wos hoast do Heriberto? I hoaß Herbert!“
Es geht das Gerücht, dass er eine ganze Saison immer mit ein und demselben Paar Ski gefahren ist. Als bei einem Sturz der Ski kaputtging, war es auch mit seiner Serie vorbei.

Didier Plaschy, SUI
Geboren am 2. Mai 1973, Varen
2 Einzelsiege – 2x Slalom

Steve Podborski, CAN
Seite 44

Ed Podivinsky, CAN
Geboren am 8. März 1970, Toronto
1 Einzelsieg – 1x Abfahrt
Weitere Erfolge:
Olympia 1994 Lillehammer Bronze Abfahrt

Peter Popangelov, BUL
Geboren am 31. Jänner 1959, Samakov
1 Einzelsieg – 1x Slalom

Der bulgarische Slalomartist aus der Bambus-Ära verschwand mit Auftauchen der Kippstangen von der Bildfläche.

Tanja Poutiainen, FIN
Geboren am 6. April 1980, Rovaniemi
1x Riesentorlaufweltcup 2005
1x Slalomweltcup 2005
Erster Sieg Februar 2004 in Levi im Slalom
6 Einzelsiege – 2x RTL, 4x Slalom
Weitere Erfolge:
WM 2005 Bormio Silber RTL, Silber Slalom
Olympia 2006 Turin Silber RTL
Tanja fährt für den Santa Claus Skiclub. Kein Wunder, dass sie auch die Siege bekam, die sie sich wünschte. Zum Beispiel den Gesamtsieg im Slalomweltcup 2005. Die bis dahin führende Anja Pärson verpatzte das letzte Rennen der Saison und Tanja konnte sich über die kleine Kristallkugel freuen. Dank an Santa Claus!

Richard Pramotton, ITA
Geboren am 9. Mai 1964, Courmayeur
3 Einzelsiege – 3x RTL

Manfred Pranger, AUT

Geboren am 25. Jänner 1978, Gschnitz
2 Einzelsiege – 2x Slalom
Von der Statur her in der Schwergewichtsklasse und daher eher als Abfahrer einzustufen. Daher wundert es, dass er seine Größe und sein Gewicht so unter Kontrolle hat und schon seit Jahren im Slalom-Spitzenfeld zu finden ist. Legendär sein kämpferisches Ritual unmittelbar vor dem Start.

Spela Pretnar, SLO

Geboren am 5. März 1973, Bled
6 Einzelsiege – 1x RTL, 5x Slalom

Cornelia Pröll, AUT

Seite 120

Karen Putzer, ITA

Geboren am 29. September 1978, Nova Levante
8 Einzelsiege – 4x Super-G, 4x RTL
Weitere Erfolge:
WM 2001 St. Anton Silber RTL, Bronze Kombi
Olympia 2002 Salt Lake City Bronze Super-G
Nur 161 Zentimeter klein, aber im Super-G und Riesentorlauf die Größte. Zumindest die größte Italienerin zurzeit.

Maria Rosa Quario, ITA

Geboren am 24. Mai 1961, Mailand
4 Einzelsiege – 4x Slalom

Catherine Quittet, FRA

Geboren am 22. Jänner 1964, Mègeve
2 Einzelsiege – 1x Super-G, 1x RTL

Urs Räber, SUI

siehe auch Seite 32

Geboren am 28. November 1958, Wilderswil
1x Abfahrtsweltcup 1984
2 Einzelsiege – 2x Abfahrt
1984 gehörte Räber zu den Favoriten für die Olympiade. „Für mich eine große Enttäuschung. Zum letzten Training musste ich meinen schnellsten Ski dem Conradin Cathomen geben, damit er sich noch qualifizieren könnte. Damit war ich psychisch angeschlagen! Mehr als ein fünfter Platz war nicht drinnen."
Als Entschädigung gewann Urs in dieser Saison verdient den Abfahrtsweltcup. 1985 ist er nach Verletzung und verpatzter Saison zurückgetreten. Seither betreibt er das Hotel, das er von den Eltern übernommen hat. „Golf spiele ich noch nicht, weil ich mich zurzeit noch gut bewegen kann. Darum lieber noch viel Tennis!"

Fausto Radici, ITA

Geboren am 24. September 1953, Bergamo, gestorben 2002
2 Einzelsiege – 2x Slalom
Besonders erstaunlich: Fausto verlor als Dreijähriger die Sehkraft auf einem Auge. Trotz dieser Beeinträchtigung des räumlichen Sehens zählte er zu den weltbesten Slalomläufern. Leider nahm sein Leben vorzeitig ein tragisches Ende. Radici richtete sich mit einem Kopfschuss selbst.

Daron Rahlves, USA

Geboren am 12. Juni 1973, Truckee
12 Einzelsiege – 9x Abfahrt, 3x Super-G
Weitere Erfolge:
WM 2001 St. Anton Gold Super-G
WM 2005 Bormio Silber Abfahrt, Bronze RTL
Einer der wildesten Hunde im Skirennsport. Ein brutaler Abfahrer, der weder sich noch das Material geschont hat. Je weiter ein Sprung gegangen ist, umso glücklicher hat er sich gefühlt. Gleichzeitig sehr umgänglich und ausnehmend sympathisch.
Für Herzklopfen gesorgt hat er mit seinem Sturz in Adelboden, wo er vor dem Ziel einen waagrechten 360er hingelegt hat und mit einer Schuhrandprellung sehr glimpflich davongekommen ist. Jetzt fährt er in Amerika hochdotierte Skier-Cross-Rennen, eine Disziplin, die 2010 in Vancouver olympisch wird.

Benjamin Raich, AUT

Seite 128

Max Rauffer, GER

Geboren am 8. Mai 1972, Kolbermoor
1 Einzelsieg – 1x Abfahrt
Wenn man Max Rauffer buchstabiert, müsste eigentlich „Stehaufmännchen" herauskommen! Er hatte unglaubliche Verletzungen zu überwinden, vom Wirbel- über Schulter- und Handbruch bis zur Knieverletzung. Er hat kaum einen Knochen oder ein Gelenk ausgelassen und sich dennoch immer wieder zurückgekämpft. Das verdient unsere Hochachtung.

Berni Rauter, AUT

Geboren am 8. August 1949, Breitenwang
3 Einzelsiege – 1x RTL, 2x Slalom

Ken Read, CAN Seite 45

Hannes Reichelt, AUT
Geboren am 5. Juli 1980, Radstadt
1 Einzelsieg – 1x Super-G

Mario Reiter, AUT
Geboren am 5. November 1970, Rankweil
3 Einzelsiege – 1x RTL, 2x Slalom
Weitere Erfolge:
WM 1996 Sierra Nevada Silber Slalom
WM 1997 Sestriere Bronze Kombi
Olympia 1998 Nagano Gold Kombi
„Supermario 1"

Erwin Resch, AUT
Geboren am 4. Februar 1957, Mariapfarr
3 Einzelsiege – 3x Abfahrt
Weitere Erfolge:
WM 1982 Schladming Bronze Abfahrt

Anne-Flore Rey, FRA
Geboren am 2. Februar 1962, Brignand
1 Einzelsieg – 1x RTL

Corinne Rey-Bellet, SUI
Geboren am 2. August 1972, Les Crosets, gestorben 2006
Einzige Läuferin, die an einem Tag zwei Rennen gewinnen konnte
5 Einzelsiege – 3x Abfahrt, 2x Super-G
Weitere Erfolge:
WM 2003 St. Moritz Silber Abfahrt (ex aequo Alexandra Meissnitzer)
„Für uns, die wir mit dir zusammen den Hundertstelsekunden nachjagten, sind die Zeitmesser urplötzlich stillgestanden. Fürs Publikum und die Medien warst du der Star, für uns eine Freundin", sagten die Skirennfahrerinnen Sylviane Berthod und Chantal Bournissen in der Trauerfeier für das getötete Geschwisterpaar Corinne und Alain Rey-Bellet. Der mutmaßliche Täter, der Ehemann Rey-Bellets, Gerold Stadler, hat sich selbst gerichtet. Corinne hinterließ einen zweieinhalbjährigen Sohn.

Max Rieger, GER
Geboren am 10. Juli 1946, Mittenwald
1 Einzelsieg – 1x RTL

Claudia Riegler, NZE Seite 100 und 51

María José Rienda Contreras, SPA Seite 51

Maria Riesch, GER
Geboren am 24. November 1984, Garmisch
4 Einzelsiege – 2x Abfahrt, 1x Super-G, 1x Slalom

Giorgio Rocca, ITA Seite 130

Diann Roffe, USA
Geboren am 24. März 1967, Warsaw, New York
2 Einzelsiege – 1x Super-G, 1x RTL
Weitere Erfolge:
WM 1985 Bormio/Santa Caterina Gold RTL
Olympia 1992 Albertville Silber RTL (ex aequo Anita Wachter)
Olympia 1994 Lillehammer Gold Super-G

Roger Rossat-Mignod, FRA
Geboren am 23. September 1946, Flumet
1 Einzelsieg – 1x RTL

Karin Roten, SUI
Geboren am 27. Jänner 1976, Leukerbad
2 Einzelsiege – 2x Slalom
Weitere Erfolge:
WM 1996 Sierra Nevada Silber RTL
WM 1997 Sestriere Silber RTL, Bronze Slalom

Peter Roth, GER
Geboren am 30. Jänner 1961, Königssee
1 Einzelsieg – 1x Slalom

Jacqueline Rouvier, FRA
Geboren am 26. Oktober 1949, Notre Dame de Bellecombe
1 Einzelsieg – 1x Abfahrt
Weitere Erfolge:
WM 1974 St. Moritz Bronze RTL

Peter Runggaldier, ITA Seite 92

Patrick Russel, FRA
Geboren am 22. Dezember 1946, Chamonix

1x Slalomweltcup 1970 (gemeinsam mit Alain Penz)
1x Riesentorlaufweltcup 1971 (gemeinsam mit Gustav Thöni)
13 Einzelsiege – 4x RTL, 9x Slalom
Weitere Erfolge:
WM 1970 Gröden Silber Slalom, Silber Kombi
Keiner saß so weit hinten über den Skienden wie er. Wir ernennen Russel hiermit zum Erfinder des Jet-Schwungs.

Bernhard Russi, SUI Seite 30

Vladimir „Spider" Sabich, USA
Geboren am 1. Oktober 1945, Sacramento, gestorben 1976
1 Einzelsieg – 1x Slalom
Der Sohn kroatischer Einwanderer gehörte zu jener Generation, die den Skirennsport in den USA in den 1960ern populär machten. Am 21. März 1976 wurde „Spider" von seiner Freundin, einem französischen Las-Vegas-Showgirl, im Badezimmer seines Hauses in Aspen erschossen.

Regina Sackl, AUT
Geboren am 21. August 1959, Hartberg
1x Slalomweltcup 1979
3 Einzelsiege – 3x Slalom

Christel „Kiki" Pascal-Saioni, FRA
Geboren am 6. Oktober 1973, Gap
1 Einzelsieg – 1x Slalom
Weitere Erfolge:
WM 2001 St. Anton Silber Slalom

Veronika Sarec, SLO
Geboren am 8. Mai 1968, Ljubljana
1 Einzelsieg – 1x Slalom

Liisa Savijarvi, CAN
Geboren am 29. Dezember 1963, Bracebridge
1 Einzelsieg – 1x Super-G

Andreas Schifferer, AUT
Geboren am 3. August 1974, Radstadt
1x Abfahrtsweltcup 1998
8 Einzelsiege – 7x Abfahrt, 1x Super-G
Weitere Erfolge:
WM 1997 Sestriere Bronze RTL
Olympia 2002 Salt Lake City Bronze Super-G
Ein großartiger Athlet, der schon sehr früh, mit Anfang 20, an die Spitze fuhr. Auffällig war sein „esoterischer" Zugang zum Sport. Überliefert ist die Geschichte, dass er vor einem Rennen seine Ski ausgependelt hat. Wegen der schlechten Schwingungen, die dieser Ski ausgestrahlt hat, soll er sich für ein anderes Paar entschieden haben. Vielleicht hat ihn sein Hang zur Esoterik zu seinen Erfolgen geführt. Aber möglicherweise hat er ihn auch verunsichert und ist für das schwer zu erklärende Tief verantwortlich, das für das verfrühte Ende einer großen Karriere verantwortlich war.

Heinz Schilchegger, AUT
Geboren am 16. Oktober 1973, Obertauern
1 Einzelsieg – 1x Slalom
Hat unseres Erachtens viel zu früh aufgehört. Seine körperlichen Voraussetzungen erlaubten ihm einen besonders spritzigen Fahrstil. Dem würde die heutige Art der Kurssetzung im Slalom wie auch im Riesentorlauf, die oft stark aus der Richtung geht, sehr entgegenkommen. Heute ist er als Rennchef von Atomic weiterhin mit dem Skizirkus unterwegs.

Marlies Schild, AUT Seite 125

Erika Schinegger, AUT
Geboren am 19. Juni 1948, Agsdorf
1 Einzelsieg – 1x RTL

Sarah Schleper, USA
Geboren am 19. Februar 1979, Vail
1 Einzelsieg – 1x Slalom

Corinne Schmidhauser, SUI Seite 77

Vreni Schneider, SUI Seite 93

Rainer Schönfelder, AUT Seite 132

Karl Schranz, AUT Seite 26

Katja Seizinger, GER Seite 108

Fabienne Serrat, FRA Seite 122

Geneviève Simard, CAN
Geboren am 5. November 1980, Montreal
1 Einzelsieg – 1x Super-G

David Simoncelli, ITA
Geboren am 30. Jänner 1979, Rovereto
2 Einzelsiege – 2x RTL
Seine größten Erfolge, einmal Erster, dreimal Zweiter, feierte David (oder auch Davide) in Alta Badia. Sieht ganz so aus, als wäre der enge steile Hang seine Lieblingsrennstrecke.

Atle Skaardal, NOR Seite 87

Bjarne Solbakken, NOR
Geboren am 8. Mai 1977, Stranda
1 Einzelsieg – 1x Super-G

Lea Sölkner, AUT
Geboren am 24. Dezember 1958, Tauplitz
1 Einzelsieg – 1x Slalom
Weitere Erfolge:
WM 1978 Garmisch-Partenkirchen Gold Slalom
So stark das Christkind aus Tauplitz früher zwischen den Slalomstangen war, so stark ist jetzt ihr Abschlag beim Golf.

Jana Soltysova-Gantnerova, CSSR/SK
Geboren am 30. September 1959, Kežmarok
1 Einzelsieg – 1x Abfahrt

Gerry Sorensen, CAN
Geboren am 15. Oktober 1958, Kimberley
5 Einzelsiege – 4x Abfahrt, 1x Kombi
Weitere Erfolge:
WM 1982 Schladming/Haus Gold Abfahrt

Uli Spieß, AUT Seite 32
Geboren am 15. August 1955, Mayrhofen
2 Einzelsiege – 2x Abfahrt
„Mr. Kamelbuckel“

Thomas Stangassinger, AUT

Geboren am 15. September 1965, Hallein
1x Slalomweltcup 1999
10 Einzelsiege – 10x Slalom
Weitere Erfolge:
WM 1991 Saalbach Hinterglemm Silber Slalom
WM 1993 Morioka Bronze Slalom
Olympia 1994 Lillehammer Gold Slalom
Der Stani war sicher einer der elegantesten Skifahrer. Hat sich mit Sykora und Tomba schwere Gefechte geliefert, die die Fans vor den Fernsehschirmen zum Schwitzen brachten.

Zali Steggall, AUS

Seite 51

Anton „Jimmy" Steiner, AUT

Seite 68

Roswitha Steiner-Stadlober, AUT

Geboren am 14. Juni 1963, Radstadt
2x Slalomweltcup 1986 (gemeinsam mit Erika Hess), 1988
8 Einzelsiege – 8x Slalom
Weitere Erfolge:
WM 1987 Crans Montana Silber Slalom
Hat die kurzen Slalomsprints gegen laaange Strecken getauscht: Roswitha läuft gemeinsam mit ihrem Mann, dem Langlaufass Alois Stadlober, begeistert Marathons (2:55 Stunden).

Ingemar Stenmark, SWE

Seite 52

Florence Steurer, FRA

Geboren am 1. November 1949, Lyon
4 Einzelsiege – 1x RTL, 3x Slalom
Weitere Erfolge:
WM Gröden 1970 Silber Kombi
Olympia 1972 Sapporo Bronze Slalom, WM-Silber Kombi

Tom Stiansen, NOR

Geboren am 3. September 1970, Asker
1 Einzelsieg – 1x Slalom
Weitere Erfolge:
WM 1997 Sestriere Gold Slalom

Leonhard Stock, AUT

Seite 63

Ingrid Stöckl, AUT

Geboren am 28. März 1969, Tamsweg
1 Einzelsieg – 1x Kombi
Weitere Erfolge:
WM 1991 Saalbach Hinterglemm Silber Kombi

Stig Strand, SWE

Geboren am 25. August 1956, Tärnaby
1x Slalomweltcup 1983 (gemeinsam mit Ingemar Stenmark)
2 Einzelsiege – 2x Slalom
Tärnaby ist ja nun wirklich keine große Stadt. Da kommen doch aus diesem kleinen schwedischen Dorf zwei Skirennläufer, die zur selben Zeit in derselben Disziplin erfolgreich sind und obendrein beide den Slalomweltcup gewinnen, und zwar gemeinsam. Schon irgendwie kurios.

Picabo Street, USA

Geboren am 3. April 1971, Triumph, Idaho
2x Abfahrtsweltcup 1995, 1996
9 Einzelsiege – 9x Abfahrt
Weitere Erfolge:
WM 1993 Morioka Gold Kombi (ex aequo Miriam Vogt)
WM 1996 Sierra Nevada Gold Abfahrt, Bronze Super-G
Olympia 1998 Nagano Gold Super-G
Olympia 1994 Lillehammer Silber Abfahrt

Picabo kommt aus einer Hippie-Familie. Ihre Eltern wollten, dass sie sich ihren Vornamen später einmal selbst aussuchen kann und nannten sie vorerst „Little Girl". Als „Little Girl" aber für einen Trip nach Mexiko einen Pass benötigte, wollten die Behörden diesen Namen nicht anerkennen und die Eltern ließen sich kurzerhand „Picabo" (nach einem kleinen Ort in Idaho) einfallen. Später entschied Picabo, den Namen zu behalten. Mit 16 traf sie eine weitere wichtige Entscheidung – Skifahren zu ihrem Leben zu machen. Gute Entscheidung. Interessant ist, dass Picabo bei aller Lockerheit und Fröhlichkeit den Rennsport tierisch ernst nahm. Sie verbrachte viele Stunden im Windkanal, um die optimale Abfahrtshocke zu finden. Übrigens gab sie ihren Ski Namen von Menschen, die sie bewunderte. So hatte sie beispielsweise auch ein Paar „Arnolds" (Schwarzenegger).

Boris Strel, SLO
Geboren am 20. Oktober 1959, Škofja Loca
1 Einzelsieg – 1x RTL
Weitere Erfolge:
WM 1982 Schladming Bronze RTL

Claudia Strobl, AUT
Geboren am 4. November 1965, Afritz
1 Einzelsieg – 1x Slalom

Fritz „The Cat" Strobl, AUT Seite 131 und 32

Josef Strobl, AUT
Geboren am 3. März 1974, Holzgau
7 Einzelsiege – 3x Abfahrt, 2x Super-G, 1x RTL, 1x Parallelslalom
Pepi Strobl ist der einzige Skirennläufer, der beim ersten Weltcupstart (Weltcupabfahrt Val d'Isère, Startnummer 61) gleich den ersten Weltcupsieg landete. Viele Erfolge folgten, leider auch Verletzungen. Nach einem zu langen Formtief wechselte Pepi vom ÖSV zum slowenischen Verband. Aber der Verletzungsteufel holte ihn auch dort ein, und es war Schluss mit der Karriere.

Hubert Strolz, AUT
Geboren am 26. Juni 1962, Warth

1x Kombi-Weltcup 1988
1 Einzelsieg – 1x Kombi
Weitere Erfolge:
Olympia 1988 Calgary Gold Kombi, Silber RTL
Einer der Nettesten, immer freundlich, hat seine positive Einstellung nie verloren, obwohl er so oft „nur" Zweiter wurde. Die meisten anderen hätten da mit dem Schicksal zu hadern begonnen.

Nadia Styger, SUI
Geboren am 11. Dezember 1978, Sattel
3 Einzelsiege – 3x Super-G

Melanie Suchet, FRA
Geboren am 1. September 1976, Saint Martin de Belleville
1 Einzelsieg – 1x Super-G

Mojca Suhadolc, SLO
Geboren am 7. Jänner 1975, Ljubljana
1 Einzelsieg – 1x Super-G

Mateja Svet, SLO
Geboren am 16. August 1968, Ljubljana
1x Riesentorlaufweltcup 1988
7 Einzelsiege – 6x RTL, 1x Slalom
Weitere Erfolge:
WM 1987 Crans Montana Silber RTL, Bronze Super-G, Bronze Slalom
WM 1989 Vail/Beaver Creek Gold Slalom, Bronze RTL

Olympia 1988 Calgary Silber Slalom
Mateja ist wahrscheinlich die jüngste „Frührentnerin" im Weltcup. Mit 16 bestritt sie ihr erstes Weltcuprennen und mit 21 beendete sie ihre Karriere auch schon wieder. Dazwischen lagen sieben Siege und eine Kristallkugel im Riesentorlauf. Mateja wurde wegen ihres starken Selbstbewusstseins eine „schwierige" Persönlichkeit nachgesagt. Als ihr Trainer Janez Zibler sie in der Abfahrt trainieren wollte, begehrte die damals 18-jährige „Primadonna" auf. Das gipfelte darin, dass sie zusammen mit ihrer Freundin Katra Zajc unter Protest die Mannschaft verließ. Zibler musste zurücktreten. Svet bekam einen Privattrainer und trainierte unter diesem neben ihren bevorzugten technischen Disziplinen auch brav die Abfahrt.

Aksel Lund Svindal, NOR Seite 134

Thomas Sykora, AUT Seite 101

Fabrizio Tescari, ITA
Geboren am 6. April 1969, Asiago
1 Einzelsieg – 1x Slalom

Gustav Thöni, ITA Seite 46 und 98

Roland Thöni, ITA Seite 121

Jan Einar Thorsen, NOR
Geboren am 31. August 1966, Voss
1x Super-G-Weltcup 1994
3 Einzelsiege – 2x Super-G, 1x RTL
Weitere Erfolge:
Olympia 1992 Albertville Bronze Super-G
Gehört auch zur Herde der „Elche", die in den 1990ern den Skizirkus nach Weltcuppunkten abgrasten. Ein sympathischer Nordländer, mit dem man bei einem Bier über Odin und die Welt philosophieren konnte.

Dorota Tlalka-Mogore, POL/FRA Seite 121

Alberto Tomba, ITA Seite 98

Walter Tresch, SUI
Geboren am 4. Mai 1948, Bristen
1x Kombi-Weltcup 1976
4 Einzelsiege – 1x Abfahrt, 3x Kombi
Weitere Erfolge:
Olympia 1972 Sapporo WM-Silber Kombi
Über Walter als Rennläufer gibt es, außer dass er sehr gut war, nichts Außergewöhnliches zu erzählen. Aber Walter 1978 als Sänger in einem Schweizer Werbespot für ein Fitnessgetränk ist sehens- und hörenswert. Da dies in einem Buch nicht möglich ist, schauen Sie doch im Internet auf www.rivella.ch nach.

Hannes Trinkl, AUT
Geboren am 1. Februar 1968, St. Pankraz
6 Einzelsiege – 5x Abfahrt, 1x Super-G
Weitere Erfolge:
WM 2001 St. Anton Gold Abfahrt
Olympia 1998 Nagano Bronze Abfahrt
Hannes Trinkls Passion neben dem Skifahren ist sicherlich die Waldarbeit. Er ist der Einzige, der in den Wald geht, keine Hacke mithat, keine Säge mithat und trotzdem reihenweise Bäume fällt. Er wirft sie mit bloßen Händen um, schultert sie, trägt sie nach Hause und verarbeitet sie zu Brennholz. Ein Mannsbild von einem gestandenen Oberösterreicher.

Michael Tritscher, AUT
Geboren am 6. November 1965, Schladming
3 Einzelsiege – 3x Slalom
Weitere Erfolge:
Olympia 1992 Albertville Bronze Slalom

Reinhard Tritscher, AUT
Geboren am 5. August 1946, Ramsau
4 Einzelsiege – 1x Abfahrt, 2x RTL, 1x Slalom

Valeri Tsyganov, SOV/RUS Seite 50

Mélanie Turgeon, CAN
Geboren am 21. Oktober 1976, Lac Beauport
1 Einzelsieg – 1x Super-G
Weitere Erfolge:
WM 2003 St. Moritz Gold Abfahrt

Walter Vesti, SUI
Geboren am 6. März 1950, Davos
1 Einzelsieg – 1x Abfahrt

Jean-Pierre Vidal, FRA Seite 122

Michel Vion, SUI
Geboren am 22. Oktober 1959, Moûtiers
1 Einzelsieg – 1x Kombi
Weitere Erfolge:
WM 1982 Schladming Gold Kombi

Alois Vogl, GER
Geboren am 15. September 1972, Lohberg
1 Einzelsieg – 1x Slalom
Gerüchte über den Bayern sagen, dass er statt isotonischer Getränke lieber Weißbier trinkt und statt Müsli eine Weißwurscht verdrückt.

Franz Vogler, GER
Geboren am 15. August 1944, Oberstdorf
1 Einzelsieg – 1x Abfahrt

Achim Vogt, LIE
Geboren am 7. Dezember 1970, Balzers
1 Einzelsieg – 1x RTL

Miriam Vogt, GER
Geboren am 20. März 1967, Starnberg
1 Einzelsieg – 1x Abfahrt
Weitere Erfolge:
WM 1993 Morioka Gold Kombi (ex aequo Picabo Street)

Michael von Grünigen, SUI
Geboren am 11. April 1969, Saanen
3x Riesentorlaufweltcup 1996, 1997, 1999
23 Einzelsiege – 23x RTL

Weitere Erfolge:
WM 1996 Sierra Nevada Bronze RTL, Bronze Slalom
WM 1997 Sestriere Gold RTL
WM 2001 St. Anton Gold RTL
Olympia 1998 Nagano Bronze RTL
Einer der elegantesten Riesentorläufer, die die Welt je gesehen hat. Einfach eine Augenweide, ihn zwischen den Toren zu beobachten.

Matjaz Vrhovnik, SLO
Geboren am 6. Mai 1972, Ljubljana
1 Einzelsieg – 1x Slalom

Anita Wachter, AUT Seite 122

Sepp Walcher, AUT
Geboren am 8. Dezember 1954, Schladming, gestorben 1984
5 Einzelsiege – 5x Abfahrt
Weitere Erfolge:
WM 1978 Garmisch-Partenkirchen Gold Abfahrt
Walcher beendete 1982 seine Karriere als Skirennläufer. Zwei Jahre darauf verunglückte er bei einem Benefizrennen tödlich.

Michael Walchhofer, AUT Seite 127

Maria Walliser, SUI Seite 75

Johann Wallner, SWE
Geboren am 8. Februar 1965, Filipstadt
1 Einzelsieg – 1x Slalom
Weitere Erfolge:
WM 1991 Saalbach Hinterglemm Bronze RTL
WM 1993 Morioka Bronze RTL

Markus Wasmeier, GER
Geboren am 9. September 1963, Schliersee
1x Super-G-Weltcup 1986
9 Einzelsiege – 2x Abfahrt, 6x Super-G, 1x Kombi
Weitere Erfolge:
WM 1985 Bormio Gold RTL
WM 1987 Crans Montana Bronze Super-G
Olympia 1994 Lillehammer Gold Super-G, Gold RTL
Im Super-G lange Zeit eine Macht, an der es kaum ein Vorbeikommen gab.

Harti Weirather, AUT Seite 122

Angelo Weiss, ITA
Geboren am 9. Februar 1969, Vigo di Fassa
1 Einzelsieg – 1x Slalom

Andreas Wenzel, LIE Seite 58

Hanni Wenzel-Weirather, LIE Seite 121

Pernilla Wiberg, SWE
Geboren am 15. Oktober 1970, Norrköping
1x Gesamtweltcup 1997
1x Slalomweltcup 1997
3x Kombi-Weltcup 1994, 1995, 1997
Erster Sieg 7. Jänner 1991 beim Slalom in Bad Kleinkirchheim
24 Einzelsiege – 2x Abfahrt, 3x Super-G, 2x RTL, 14x Slalom, 3x Kombi
Weitere Erfolge:
WM 1991 Saalbach Hinterglemm Gold RTL
WM 1996 Sierra Nevada Gold Slalom, Gold Kombi

WM 1997 Sestriere Bronze Abfahrt
WM 1999 Vail/Beaver Creek Gold Kombi, Silber Slalom
Olympia 1992 Albertville Gold RTL
Olympia 1994 Lillehammer Gold Kombi
Olympia 1998 Nagano Silber Abfahrt
Pernilla gehörte zu den besten Allrounderinnen aller Zeiten. Ihr Meisterstück lieferte sie in der Saison 1996/97: „Pilla“ bestritt alle Rennen in allen fünf Disziplinen. In diesen 32 Rennen war sie neunmal siegreich und stand insgesamt 18-mal auf dem Podest. Sie kann also vom Erfolg ein Liedchen singen. Das tat sie auch – das Musikvideo „Privilege“ können Sie auf ihrer Homepage www.pernilla-wiberg.com sehen. Heute lebt Pernilla in Monaco, wohin schon viele andere schwedische Sportler aus Steuergründen geflüchtet sind.

Peter Wirnsberger, AUT
Geboren am 13. September 1958, Vordernberg
1x Abfahrtsweltcup 1986
8 Einzelsiege – 8x Abfahrt
Weitere Erfolge:
Olympia 1980 Lake Placid Silber Abfahrt
Inbegriff der Konsequenz, hat nichts dem Zufall überlassen, sich Tag und Nacht mit dem Rennsport beschäftigt. Seine

Gedanken kreisten stets um die Frage: Wie komme ich am schnellsten vom Start ins Ziel? Er hat alles andere der Lösung dieses Problems untergeordnet. Machte im Hotelzimmer von Val d'Isère Gymnastik vor dem laufenden Fernseher. Allerdings hatte er den Apparat mit dem Bildschirm zur Wand gedreht, damit ihn die Bilder nicht ablenken konnten ...

Sigrid Wolf, AUT
Geboren am 14. Februar 1964, Breitenwang
8 Einzelsiege – 3x Abfahrt, 5x Super-G
Weitere Erfolge:
WM 1989 Vail/Beaver Creek Silber Super-G
Olympia 1988 Calgary Gold Super-G
Die „Stecknadelaffäre": Mehrere Österreicherinnen wurden im Super-G von Lech (9. Jänner 1988) disqualifiziert, weil sie ihre recht großen und viel Luftwiderstand erzeugenden Startnummern mit einer Stecknadel am Skianzug fixiert hatten. Sigrid war nicht die Einzige, aber die Leidtragendste: Ihr wurde der Sieg aberkannt – und Zoë Haas nachträglich zur Siegerin erklärt.

Christa Zechmeister, GER
Geboren am 4. Mai 1957, Berchtesgaden
1x Slalomweltcup 1974
6 Einzelsiege – 6x Slalom
Von der bayrischen Slalomexpertin wird erzählt: Als sie mit 14 Jahren erstmals in Pra Loup im Weltcup startete, habe sie fürchterlich geschwitzt. Denn sie trug aus Aberglauben die Wollunterwäsche, die ihre Mutter selbst gestrickt hatte.

Warwara Zelenskaja, RUS Seite 51

Heidi Zeller-Bähler, SUI
Geboren am 25. Juli 1967, Sigriswil
3 Einzelsiege – 1x Super-G, 2x RTL

Kathrin Zettel, AUT
Geboren am 5. August 1986, Scheibbs
2 Einzelsiege – 2x RTL
Unter den Fittichen von Ex-Slalomass Thomas Sykora hat sich Kathrin sehr gut entwickelt. Allerdings gab es im Winter 2006/07 einen kleinen Durchhänger. Der Kampfstil des geerdeten, natürlichen Mädels wird sie aber sicher wieder zurück an die Spitze führen.

Alexander Zhirov, SOV Seite 51

Daniela Zini, ITA
Geboren am 30. Mai 1959, Livigno
2 Einzelsiege – 2x Slalom

Annerose „Annerösli" Zryd, SUI
Geboren am 3. Mai 1949, Adelboden
1 Einzelsieg – 1x Abfahrt
WM 1970 Gröden Gold Abfahrt

Bernadette Zurbriggen, SUI
Geboren am 30. August 1956, Saas Grund
7 Einzelsiege – 5x Abfahrt, 1x RTL, 1x Kombi

Heidi Zurbriggen, SUI Seite 121

Pirmin Zurbriggen, SUI Seite 71

David Zwilling, AUT Seite 41

DEINE FANS
SCHÖNFELDER
der Petzenbär!
RETTENBERG grüßt Petra Haltmayr
Fanclub SC Rettenberg
Good luck!
Abtenau
SalzburgerLand
Fan Club ALEXANDRA MEISSNITZER
www.meissnitzer.com
Bad Gleichenberg
PITZTAL
Grüsst...
„Benni" Raich
Der Fanclub
BRAMAC
GRÜSST DAS ÖSV-TEAM
MICHI
HOP HOP HOP
HOPP, DENISE!
Carlsberg

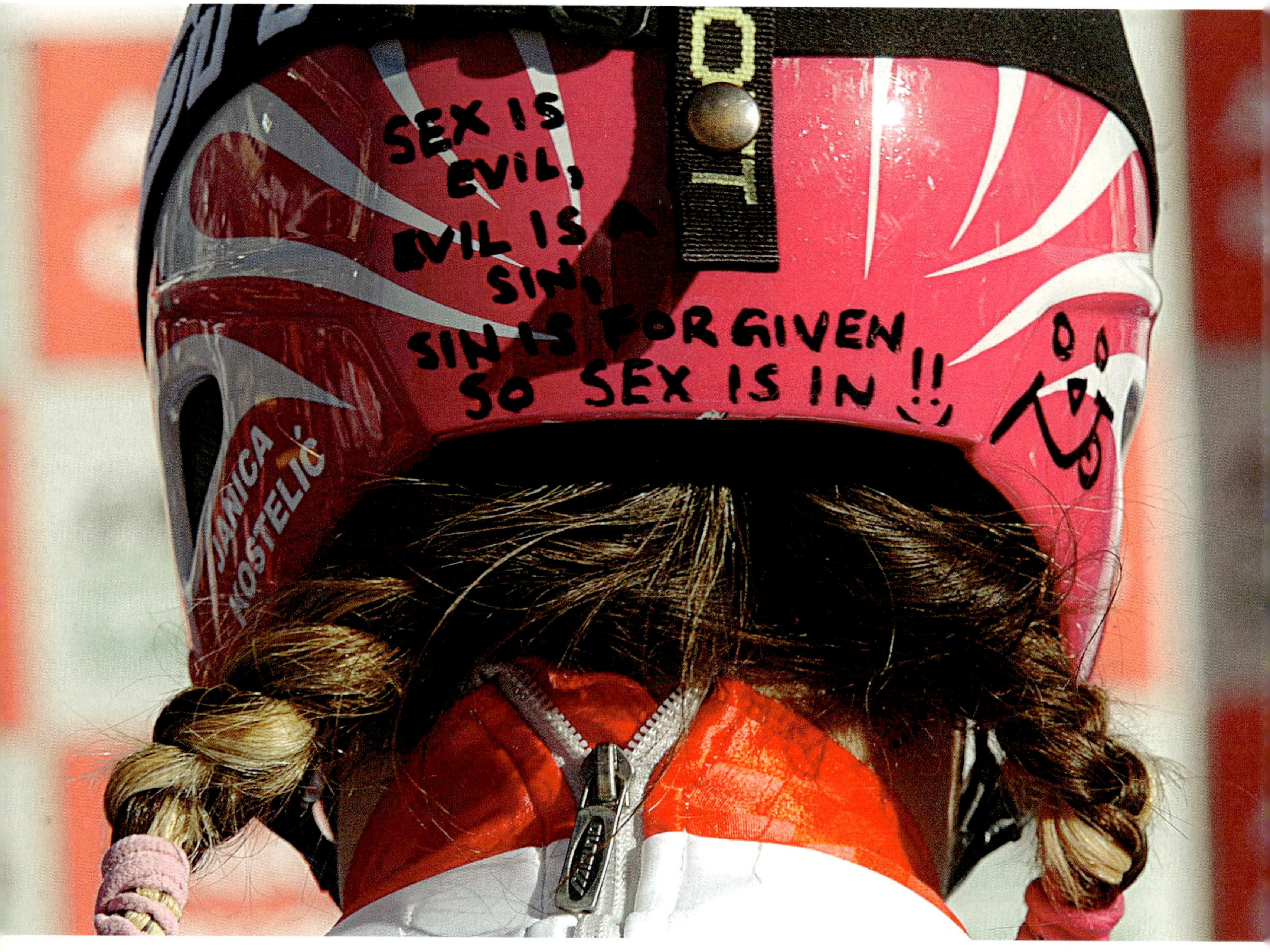
SEX IS EVIL, EVIL IS A SIN, SIN IS FORGIVEN SO SEX IS IN !!
JANICA KOSTELIĆ

Schlusswort

Zum Schluss hätten wir noch eine Bitte. Wir wissen, um die wirtschaftliche Bedeutung des Spitzensports. Dass es dabei um sehr viel Geld geht. Dass Menschen, Unternehmen und ganze Märkte davon abhängen. Dass es sich um ein knallhartes Business handelt. Aber vergesst nicht, dass der Spitzensport dem Publikum als UNTERHALTUNG dient! Unser Lieblingssport darf nicht zu einer todernsten Arbeit verkommen. Es muss Platz bleiben für Spaß, Unfug, Fehler, Skandälchen, dumme Sprüche. Wir wollen Gesichter sehen, die ehrliche Emotionen zeigen, Menschen, die ihr Herz auf der Zunge tragen. Lasst die bunten Vögel fliegen! Dann werden wir auch weiterhin treue Fans bleiben, die neugierig sind, was die Zeitungen schreiben, die Interviews im Fernsehen mit Interesse verfolgen. Und dann gibt es sicher genug Highlights, über die jemand in 40 Jahren wieder ein Buch schreiben kann.

Eines noch: Wir möchten uns ganz herzlich bei den Mitarbeitern der FIS, vieler Skiverbände und Fanclubs, überhaupt bei all jenen bedanken, die uns bei der Suche nach den Adressen der Skistars, bei der Beschaffung von Fotos und Storys so hilfreich unterstützt haben. Ohne Euch wäre das Buch nicht so dick geworden. Ihr ward super!